U0468480

儿童早期教育专业教程

全国儿童早期教育培训指定用书 下

中国关心下一代工作委员会儿童发展研究中心专家组
中国国际人才开发中心
组织编写

新星出版社 NEW STAR PRESS

第六章

1～3岁儿童发展与早期教育

内容提要

- 1～3岁儿童的身心发展
- 1～3岁儿童的指导要点
- 1～3岁儿童的饮食营养
- 1～3岁儿童的生活护理
- 1～3岁儿童的身心保健
- 1～3岁儿童的潜能开发
- 1～3岁儿童早期教育中的环境创设
- 1～3岁儿童的发展测评与指导

重点问题

❶ 1～3岁儿童的心理发育特点有哪些？

❷ 怎样培养“合格＋特长”的孩子？

❸ 如何为儿童制订平衡的膳食？

❹ 如何为儿童打造良好的室内环境？

❺ 如何通过游戏提高儿童的语言表达能力？

❻ 针对1～3岁儿童的早教机构在环境创设方面应该注意哪些方面？

❼ 高级早教专业人才如何进行个性化评估和教育指导？

第一节 身心发展

周岁之后的儿童，进入了幼儿期。和第一年相比，1～3岁儿童体格生长发育速度减慢，而心理发展则更加快速。

相关研究表明，幼儿期至少存在着9大关键期，如语言关键期（0～6岁）、秩序关键期（2～4岁）、感官关键期（0～6岁）、对细微事物感兴趣的关键期（1.5～4岁）、动作关键期（0～6岁）、社会规范关键期（2.5～6岁）、书写关键期（3.5～4.5岁）、阅读关键期（4.5～5.5岁）、文化关键期（6～9岁）等。

一、生理发育

[一] 体重

满2周岁时，幼儿体重平均为13.19千克。2岁以后平均每年增长2.1千克。一般来说，幼儿满1岁时约为出生体重的3倍，2岁时约为出生体重的4倍。可以看出，与婴儿期相比，1～3岁幼儿体重的增长速度趋于缓慢。

[二] 身高

与婴儿期相比，1～3岁幼儿身高增长速度也相对减慢。1周岁时平均为75厘米。幼儿第二年身高增长约10～12厘米，2周岁时平均为85厘米；第三年（24～36个月）增加4～7.5厘米，3周岁时平均为89～92.5厘米。

[三] 头围

头围的增长与脑和颅骨的发育有关，头围过小常常提示脑发育不良；出生时头围过大，而且生后增长过快往往提示有脑积水的可能。

1岁时头围增至约46厘米；2周岁时头围约48厘米，头围已达到成人的90%；2～3岁约增长1.2厘米，满3岁时头围大约为49.2厘米。

[四] 胸围

1周岁时头围和胸围基本相等。2岁后，随着肺活量、胸廓、胸背肌肉的发育，胸围超过头围。到3周岁时，正常男孩发育标准为：胸围为50.2～53.54厘米。正常女孩发育标准为：胸围为49.5～52.2厘米。

[五] 大运动技能

1～3岁的幼儿，能够双脚站立并跳起，落地时不会跌倒。可以协调好身体同时完成两个动作。开始会做一些简单的家务，如摆放和收拾碗筷等。

二、心理特点

[一] 幼儿的心理与语言发育

1～3岁幼儿的各个器官逐渐成熟，语言能力、智能等方面也日趋完善。他们喜欢和其他的孩子一起玩，但是还不懂得与人分享，会守住自己的玩具不让其他孩子玩。他们可以自行负责一些小事，如睡前收拾玩具，刷牙时自己挤牙膏等。模仿是这时期幼儿的主要学习方式，孩子会先模仿与他们接触最多的家人，模仿大人的语调、姿势，甚至常用词等。还会逐渐模仿各种形象，包括电视中的各种影视形象，或是偶尔看到印象深刻的人物等。而良好的行为会通过孩子模仿学习而形成习惯，因此，父母要以身作则，注意自己的言行，正确地引导孩子。

语言发育方面，1～3岁的幼儿可以轻松使用很多不同的词语，并且可以连词成句，喜欢与人交谈，懂得交谈时要轮流说话，可以将自己的想法清楚、简洁地表达出来。

[二] 自我意识萌芽，出现第一“反抗期”

从1岁半左右到2岁时，幼儿会经常出现像下面案例中的孩子一样的抗拒行为，这表明孩子已进入心理发展的第一“反抗期”。这时的幼儿开始使用“我”这个代词，他开始意识到自己具有影响周围的人和环境的力量——这是心理发展的第一次飞跃！开始意识到“自我”的孩子，其心灵深处有着十分珍贵的东西，他希望能够“当家做主”，希望自己的行为得到认同，希望自己独立的探索活动不受到限制或干涉，如果受到干涉，他就会寻求自我保护或“反抗”，尽管他还没有能力区别正误以及什么是危险的活动。因此，将心理“反抗期”说成“自立期”或“自强期”，也许更为恰当。

对待已能满屋乱跑、到处“探险”的孩子，许多年轻父母的本能反应就是保护或限制，有时甚至大声训斥或“武力”征服，殊不知，这对孩子那稚嫩而又十分敏感的心灵是一种无形的伤害。孩子反复限制、干涉的典型结果不外乎两种：一种可能是造就了一个没有自尊、唯唯诺诺的人；另一种便是具有强烈的反抗心理以致最终发展成反社会行为的人。这两种人都不具备健康的心理和人格，都不能很好地适应未来社会的激烈竞争。因此，幼儿心理发展的第一“自立期”，的确是心理健康发展的一个重要关口，是塑造健康人格的敏感期或关键期。

[三] 2～3岁是幼儿优势潜能的萌芽期

1935年，奥地利动物学家洛伦兹（K.Lorenz）发现：在动物早期发展过程中，动物的某一反应或某一组反应在某一特定时期或阶段中最容易获得、最容易形成，如果错过这个时期或阶段，就不容易再出现这样好的时机。这个关键的时机就叫“关键期”。人们通过长期的观察发现，关键期对人的智力、能力的发展同样存在，错过这一时期的后果终身难以弥补。比如，大家所熟知的“狼孩”就是例子。

相关研究表明，幼儿期至少存在着9大关键期，如语言关键期（0～6岁）、秩序关键期（2～4岁）、感官关键期（0～6岁）、对细微事物感兴趣的关键期（1.5～4岁）、动作关键期（0～6岁）、社会规范关键期（2.5～6

岁）、书写关键期（3.5～4.5岁）、阅读关键期（4.5～5.5岁）、文化关键期（6～9岁）等。

还有更为细致的表述：2～3岁是学习口头语言的第一个关键期；2.5岁～3岁是教孩子怎样做到有规矩的关键期；3岁是计算能力发展的关键期（指数数儿和点数儿、按要求取物品及说出个数等）；3～5岁是音乐才能发展的关键期（拉提琴3岁开始，弹钢琴5岁开始）；3～8岁是学习外国语的关键期；3岁是培养独立性的关键期；4岁以前是形成形象视觉发展的关键期；6岁之前是观察力发展的关键期。

思考与练习

1. 1～3岁儿童的心理发育特点有哪些？
2. 为什么说儿童发展的第一“反抗期”是塑造健康人格的关键期？
3. 在幼儿成长过程中有哪些发展关键期？早教师分别应该怎样指导？

第二节
指导要点

每当想到，未来的科学家、思想家、教育家、艺术家、政治家、医学家、发明家、工程师、商业巨子、各行各业的杰出人才，可能就在这些孩子当中时，崇高的使命感和责任感就会油然而生！

一、育儿理念

育儿理念是早教师在认识儿童的基础上对儿童所持的观点和态度。育儿理念是整个教育的根基，决定了早教师的教育行为。如果育儿理念出现偏差，教育行为就会发生偏差、错误。

对于1～3岁的幼儿，早教师应注意把握以下几条重要观点：

[一] 每一个孩子都是无与伦比的

当代脑科学、心理学、教育学、医学研究表明：儿童具有巨大的发展潜能，婴幼儿是智力发展最迅速的时期。美国著名心理学家布鲁姆通过近千名婴幼儿20年的跟踪研究发现：智力潜能的发挥实际上随着年龄的增长而递减。若以17岁时的智力为100，其中50%是在4岁前获得的，30%在4～8岁获得的，其余20%在8～17岁获得。加德纳“多元智能理论”也指出：就像我们伸出的一只手的五只长短不一一样，每个人也都有自己相对而言的优势潜能和弱势潜能。试想：丘吉尔、莫扎特、爱因斯坦、毕加索、麦克尔·乔丹、柏拉图和马丁·路德·金，谁更聪明，谁最成功呢？您难判断，其实我无法说他们谁更聪明，而只能说他们各自在哪个方面聪明、在哪个方面成功。

人们常说“3岁看大，7岁看老”。2～3岁正是幼儿优势潜能的萌芽期，2～3岁宝宝的兴趣、优势潜能的苗子都已经明朗，容易发现。如，喜欢音乐的宝宝特别爱听电视的音乐部分，对画画感兴趣的孩子，则喜欢拿着蜡笔乱画乱涂，对文学感兴趣的宝宝，听故事时特别投入。

在教育过程中，早教师一定要把“每一个孩子都是无与伦比的”作为自己的核心育儿理念，用自己的“慧眼”认真观察每个幼儿的行为，尽可能早地发现幼儿优势潜能的苗子，并为这些“无与伦比”的孩子提供发展适宜的教育环境，既不能急功近利，超越儿童的发展需要，“揠苗助长”；亦不能压抑幼儿的发展需求，“压苗阻长”，最大限度地促进他们优势潜能的发展。

[二] 理解孩子是我们一生的功课

1～3岁幼儿处于第一“反抗期”，叛逆的幼儿让人着急：你让他做，他偏不肯；你不让他做，他却偏做。在家长看来，幼儿这种无端哭闹、逆反，很讨厌、很烦人、很误事、很不应该，毫无道理，不可理喻。其实，最糟糕莫过于用成人的理性来思维孩子。一切失败的教育大都源于对孩子的不理解，不想理解，认为不必理解。

儿童心理的奇趣美妙恰恰在于它的“不可理喻”。孩子就像一本难以读懂的“无字书”。在孩子的诸多问题面前，我们常常不知所措，困惑不已。其实，只要我们注意观察孩子的一举一动，用心聆听他们的内心世界，与他们积极沟通、对话，就不难理解孩子的一些行为与问题。

[三] 培养“合格+特长”的幼儿

时代在不断发展，社会、家庭都对幼儿教育提出了更多元、更富有挑战性的要求。在这种背景下，我们不得不思考这样的问题：今天，我们需要怎样的教育？我们应该培养什么样的儿童才能应对未来时代的挑战？

在进行培养目标设计时，我们应该有全球视野，必须捕捉时代精神。

日本政府提出的21世纪教育目标是：培养宽广胸怀与丰富的创造力；培养自主、自律精神；培养在国际事务中能干的日本人。

中国国家教育发展研究中心在《二十一世纪教育发展战略》中提出了五个方面的培养目标：面向世界的全球眼界和胸怀；为民族为社会、为人民服务的责任感；善于吸收、处理和创造信息的意识和能力；自主、开拓、创新和应变能力；合作和竞争精神，处理人际关系和组织协调能力。

参考国内外有关教育目标的阐述，我们将幼儿阶段的培养目标定位为：为开发婴幼儿的身体潜能、智慧潜能和人格潜能，培养既能创造人类的新文明，又能度过幸福完整人生的英才奠定坚实的基础。具体来说，即要培养“合格+特长”的幼儿。这里所谓“合格”，即身体健康、智力优秀、人格健全，在德智体美劳诸方面能得到全面和谐地发展，尤其是具有适应未来社会发展的各种身心素质；“特长”，指儿童在某些领域具有比较出众的能力。

“合格”教育旨在帮助每个幼儿为成为未来“合格”人才奠定基础，使之能够实现全面和谐发展，保证每个孩子都能够享受到教育的公平；“特长”教育则更多地强调个性化教育，让每个幼儿在自身潜能发展特点、兴趣爱好等基础上，发展自己的特长，实现富有个性的自由发展，保证每个幼儿都能够得到公平的教育。21世纪的幼儿，全面发展和自由发展，一个都不能少，这才能成就快乐且有价值的人生！

二、工作技能

1～3岁幼儿，身心正经历着迅速的变化的发展。针对这一年龄段幼儿发展需求，早教师应着重把握以下工作技能：

[一] 模仿操技能

1～3岁幼儿爱模仿，好学好动，对各种游戏、儿歌和体育活动有浓厚的兴趣，模仿操就是根据这个年龄儿童的特点来设计的。它主要是配合简单的儿歌，让幼儿模仿做一些动作，如一些日常生活动作及跑、跳、平衡、弯腰等动作，具有强烈的游戏性和趣味性。在早教机构，早教师可以利用晨间锻炼、过渡环节、户外游戏等时间，带领幼儿边说儿歌，边模仿、创编各种小动作。这不但能够训练幼儿的各种动作，培养小儿的独立生活能力，同时还可发展小儿的想象力、思维能力和语言能力。

1. 第一节　小闹钟

目的：放松全身肌肉，为全身活动作准备，发展小孩的想象力和语言能力

配合语言：随着摆的节奏，嘴里喊“滴”“答”

2. 第二节　洗脸

目的：活动腕、肘、肩关节及上肢肌肉，逐步培养小儿生活和语言能力

动作：一、二、三、四右手伸开五指并拢，在脸前上下洗4次

二、二、三、四右手按顺时针转动4次

三、二、三、四左手伸开五指并拢，在脸前上下洗4次

四、二、三、四左手伸开五指并拢，左手按顺时针转动4次；

配合语言：洗洗脸，洗洗脸

3. 第三节　刷牙

目的：活动肩、肘、腕关节及上肢肌肉，培养小儿刷牙意识，为2岁半后正确掌握刷牙方法做准备

动作：一、二、三、四右手握拳，伸出食指，在嘴前方由上向下4次

二、二、三、四右手握拳，伸出食指，在嘴前方由下向上4次

三、二、三、四左手握拳，伸出食指，在嘴前方由上向下4次

四、二、三、四左手握拳，伸出食指，在嘴前方由下向上4次；

配合语言：刷刷牙，刷刷牙

4. 第四节　拉手风琴

目的：活动胸部肌肉，发展小儿想象力、思维和语言能力

动作：两手握拳，两臂屈曲放于体侧，两手由胸前向体侧展开，每个音符展开一次

配合语言：1、2、3、4、5、6、7、1

5. 第五节　小鸭走路

目的：活动膝、髋关节、下肢肌肉，发展想象力、思维和语言能力

动作：小儿两手放背后、抬头、腰微弯

一、二、三、四向前走

二、二、三、四向前走

三、二、三、四向后退

四、二、三、四向后退；

配合语言：小鸭走嘎！嘎！嘎！

6. 第六节　小鸟飞

目的：活动全身各部位肌肉，训练小儿动作的协调性及平衡能力，发展小儿想象、思维、语言能力

动作：两臂侧平举，上下摆动，向前跑

7. 第七节　小白兔跳

目的：训练小儿腿部力量，全身动作的协调性平衡功能及发展小儿想象、思维、语言能力

动作：两手张开，掌心向前，放在头两侧做耳朵，双脚做跳的动作配合语言：小白兔跳一跳

7. 第八节　小闹钟

目的：放松全身肌肉，使机体由紧张状态恢复到安静时水平

动作：同第一节

[二] 激发幼儿主动学习技能

儿童是独立的个体，拥有丰富的内心世界，对周围世界有自己独特的想法和见解。儿童的主观能动性，在其发展过程中，起着积极主动的作用。主动学习是幼儿建构知识的基本方式。儿童绝不是一张白纸，更不是一块面团，可以被人们任意地涂画或塑造。儿童更像一块根雕的原型。一个合格的家长或教师，应当是一位根雕艺术家。要根据这种“原型”——是像“嫦娥奔月”还是“八仙过海”——进而把儿童雕刻成独特的美轮美奂的“艺术品”。因此，早教师要努力成为一个合格的根雕艺术家。这就要求早教师掌握激发幼儿主动学习技能，设法为幼儿提供一个主动学习和建构他们自己知识的环境：幼儿通过积极主动地操作材料以及与周围环境（包括事件、同伴与早教师等）的互动，在主动学习中建构自己的知识世界。具体来说，开展主动学习实践，早教师应注意以下几个方面：

1. 提供丰富适宜的活动材料

早教师应该根据幼儿不同的发展水平，为其提供丰富、发展适宜，且允许幼儿使用各种方式进行操作的活动材料。只有丰富适宜的活动材料才能引起幼儿的兴趣，并挑战他们刚刚出现的能力，促使他们自由选择、自由操作，从而进行主动学习，建构自己对世界的理解。

2. 启发幼儿自由选择、操作材料

开展主动学习，让所有幼儿拥有选择自己该操作何种材料与操作活动持续多长时间的自由，是每个主动学习者的指导者应该做到的。自由选择使得幼儿将自己看作是一个能够自由选择、做出决定的独立的个人，这将发展幼儿的自信心。材料对于幼儿来说都是新鲜的。由于已有经验、兴趣和需要的不同，面对同样的材料，不同的幼儿可能会选择不同的操作、转换与组合方式。

3. 采用积极的支持策略

主动学习实践应让所有幼儿享有描述物体、表达自己想法以及与同伴相互交流的充足机会。幼儿的语言既可以锻炼幼儿制订计划、反思与分享意识，同时也能帮助早教师了解幼儿的所作所想，以提供更适宜的支持策略。在主动学习实践中，早教师应尊重幼儿的活动意愿，对幼儿的选择和活动采取鼓励、支持的态度。早教师的支持是主动学习实践的重要组成部分。没有早教师的有力支持，而仅仅让幼儿独自去发现，那是一种“放任自流”，而不是真正意义上的“主动学习”。

做到以上三点，将有利于早教师更好地将主动学习贯彻到早教机构中，更好地开展主动学习实践，真正意义地促进幼儿主动学习。

[三] 入园心理适应技术

1～3岁的幼儿，开始逐步进入到各种早教机构学习。尽可能地帮助幼儿缩短入园适应期、减少幼儿入园分离焦虑，变得十分迫切。掌握入园心理适应技术，是早教师应掌握的一项重要技能。

这里介绍一种通过对幼儿气质类型与入园适应期表现的观察，顺利帮助幼儿尽可能快地适应新环境的方法。

一般认为，不同的气质类型，对环境会有不同的适应过程：

胆汁质的幼儿热情好动，见到人主动打招呼，生气勃勃，但容易急躁、发脾气，缺少忍耐。这样的幼儿适应能力很强。如阳阳小朋友，第一天来园时对周围的事物非常的好奇，什么都能吸引他，而且在妈妈引导下还能主动与老师问好，偶尔不顺他的心，就发脾气，这才会想起妈妈，其他时间一切都很适应幼儿园的生活。一般3天就能适应。

多血质的幼儿活泼，亲切主动，但可能轻率、肤浅、冲动。这种幼儿在第一天来园时，也是对周围的事物很好奇，什么都能吸引他，可当他找不到自己的爸爸、妈妈时，就会大哭，经过做思想工作，幼儿会很快地接受这一现实。

黏液质的幼儿表现恬静、沉着而稳重，善于忍耐，但可能略显迟钝。这种气质的幼儿比较多，一般比较沉稳的幼儿，适应较快；而忍耐性较强的幼儿，即使心理上不适应，也不会明显表露在外表，所以适应相对较慢。

抑郁质的幼儿感情深刻而稳定，但表现的孤僻、羞怯、郁闷，这类幼儿适应得相当慢，不易于安抚，并且不相信自己的爸妈就会忍心放下他，所以每天拼命地哭。

对于早教教师来说，应该通过仔细观察幼儿，了解幼儿的气质，并采取相应的入园适应指导办法。具体来说，应注意以下几点：

第一，尽量详细地了解幼儿的基本情况（通过家访以及查看《宝宝在家基本情况调查表》），掌握每一位幼儿的个性特点及兴趣爱好。

第二，给幼儿营造一个温馨熟悉的环境。允许幼儿带自己喜欢的玩具、图书到幼儿园，老师可称呼幼儿的小名，让幼儿感到亲切，从而消除陌生感，尽快建立起孩子和家长对老师的信任。

第三，要根据幼儿不同的气质特点，针对幼儿不同的兴趣爱好，给幼儿提供自己喜欢的玩具，让他有事情做，“忘掉”分离的情绪。

第四，最好的安抚技术就是教学。要总结针对不同儿童特点的“逗笑”的绝招，开展“让孩子多露出笑脸”的主题教学竞赛活动。教师要多设计一些丰富多彩的活动，来吸引幼儿的注意力。

第五，以慈母般的爱奉献给幼儿，让他感觉到母爱的存在，使幼儿“移情别恋”，建立起对老师的依恋之情。

总之，幼儿度过入园适应期、完全适应新环境的目标是“开心、开口、开胃、开窍”。开心——就是喜欢上我们的幼儿园；开口——就是愿意和老师及小朋友们交流；开胃——就是喜欢吃幼儿园的饭菜；开窍——就是潜能开发。只要家长和老师通力合作，幼儿就能迈好这人生的第一步，拥有一个幸福快乐的童年!

[四] 发展幼儿健全人格技能

1～3岁幼儿正处于各种行为习惯养成和塑造的重要时期。然而这一时期的幼儿自我意识萌发，并开始进入第一“反抗期”，这让家长和早教师十分头疼。那么，对于早教师来说，怎样与处在“反抗期”的幼儿进行心灵沟通，成功地帮助幼儿发展健全的人格呢？下面一些做法，经过实践证明是行之有效的。

1. 合理满足法

满足幼儿合理的需求，尤其是学习、探索环境的欲望。家长首先要检查房间的安全情况，以排除任何导致危险的隐患。对一些危险品，如刀、药品等，与其对幼儿大喝“不许动”，不如让幼儿看不见，碰不着；其次，家长可以在室内外给幼儿创设各种相对固定的小小“功能角”。如“巧手角”，即在茶几上摆放积木、拼插玩具等；”阅读角”，即在沙发上摆放一些图书、画报、录音机等；“图画角”，即在书桌上摆放画报、纸笔等；“运动角”，即在室内开辟出一块场地，里面摆放一套大小、质地不同的球和一个简易的篮球架等等。家长不要刻意教给幼儿什么，也不需要强求幼儿一定要学会什么，而是要给幼儿创造一个富有探索性的学习空间。

2. 转移注意法

对待幼儿不合理的要求或有危险的活动，不要大声吼叫予以制止，而应当尽量避免正面冲突，可适当采取转移注意力的办法进行软处理。如打开电视机，播放幼儿喜欢看的电视节目，或把幼儿最喜欢的一件玩具递到他手里，或者干脆带到户外等等。当然对于一些无关紧要的小事，你可以故意让他赢上一两个回合以表示尊重他的意愿，满足他“当家做主”的愿望。

3. 故意冷淡法

有时幼儿会故意做一些恶作剧“反叛”你，以观察你的“有趣”反应。

如你不让他打开电冰箱，他就故意当着你的面把冰箱打开，然后等着你发作，他好看“热闹”。这时，你应当故意装作看不见，当他讨个没趣后，就会停止这种恶作剧。

4. 后果处罚法

运用孩子行为后果本身，自然而然地惩罚他的行为，如他非要去摸热水瓶。你不妨把瓶塞打开，抓住他的手放在热气上，当他感到烫时，就再也不会要热水瓶了。

5. 适当说“不”法

对幼儿不能一味满足他的愿望，该制止的行为要制止，在某些情况下，家长要坚定地说“不”，要向幼儿充分体现你坚定的态度和意志，要让他学会“服从”，因为学会服从也是一种能力。当然，这样做需要考虑幼儿的心理承受能力。

思考与练习

1. 对于1～3岁的幼儿，早教师应把握的育儿理念主要有哪些？

2. 教师如何激发幼儿进行主动学习？

3. 幼儿入园心理适应方面，早教师应该做哪些工作？

4. 早教师如何与“反抗期”幼儿进行心灵沟通？

第三节
饮食营养

零食是辅助正餐的一种进食方式，对儿童来说是一种愉悦、欣慰的享受，也是补充能量和某些营养素的一个途径。而偏好某种小食品、过量进食将影响正餐的摄食量、扰乱消化系统的规律活动，经常过量吃零食会导致营养失衡妨碍儿童健康成长。

新陈代谢是所有生物体共同的基本属性，这是在漫长进化过程中发展和逐步完善起来的个体生存的本能。在这一进化过程所形成的食物链中，环境强制性地约束着人类的食物种类、成分，以及由此组成的膳食结构。平衡膳食就是以合理的膳食结构、在营养素平衡的条件下获得最佳的生物利用效果，借以达到保健防病的目的，提高生命质量。

一、平衡膳食

[一] 平衡膳食的基础条件

经过添加辅食和用牛乳逐渐替换母乳乃至断离母乳，婴儿在10～12月龄时所添加的辅食种类应已达到幼儿膳食所要求的初步规模，可占食物热量的60%～70%为下一步完全实施适龄的平衡膳食打下相应基础。

[二] 制定平衡膳食的要求

在制订儿童平衡膳食时，要注意以下四方面基本要求，即：品种多样、比例适当、饮食定量及调配得当。现分别说明如下。

1. 品种多样

每种食物都有它的营养属性（有提供能量的，有功能性的，有保健性的），任何单一的食物都不能满足人体对各种营养素的需求，因而只有将多种食物合理地搭配起来，并同时进食，才能取长补短，达到合理营养的目的。也就是说，日常膳食的品种应当多样化，既有动物性食物，也有植物性食物，即膳食是由谷、豆、薯、禽、鱼、肉、奶、蛋、蔬菜、水果类、油脂类、食盐以及糖等各种调味品组合而成的混合食物。目前认为，主副食的品种每天应达到25～30种。

2. 比例适当

为适应人体代谢，满足不同生理活动需要，机体对各种营养素的需求量自有一定的比例。由于摄入人体内的各种营养素之间存在着相互配合与相互制约的关系，如果不能保持营养素间的协调平衡，甚至不能保持各种营养物质内部之间的分量匹配，机体的正常机能就会受到不利影响。例如蛋白质、脂肪、碳水化合物这三大产热营养素应有适宜的产热比例，即蛋白质产热量应占一日总热量的12%～14%，脂肪产热量应占一日总热量的25%～30%，碳水化合物的产热量占一日总热量的55%～63%。

3. 饮食定量

在注意以上品种多样、比例适当的同时，在一天中为幼儿安排的膳食，无论哪种食品，所食用的量都必须在安全科学合理范围内，这样才不会导致营养素缺乏，也不致发生超量中毒。

例如，油脂是人体结构成分也是脂溶性维生素的良好溶剂，既能供热又能保护脏器免受震荡，但无论是动物性脂肪或植物油，无论是饱和脂肪酸或是不饱和脂肪酸，凡是过量摄食，都有可能造成血清胆固醇增高、肥胖并增加癌发病率。从吃肉这个角度来看，同样是100克的猪肉、牛肉、羊肉、鸡、鸭、兔肉、鱼和虾等，其中猪肉的脂肪比兔肉、牛肉、鲫鱼高1倍多，比鸭肉高三倍，比火鸡胸肉高近30倍。因此，日常膳食以多选水产品为好。

4. 调配得当

我国改革开放以来，居民膳食模式受西方影响较大，食物结构不合理，虽然大部分由植物性食物构成，但调配失当却相当普遍。为建立平衡膳食，结合我国国情，儿童膳食应当做到以下5个搭配，即：

动物性食物与植物性食物搭配；荤菜与素菜搭配（每餐有荤菜也有素菜，包括豆类及豆制品）；粗粮与细粮搭配（每天有细粮也有粗粮，大约7∶3）；干、稀搭配（早、午、晚有干粮、也有汤或粥），咸、甜搭配。主副食品种每天有25～30种。儿童不宜吃过咸的汤和菜，以防钠元素超过安全量。儿童每日钠摄入量应是：半岁以内婴儿200毫克，半岁至1岁500毫克，1岁以上650毫克，4岁以上900毫克，7岁以上1000毫克；可按1克食盐含钠400毫克换算食盐用量。一茶匙食盐约重2克。

儿童也不宜多吃甜食，建议每名儿童每日不超过15克食糖（包括红糖、白糖、糖果及饮料中的糖分）。除做好以上搭配外，每星期吃1次～2次猪肝、鱼类或禽类，每星期吃2～3次海带、紫菜、黑木耳等菌藻类食物，另外含钙、铁丰富的芝麻酱可作为日常调料。这样搭配，谷类、豆类、肉类、蛋类、奶类、蔬菜和水果类、食糖和油脂类都有，各种营养齐备，膳食营养也就易于达到平衡，借以满足儿童生长发育的需要。

[三] 儿童平衡膳食在家庭的实施

家庭中为儿童制定平衡膳食时，要注意儿童的年龄、性别、当前身高、体重和健康状况。在此基础上首先计算出儿童所需的总能量，再将总能量分配在三餐及午点中。然后结合儿童营养、健康状况、原来膳食模式、习惯及爱好，做出主食及副食的选择和膳食安排。如1～3岁儿童每日所需能量，男童为1100～1350千卡，女童为1050～1300千卡。将此总能量分为：早餐占25%、午餐占35%、午点占10%及晚餐占30%。

二、为儿童挑选食物和配餐

[一] 食物的参考摄入量

1. 推荐的食物参考摄入量

为满足幼儿对能量及营养素的需要，家长有必要为其选择食物和配餐。

首先是明确吃什么、吃多少、怎么吃。根据儿童生长发育的阶段性及消化吸收特点，每天主副食品种可达30种或以上，不同品种的数量与年龄、体重、健康状况等有关。可参见下表1。

表 1　幼儿每日食物参考摄入量

食物名称	单　位	1～2岁	2～3岁
谷类（粗、细粮）	克	100～125	125～150
豆类、豆制品*	克	20～25	25～30
肉类（禽鱼肉肝血）	克	40～60	50～75
蛋类	个	1	1
奶类	毫升	200～250	250～400
豆浆	毫升	/	125～250
蔬菜	克	100～150	150～250
水果	克	25～50	40～60
植物油	克	10～15	10～15
食盐	克	1	1.5
食用白砂糖	克	10～25	10～15
零食或小糕点	克	10～15	15～20

注：*以50克干黄豆为基数，可换成相应豆制品的重量

蔬菜中至少有1/2是绿叶菜、或2/3是橙黄绿色菜。

2. 豆及豆制品的换算

目前市场上的豆制品有数百种，为便于配膳应用，以50克干黄豆为基数，将其可换算为豆制品的重量列于下表2，供应用参考。

表 2　与每50克干大豆营养相应的日常豆制品的重量

食物名称	重量（克）	食物名称	重量（克）
大豆	50	青豆或黑豆	50
豆粉	50	豇豆或红小豆	78

膨化豆粕（大豆蛋白）	50	豌豆、绿豆或芸豆	70
		蚕豆（炸、烤）	63
腐竹	44	北豆腐	150～200
五香豆豉、千张、或豆腐丝	75	南豆腐	250～300
豆腐干、薰干、豆腐泡		内酯豆腐（盒装）	350
素肝尖、素火腿、素鸡	100	豆奶、酸豆奶	750～800
素什锦	125	豆浆	800～1000

[二] 幼儿三餐一点的膳食安排

一般来讲，断离母乳更换牛奶后的婴儿在逐渐适应各种辅食后，由于活动量增加对能量的需求也随之增高，食物供给量应随之增加，而进餐次数则逐渐趋向家庭一日三主餐模式。对1～3岁幼儿来说，开始是一日三餐两次点心随后转为一日三餐一次点心的膳食模式。通常1～1.5岁幼儿仍保持上下午各睡眠一次，1.5岁以后逐步过渡到中午午睡一次，因此午间点心就可安排在睡醒午觉后一次或两次，但每天仍需吃牛或人奶300～500毫升。

[三] 理解和安排儿童的零食

零食是辅助正餐的一种进食方式，对儿童来说是一种愉悦、欣慰的享受，也是补充能量和某些营养素的一个途径。而偏好某种小食品、过量进食将影响正餐的摄食量、扰乱消化系统的规律活动，导致营养失衡妨碍儿童健康成长。

家长不必排斥或拒绝儿童的零食，而应顺势利导为儿童选择适当零食以补充儿童生理性消耗及部分营养需要，但要避免选用含油脂高或以碳水化合物为主的食品，少选油炸、膨化食品及糖果。在零食中鼓励儿童选食坚果、种子类如松子、花生、核桃等，选食新鲜水果、蔬果如西红柿、黄瓜类食物，小吃可选食全麦饼干、面包、肉菜包子、红薯等。吃零食的时间最好安排在两餐之间，如上午10点前后，下午4点至晚餐之间。避免在休闲时如看电视、聊天及闲嬉时边聊边玩边吃。儿童全天进食零食的量应控制在25～40克之间，一次或分次食用；以不影响正餐为度。视儿童年龄将全天含糖饮料限制在250～350毫升以内。

以上平衡膳食模式所列举的是一类食物，家长可以根据地区、季节、食物供应情况及费用选用相应的同类食物互相替代食用，既可变换花色品种、促进食欲，又可自不同食物获得数量不等的营养素取长补短，提高营养效能。

思考与练习

1. 制订平衡的膳食有哪些基本要求?

2. 如何为儿童制订平衡的膳食?

3. 简述1～3岁内儿童每日各种食物的摄入量。

4. 如何科学地为儿童选择零食?

第四节
生活护理

当前世界儿童健康教育的发展趋势是强调“养成教育”。养成起居有常、饮食有节、有规律地排大便以及清洁习惯、锻炼习惯等等。

习惯的养成靠科学的生活护理。

运动，是一项重要的健康投资。学走，不用“学步车”帮忙；学游泳，从什么年龄开始都不“早”。家长爱运动，带动孩子运动。

一、1~3岁儿童的衣服选择

[一] 面料的选择

贴身内衣应选用纯棉的面料，吸湿性、透气性好。尼龙化纤面料对皮肤刺激性大；丝、毛织品，易诱发过敏。外衣面料的选择可以多种多样。

[二] 款式的选择

衣着款式应美观大方、穿脱方便、安全、舒适，便于儿童从事各项运动。穿上小旗袍、小西装，不敢跑、不敢动，怕弄皱了、弄脏了，限制了儿童的活动。裤腿过长过宽既妨碍活动，也会带来危险。领口不要有长带子；衣服上避免有小球、金属饰物等装饰；男裤的前开口不用拉链，一切为了安全。为了便于儿童自己穿脱，上衣的前后两面应容易辨认，扣子大、数少。

[三] 别把男孩打扮成女孩

一般来说，在正常的养育下，到三四岁，小孩就有了清楚的“性角色意识”，知道自己是男孩或女孩，并愉快地接纳自己的“性角色”。如果因为期盼孩子“命大”，或盼闺女却生了个儿子，就把男孩当成女孩来养，扎着小辫、穿着裙子，大人导演的是“假戏”，而孩子却是“真做”。久而久之，从他的外表到内心世界都进入女性角色。这种扭曲的养育方式，可能是导致性变态心理的一个诱因，促成了“性自认倒错”现象。为了孩子的心理健康，莫将男孩打扮成女孩。

二、1～3岁儿童的日常清洁

[一] 洗头是件细致活儿

儿童不爱洗头，常因有过“痛苦”的经历，比如眼睛淹了、头皮疼了、脖子酸了、耳朵进水了等等。给儿童洗头是件细致活儿，让孩子头稍后仰，不会淹眼睛；把洗发液先倒在大人手上，揉起泡沫后再抹在孩子头发上，不会抓疼头皮；洗头的时间要短，洗净、擦干，只几分钟，孩子不会觉着累。

[二] 让“护头”的孩子爱理发

有的儿童“护头”，就是不让别人碰他的头，不爱理发。可以买套塑料的“理发工具”，让儿童给洋娃娃理理发。让游戏来打开局面。也可以玩玩“头上开小汽车”的游戏：让玩具小汽车在头皮上开来开去，让孩子觉着挺好玩。当然，给儿童理发，还得请手艺高的师傅，麻利、快。

[三] 给儿童清洁牙面

1～3岁的儿童，还不会自己刷牙。除了叮嘱孩子饭后含口水，用力漱口之外，还需要由大人给儿童清洁牙面，用干净纱布沾点温开水，给牙齿“擦澡”。孩子临睡觉时，不要再让孩子抱着奶瓶喝牛奶，以预防“奶瓶龋”的发生。

[四] 男孩、女孩都要“用水”

1. 给女孩清洗外阴

用温水，女孩会阴黏膜薄嫩，水烫可损伤黏膜，水温不凉即可。用熟水，把开水晾至温度合适使用。用清水，不必用肥皂，以免因刺激产生不适。自前向后洗，方向不能错。有专用的盆和毛巾。

2. 给男孩清洗包皮垢

1岁左右，包皮松动，易积尿垢，清洗时需轻柔地撸下包皮，让阴茎头露出来，用温水把尿垢洗净。洗完，一定要把包皮回复原位。若不清除尿垢，易发生包皮炎，又痒又疼，还容易诱发包皮粘连，出现撒尿时包皮被撑得发亮（俗称“起泡”），尿流不仅细，还歪着，常会尿湿一侧的裤腿（俗称小歪鸡）。如包皮撸不开，应做手术切去包皮多余部分。

三、1~3岁儿童的居室环境

[一] 打造适宜的“微小气候”

儿堵墙围成了“家”，也围出了有别于大气候的“微小气候”（气温、湿度、气流和辐射）。适宜的“微小气候”可使儿童免受“风、寒、暑、湿、燥、火”之伤害。

- 儿童易受凉、受热，寒冷季节室温以18～20℃为宜；夏季以26～29℃为宜。
- 居室的相对湿度，寒冷季节不宜小于35%；夏季不宜大于65%~70%。湿度太大，妨碍汗液的蒸发。
- 适度的通风，可以有效地使空气清洁。居室通风好，可以减少“飞沫传染病”的发生，如感冒、流感等。
- 谨防冷辐射的危害。儿童床不要紧靠外墙。冬季，墙壁温度明显低于室温，若床距墙不足1米，易受冷辐射的影响，诱发感冒。

[二] 减少室内污染

儿童房的装修从选料到配备新家具，都要符合环保的要求。在彻底通风的前提下，至少半年后再让孩子入住。虽然白血病的病因至今仍不十分清楚，但装修带来的污染（苯、甲苯、甲醛等）是一种“高危因素”。

[三] 不要让儿童吸入二手烟

1. 儿童被动吸烟，健康被吞噬

“在无烟草的环境中长大”是每个儿童应该享有的基本权利。脑细胞缺氧儿童脑组织所消耗的氧气，约占全身所消耗氧气量的1/2。也就是说，脑是用氧的“大户”。儿童生存的空间，被烟雾污染，吸入的空气缺少新鲜的氧气，脑组织总处于“氧饥饿”的状态，孩子的智力能不受影响吗？

2. 消化功能紊乱

烟雾“佐餐”，儿童会出现厌食、恶心，甚至呕吐。由于烟雾中有害物质的刺激，肠蠕动失去正常的节律，会出现肠绞痛。消化功能紊乱会直接导致儿童对营养物质的吸收、利用大打折扣。

3. “呼吸道”的保护作用被破坏

鼻腔是保护肺的第一道防线，对吸进的空气起着加温、湿润和清洁的作用。儿童的鼻腔狭窄，在烟雾的刺激下充血、肿胀，发生鼻塞，只能张口呼吸，保护肺的第一道防线失去作用。气管是保护肺的第二道防线。气管内壁丛生的纤毛，自动向咽部摆动，把进入气管的夹杂在空气中的脏东西，扫到嗓子眼，被咳出。吸入烟雾，气管的纤毛纷纷“倒伏”，气管的自净作用被削弱，保护肺的第二道防线也失去作用。污浊的空气，无遮无挡地进入肺。肺功能下降的直接后果，就是大脑缺氧。

四、1～3岁儿童的排便护理

[一] 与尿布、纸尿裤说“再见”

1. 何时开始训练坐盆，很难划一

启动“坐盆排尿”的信号：

一两个小时，尿布或纸尿裤不见湿，说明膀胱肌肉的控制能力达到可以接受训练的水平。

会蹲、会起，能保持平衡。

有了“尿意”会用表情、动作或语言来表示，不再似婴儿时期，尿了自己却浑然不知，满不在乎。

2. 训练坐盆，别成为“频尿训练”

有的家长特别爱干净，又特别勤快，孩子刚过1岁，就不用尿布或纸尿裤了，买来一个蜗牛便盆，“有尿了吗？找蜗牛便盆去。”在频频提醒下，尿盆几乎成了小椅子。

这种训练方法有两个弊病：

一是削弱了膀胱贮存尿液的能力。如果膀胱内刚有少许尿液，就马上排出，膀胱括约肌得不到适度扩张的锻炼。不能充分扩张，也就不能充分收缩，所以频频坐盆，却总不能尿干净，总有余尿。

二是削弱了大脑对排尿的控制能力。“频尿训练”，削弱了大脑对排尿的控制能力，不能“忍”一会儿，当然也不能尿大泡。以至于孩子入儿童园以后，一会儿一趟厕所，还常常尿湿裤子。

[二] 用开裆裤，弊大于利

不用尿布、纸尿裤了，改穿开裆裤，一蹲就能排尿，确实“方便”。但是，开裆裤也带来另外一些“方便”。

- “方便”细菌进入尿道，逆行向上，引起“上行性泌尿道感染”。
- “方便”寒气穿裆而入，引起感冒、腹泻。
- “方便”蛲虫的传宗接代。蛲虫的雌虫在肛周产卵。小主人用手搔痒，手上沾上虫卵，手接触口，虫卵入肚，又长成一代蛲虫。
- “方便”用手玩弄外生殖器。这种行为往往会遭到呵斥“别碰那脏东西”、“没羞”等等。在小儿的潜意识里，“那个东西是脏的”，性心理出现扭曲。

五、1～3岁儿童的睡眠

[一] 睡多长时间算够，很难划一

睡眠时间，虽说没有绝对的标准，却有一般的规律，那就是年龄越小，每天所需要的睡眠时间越长。大致是：

1～2岁，每天需要睡13～14个小时，白天睡一两次，每次1～1.5小时。

2～3岁，每天要保证12～13个小时的睡眠，中午睡个午觉。

3岁以上，10小时。

[二] 困闹：最常见的睡眠障碍

困了，自然要去睡觉。可偏偏有的孩子越困越闹，久久不能入睡，这是为什么呢？周末一家人尽兴地玩，早过了孩子该上床的时间；非要等妈妈回来再睡；家中来客熙熙攘攘；外出旅游无法按平日的生活规律作息，种种原因，使孩子累极了，实在挺不住了，情绪一落千丈。

睡眠是大脑皮层的抑制过程，如果兴奋过度，抑制过程会遭到破坏，会出现困闹，难以入睡。

[三] 浅睡眠出现小动静，不是醒了

睡眠分为浅睡眠和深睡眠两种状态。在一宿的睡眠中，这两种状态相互转换出现，儿童与成人相比，浅睡眠的时间要长一些。做梦发生在浅睡眠时段。若处于浅睡眠时段，可以出现眼半睁、哼叽、肢体抖动、微笑、皱眉、吸吮等动作，并不意味着孩子醒了。

如果守在一旁的家长，马上去拍，去喂，去哄，反而把孩子惊醒了。完整的、自然的、健康的睡眠规律变得支离破碎，健康受到影响。

[四] 睡眠障碍

有些疾病，可能使孩子出现睡眠障碍。

比如：3岁以下的小儿患有佝偻病，夜惊是其症状。蛲虫病，导致夜间肛门瘙痒，睡眠不安。腺样体肥大（位于鼻咽后壁的淋巴组织），导致睡眠时呼吸不畅。有癫痫病，频频发生夜惊。

只有防病治病，方能使孩子睡个好觉。

六、1~3岁儿童的运动

运动是一项不可缺少的健康投资。

[一] 运动，开启“愉快中枢”

现代生理学的研究发现：大脑内有主管情绪的“愉快中枢”。跳、跑等肌肉运动，是开启“愉快中枢”的一把金钥匙。

适度的运动，特别是一些集体的运动游戏，会使孩子们特别开心。

[二] 运动，增加“抗病能力”

大约在1800年前，我国名医华佗就提出：运动可使“血脉流通”、“病不得生”。

现代医学对人体微循环的研究证实：人体处于“静态”时，毛细血管网只有2%～10%开放；而人体处于“动态”时，几乎全部毛细血管网都开放了。“潺潺的小溪”把人体的免疫战士送到全身的各个角落，布下围剿病毒、细菌的“天罗地网”。

[三] 运动促进“智力发育”

有一种错误的观念：“四肢发达，头脑简单”，认为孩子喜欢搭积木、捏橡皮泥、涂鸦才聪明；喜欢爬来爬去，走走跑跑，攀上滑下，是“傻玩”。

正确的观念应该是：“四肢发达，头脑并不简单”。因为一举手、一投足，都是大脑支配的，儿童大肌肉运动水平的高低，是衡量大脑成熟度的一个重要指标，也是智力测查的重要内容。运动是智力大厦的砖瓦。

思考与练习

1. 儿童衣服的面料和款式选择方面应该注意些什么?

2. 儿童吸“二手烟”有哪些?

3. 穿开裆裤对儿童的身体有哪些不利影响?

4. 1～3岁儿童睡眠有哪些特点?

5. 为什么说运动是一项不可缺少的健康投资?

第五节
身心保健

1～3岁的幼儿，仍处在生长发育相对迅速的阶段，除了去保健机构定期进行体检，在家里也可以利用一个秤、一把软尺来“盘点”儿童的长势如何。

1～3岁是意外伤害多发的年龄，多一分预见，少一分意外。要关注孩子的心理健康。

一、健康检测

不少北京市民，收到一把由卫生部门发的软尺，用它量腰围。一把软尺，也可以用来监测孩子的健康。

[一] 测头围和胸围

比一比，胸围在多大月龄的时候赶上头围。刚出生时，头围大约是34厘米左右，胸围大约是33厘米左右，头围大于胸围。营养状况好的孩子，最晚1岁，胸围就会赶上并超过头围。如果营养不良，胸围则老是落后，“小胸脯、大脑袋”，可要认真调理了。

[二] 满1岁以后，每三个月测身高

观察身高与体重是否匹配，也就是体形是否匀称，匀称是健康的表现。如果身高在“上”的等级，体重在“下”的等级，体形为豆芽菜；如果身高在“下”，体重在“上”，为胖墩儿，都需要调理。

[三] 每半年，观察上部量和下部量的比例变化

自头部至耻骨联合的上缘为上部量，自耻骨联合的上缘至足底为下部量。出生时，上部量明显比下部量长。随着年龄增长，下肢比躯干长得快些，一般到12岁时，上下部量相等。上部量关系到脊柱的生长，下部量关系到下肢的生长。先天性骨骼发育异常与内分泌疾病，可致上下部量的比例明显失常。

二、乳牙护理

从六七个月出牙，到两岁半左右20颗乳牙出齐，这期间常常会有一些“小情况”。

[一] 怎么不按“顺序”出牙?

乳牙自六七个月龄开始萌出，到一岁左右，中间的8颗牙就全萌出了（下中切牙2、上中切牙2、上侧切牙2、下侧切牙2）。家长可能会认为接着该萌出的是挨着侧切牙的尖牙（俗称虎牙），然而，萌出的却是第一乳磨牙。怎么不按“顺序”出啊？中间出现了“空位”，正常吗？

其实，出牙的正常顺序，就是第一乳磨牙比尖牙先出。尖牙萌出后，约半年多第二乳磨牙萌出，20颗乳牙就出齐了。

[二] 牙出齐了，一笑就露出下牙床，正常吗?

正常的牙列，上排牙要比下排牙突出一点。如果相反，下排牙比上排牙突出，就成了兜齿，或叫“地包天”，一笑自然会露出下牙床。

出现兜齿，有遗传因素，但更多的是后天喂养不当造成的。

孩子过了1岁，一般就能自己捧着奶瓶喝奶、喝水了。毕竟小手还嫩，奶瓶和内容物的重量全压在上牙床上。日久，上牙床的骨骼发育受阻，以致形成“地包天”。

乳牙期的“地包天”，多数会延续下去，影响恒牙的排列，使面容失去和谐美观。如果乳牙出齐后，仍是兜齿，就需要去口腔科检查。医生会酌情施治，矫治的目的是减轻上牙床骨骼的变形程度，限制下牙床骨骼的过度生

长，建立正常的咬合关系。

预防“地包天”，应尽早训练孩子用杯子喝奶、喝水。

[三] 乳牙萌出才几个月，上面就有了黑点，是龋齿吗?

黑点就是浅龋，浅龋不会自愈。浅龋可以发展成深龋。

龋齿，是残留在牙齿上的食物，在口腔内细菌的作用下产生酸，酸把牙齿腐蚀成了龋洞。所以，预防龋齿的三要素是：及时清除口腔内的细菌；清除滞留在牙面、牙缝里的食物残渣；增强牙齿的抗酸能力。

乳牙一萌出，就要采取预防龋齿的措施。

三、感冒护理误区

[一] 误区之一：**开窗会让病毒、细菌进来，预防感冒，别开窗。**

这种观点认为，一到冬天就基本不要开窗了，甚至还糊上窗缝，一来防风保暖，二来防尘。病毒、细菌粘附在灰尘上，不开窗，病毒、细菌进不来，孩子不会感冒。

而现实是，不开窗，孩子不出屋，一样能得感冒。怎么得的？家长是传染源，家长要和许多人接触，病毒在鼻咽部繁殖，但是成年人抵抗力强、不发病，却在说话、打喷嚏时，把病毒通过“飞沫”散布到屋里的空气中。

开窗通风可以有效地稀释室内病毒的密度。传播感冒的是“飞沫”，不是“灰尘”。天冷，也坚持择时机开窗，有益于预防感冒。

[二] 误区之二：**降体温，要降到正常，才放心。**

普通的感冒，也要有2～3天，才能不发烧。上午烧退了，傍晚体温又可能上到39℃多。若每次非要降至37℃左右，体温大起大落，孩子很容易发生虚脱。

采取降温措施后，能降到38℃就可以了。病儿头痛减轻，舒服些，能吃点，能睡熟。病毒停止繁殖，自身抗体也被调动起来，病情会向康复平稳过渡。

[三] 误区之三：要多穿、多盖“捂汗”。

孩子的体温调节机制还不完善，“捂”影响通过辐射、传导散热，往往“汗”还没出透，已经因为高热而抽风了。或是因为一身大汗，出现虚脱（脸色惨白，手足冰凉）。

当然，也不主张“晾一晾”。因为体温骤升之际，末梢循环不好，病儿会觉得冷。“晾一晾”会使病儿打寒战，很难受。应适度保暖。

四、眼部问题

[一] 斜视

斜视是指，当两眼向前平视时，两眼的黑眼珠位置不匀称，即眼位不正常。最为常见的是内斜，俗称斗眼，表现为一只眼的黑眼珠在正中，另一只眼的黑眼珠偏向鼻尖方向；外斜，俗称斜白眼、瞟眼，表现为一只眼的黑眼珠在正中，另一只眼的黑眼珠朝外偏。另外还有“上斜”和“下斜”。

[二] 间歇性斜视VS固定性斜视

斜视常在3岁左右显现。最初，多为间歇性斜视，仅在看画书、做手工等费眼神儿的时候，出现斜视。不费眼神的时候，眼位正常。

出现间歇性斜视，要去眼科就医，在“时斜时不斜”的阶段不治疗，会发展为固定性斜视。

[三] 斜视VS弱视

斜视不仅影响容颜，使孩子感到自卑，影响心理健康，而且斜视可导致弱视，使孩子丧失本该拥有的高级视功能——立体视觉，成为“立体盲”。

“立体盲”虽能看得见，但缺少精细的分辨能力，分辨不清深浅、远近、凹凸，难以完成精细的动作。

那么为什么斜视会导致弱视呢?

由于两眼的位置不匀称，物体成像在视网膜上的是有明显差别的影像，信息传入大脑就成了模模糊糊的“双影”，使人感到很不舒服。

大脑被迫抑制自斜视眼传入的信息，不接受它，这样就没有“双影”了。

斜视眼传入的信息总不被采纳，日久也就“视而不见”成了弱视。只靠位置正常的那一只眼看东西，成为“立体盲”。

五、“手足口病”的防治

[一] 病初有发烧，但其他症状特殊

发烧，但不伴有流鼻涕、咳嗽等症状。嘴疼，但不是一般的“口疮”。手足口病在口腔黏膜上的表现为牙床上、舌面上、颊黏膜以及上膛，都散落着一些疱疹。有的破了，露出红红的浅溃疡。

身上有皮疹，但不像水痘。皮疹集中在手、足，指、趾甲周围和臀部。

[二] 预防手足口病，个人卫生和环境卫生最重要

手足口病的传染途径复杂，可以经飞沫传播，也可以经粪口途径传染。

“勤洗手、吃熟食、喝开水、勤通风、晒太阳”，是针对手足口病传播途径采取的简便有效的措施。

其中，晒太阳，还包括勤晒被褥。喝开水，还应包括食具的煮沸消毒。

[三] 在家养病期间，要密切观察病情

一般，经过1周左右的治疗，病儿就可以进入恢复期。但是少数病儿可以表现出肺炎或脑炎的症状，比如，呼吸困难、脸色发青、频繁呕吐等重症。所以，在护理病儿时，要密切观察病情的变化。

[四] 调整饮食

忌食酸、咸、硬、烫的食物。口腔溃疡没好之前，吃流质，可以用吸管，使食物少接触口腔粘膜。比如，甜牛奶、甜豆浆、米汤等。

口腔溃疡基本好了，改为半流质或软饭。比如，藕粉、鸡蛋羹、稀饭等。

六、家庭安全公约

家里有会爬、会走的孩子，最好订一份“家庭安全公约”：

· 用安全审视的目光，看看“1米以下的世界”是否存在安全隐患。

· 不买比孩子嘴小的玩具、果冻。

· 沾“药”字的，用时仔细看，用完收藏好。

· 半悬空的一碰就碎的装饰品和落地的桌布，都收起来。

· 仔细把枣核、骨头渣、鱼刺去净。喂饭时不逗笑。

· 孩子的衣服单独洗。

· 要提防宠物伤害孩子。

· 想到什么有关安全的，随时补充。

七、心理健康

[一] 宽松温馨的家庭氛围

宽松温馨的家庭氛围，使孩子乐观、开朗，喜欢与人交往。紧张压抑的家庭氛围，使孩子沮丧、不安，且上行下效，对人粗暴。

1. 胆小常因被“吓”

孩子不听话，就用吓唬的办法，使孩子的心灵被恐惧笼罩，会使孩子胆小、懦弱。

2. 迷恋毛茸茸的东西，常因“皮肤饥渴”

对孩子来说，除了有生理上的需要，还有心理上的需求，亲人的拥抱、抚摸和安慰。缺少了这些，孩子会从毛茸茸的物品寻找温暖，渐渐形成心理上的依赖。

[二] “习惯性擦腿动作”，应对有技巧

摩擦外阴，进而引起脸红、眼神不自然等现象，叫做“习惯性擦腿动作”。矫正的方法：

1. 查找诱因

有无心理上的压力；有无外阴湿疹；有无蛲虫病；男孩有无包皮炎，等等。

2. 调整身心

让生活有规律、有情趣。困了再睡，醒了离床。

3. 转移兴奋

正在“犯毛病”，可改变其卧姿、放些音乐等等，设法转移其注意力。

思考与练习

1. 怎样预防龋齿？

2. 怎样预防秋季腹泻？

3. 常见的感冒护理误区有哪些？

4. 为什么发现孩子有斜视不能“等等看”？

5. 手足口病的主要症状是什么？如何应对？

6. 如何应对儿童的“习惯性擦腿动作”？

第六节 潜能开发

教育的目的是帮助婴儿提高适应环境的本领和驾驭环境的能力。

每个婴儿都是一个独特的个体，最好的教育就是适宜他个性发展特点的教育。

婴儿期是开发运动潜能的敏感期。每个婴儿都蕴藏着无限的运动潜能。

一、1～2岁婴幼儿潜能开发

1～2岁婴幼儿游戏活动举例表

类别	月龄	身体潜能开发	智慧潜能开发			人格潜能开发
			语言	精细	认知	
亲子游戏	13～15	推车走	发重叠音	装小球	分辨大小	坐山轿
	16～18	登高跳下	听命令拿物	包糖果	分水果	坐飞机
	19～21	追球跑	表达感觉	捏橡皮泥	认识大自然	网大鱼
	22～24	跳跃击球	你问我答	画线游戏	扑克牌接龙	拔萝卜
早教活动	13～15	搬运货物	表达意愿	套塔	指认物品	打招呼
	16～18	长高了，变矮了	我在这里	串项链	“圆”和“方”	给娃娃看病
	19～21	踩石头过河	讲故事	用棍取物	物品匹配	猜猜看
	22～24	坐滑梯	有问有答	折飞机	指认五官	联欢会

[一] 身体潜能开发——大运动能力发展

1～2岁是肌肉力量迅速增长，各种动作增加最多的阶段。婴幼儿在这时期除继续巩固周岁时学会的翻身、坐、爬、站、走的基本动作外，还要继续学习跑、跳、下蹲、攀爬等大动作。

1. 亲子游戏

活动名称：推车走

适合年龄：13～15个月

活动目标：发展走的能力

活动准备：小推车、多个玩具

活动时间：每天2～3次

活动过程：婴幼儿双手扶着适合他高矮的小推车，成人手里拿着婴幼儿喜欢玩的几个玩具，站在距离推车4～6步远的地方，等他来到你的面前时，往推车里放一个玩具。然后又往后退4～6步，等他来到面前时，再往里面放一个玩具。根据婴幼儿走路的情况，逐渐加大与婴幼儿间的距离

延伸活动：婴幼儿一手牵着能发出声响的拖拉玩具，如小鸭子、小火车等，一手牵着成人的手走

注意事项：确保婴幼儿在行走中的安全，谨防摔倒。一旦婴幼儿不小心摔倒，成人也不要面露紧张的情绪，让婴幼儿产生害怕走路的心理

活动名称：登高跳下

适合年龄：16～18个月

活动目标：锻炼跳跃动作和平衡感

活动准备：10～15厘米的凳子或椅子

活动时间：每次5～10分钟

活动过程：把婴幼儿抱在10～15厘米高的凳子或椅子上，双手拉着他的手，教他双脚从凳子或椅子上跳下

延伸活动：等婴幼儿跳熟练后，可逐渐放手让他独自从高处跳下，也可稍微增加些高度

注意事项：要使用结实的凳子或椅子，注意婴幼儿的安全

活动名称：追球跑

适合年龄：19～21个月

活动目标：锻炼跑的能力

活动准备：皮球、圆形铁环等

活动时间：每次10～15分钟

活动过程：让婴幼儿将圆形能滚动的东西，如皮球、圆形罐头盒等用力前抛，然后去追，追上后再抛出去

延伸活动：成人拍打着婴幼儿的皮球或滚动着圆形铁环往前跑，婴幼儿在后面追赶，成人故意让他追上，追上后就抱抱他作为奖励

注意事项：确保婴幼儿活动的场地干净、整洁，没有其他杂物

活动名称：跳跃击球

适合年龄：22～24个月

活动目标：锻炼跳跃能力和全身协调能力

活动准备：绳子、若干橡皮小球

活动时间：每天10～15分钟

活动过程：把若干橡皮小球悬挂在绳子上，高度在婴幼儿头顶上方，稍作跳跃即可够取之处。可先扶婴幼儿腋下，帮助他起跳伸手击打小球，然后平稳落下。熟练后，即可让婴幼儿独立完成

延伸活动：准备一只红色大气球，教婴幼儿把气球抛向空中，落下后用左右手接球，或跳起来用头顶球，使球不落地

注意事项：不要将绳子拴在不结实不牢靠的地方，以免绳子牵拉导致坍塌

2. 早教活动

活动名称：搬运货物

适合年龄：13～15个月

活动目标：锻炼前进、后退、转弯的能力

活动准备：小推车、小鸡、小狗、布娃娃、小球等若干玩具

活动时间：每次15～20分钟

活动过程：教师给家长做如下示范，在婴幼儿需要推车前进、后退、转弯才能捡到小玩具的地方放上不同的小玩具，婴幼儿推着小车从房屋一端出发，把沿途放置的小玩具捡起来放进小推车里。家长引导婴幼儿完成该游戏

延伸活动：家长可引导婴幼儿拉着小动物玩具如拖拉鸭四处走动，特别是倒着走，一方面可以增强他的腿部的肌肉，另一方面又可以扩大他探索环境的范围，激发他们的好奇心和探索环境的兴趣

注意事项：确保场地干净整洁，没有障碍物

活动名称：长高了，变矮了

适合年龄：16～18个月

活动目标：锻炼蹲的能力和反应能力

活动准备：婴幼儿情绪饱满

活动时间：每次5～15分钟

活动过程：教师给家长示范如下游戏：让婴幼儿跟成人面对面站立。当告诉婴幼儿说“变矮了”时让婴幼儿蹲下，当告诉婴幼儿说“长高了”时，让婴幼儿站起。家长引导婴幼儿反复做这个游戏，让婴幼儿加快蹲和站的速度

延伸活动：家长可在地上放一些婴幼儿爱玩的玩具，让他蹲下去捡起后放进小桌上的筐子里

注意事项：根据婴幼儿的情况进行，动作不宜过于剧烈

活动名称：踩石头过河

适合年龄：19～21个月

活动目标：锻炼大运动技能和平衡感

活动准备：粉笔

活动时间：每次15～20分钟

活动过程：教师给家长示范如下游戏，在地上用粉笔画两道线当做是

大河，在河里画些圆圈当石头。告诉婴幼儿河里有水，踩在石头上就可以过去。小心不要掉进河里去。家长引导婴幼儿完成该游戏

延伸活动：家长可在地上用粉笔画两道线当做是大河的桥梁，让婴幼儿沿着桥梁走到对岸，不要掉进河里

注意事项：确保场地干净整洁

活动名称：坐滑梯

适合年龄：22～24个月

活动目标：锻炼全身动作协调

活动准备：幼儿园滑梯

活动时间：每次15～30分钟

活动过程：教师给家长示范做如下游戏，在幼儿园的滑梯下，教婴幼儿双手抓住滑梯两边的横杆，一步步爬上滑梯，然后从上面滑下来。家长引导婴幼儿完成如下游戏

延伸活动：教师给家长示范做如下游戏：在幼儿园的攀登架前，教婴幼儿用手抓住上面的横杆，脚蹬底下的横杆，一步步爬上攀登架。家长引导婴幼儿完成如下游戏

注意事项：需有成人看护，确保婴幼儿安全

[二] 智慧潜能开发

1～2岁这个时期，婴儿的语言发展很快，从学说1个单词进展到会用简单句与人交谈，虽然婴儿的语言还很贫乏，但对成人的语言却有初步的理解力。在精细动作方面，表现为学会扔、拿、抓、拉、摆弄各种物体，并将手中抓的物体挥动手臂投掷等，还能运用拇指和食指相对准确地捏物、捡豆、搭积木、翻书、拿勺学吃饭、握杯喝水等。在认知能力方面主要表现为感知和动作协调活动的能力，并通过多次的协调活动，去注意、记忆、逐渐增长自己的认识能力。

1. 语言能力开发——亲子游戏

活动名称：发重叠音

适合年龄：13～15个月

活动目标：练习发音

活动准备：婴幼儿情绪饱满

活动时间：每天5～10分钟

活动过程：结合日常生活，教婴幼儿学会发重叠音，如：爸爸、妈妈、爷爷、奶奶、哥哥、姐姐、宝宝、乖乖、抱抱等

延伸活动：教婴幼儿学习用这些重叠词组成简单句子。如："妈妈抱抱宝宝"、"宝宝乖乖"等

注意事项：在教婴幼儿时，最好将单词和具体的人对照起来，将简单句和具体动作联系起来

活动名称：听命令拿物

适合年龄：16～18个月

活动目标：锻炼语言理解力和记忆力

活动准备：妈妈的手套、爸爸的包、奶奶的眼镜等

活动时间：每次5～10分钟

活动过程：教婴幼儿认识一些日常用品，发指令让他取这些日常用品。如："把妈妈的手套拿过来"、"把爸爸的包放过来"等

延伸活动：可以和婴幼儿玩过家家游戏，让他按指令把所需要的物品准备好。如：积木、小推车等

注意事项：需是常用物品，并且每一种物品反复多次，直到认识为止

活动名称：表达感觉

适合年龄：19～21个月

活动目标：学说表达感觉的词语

活动准备：一些感觉不同的物品，如一杯稍烫的开水和一杯稍凉的开水

活动时间：每次5～10分钟

活动过程：让婴幼儿多次触摸这两杯冷热不同的水杯，然后问他："烫

吗？凉吗？”吃饭的时候，碰到较烫或较冷的东西，可以马上说“哦，好烫，妈妈给吹吹”、“太凉了，加热再吃”等，直到他学会“烫”、“凉”这个字，并把这两个字同两种感觉联系起来

延伸活动：同样的方法，让婴幼儿学会“酸”、“甜”、“苦”、“辣”、“咸”等多种味道

注意事项：每一种感觉要让婴幼儿反复体会，直到掌握了，再学习下一种感觉

活动名称：你问我答

适合年龄：22～24个月

活动目标：训练婴幼儿的语言表达能力和理解能力

活动准备：婴幼儿画报

活动时间：每天20～30分钟

活动过程：找一些婴幼儿画报，给婴幼儿讲故事，并针对画报中的内容向婴幼儿提问。如：“故事中有几只小山羊？”“两只。”“它们在干什么呀？”“在吃青草。”

延伸活动：带婴幼儿做户外活动，告诉他所看到的事物，并提问：“草地上有什么动物呀？”“小花狗和小花猫。”“几只小花狗？”“两只。”“几只小花猫呀？”“一只。”

注意事项：问题要简单、简洁，不要说长句

2. 语言能力开发——早教活动

活动名称：表达意愿

适合年龄：13～15个月

活动目标：锻炼表达能力

活动准备：婴幼儿活动室，玩具若干

活动时间：每次15～20分钟

活动过程：教师给家长示范如下游戏，家长带婴幼儿去婴幼儿活动室，里面有许多玩具。家长用语言引导婴幼儿自由观看，用手去拿、去摸，然后

问他："要不要呀？""喜欢吗？""喜欢布娃娃还是喜欢小车子？"要婴幼儿学会说"要"、"喜欢"等字，对自己喜欢的玩具，婴幼儿可能会用手指，或抓在手里，家长要鼓励他说出玩具的名字

延伸活动：教师给家长示范如下游戏，教室里放很多玩具，让婴幼儿挑出各自喜欢的玩具，能表达出自己的愿望的，该玩具就归他。如"我喜欢布娃娃"、"我喜欢小推车"等。家长引导婴儿完成该游戏

注意事项：有的婴幼儿开始可能不会说，或不敢说，家长要慢慢引导，由简单字开始，逐步会说句子

活动名称：我在这里

适合年龄：16～18个月

活动目标：锻炼语言表达能力

活动准备：可以躲藏的活动室，里面有便于躲藏的物体，如玩具大树、大小橱柜、简易门帘等

活动时间：15～30分钟

活动过程：教师组织婴幼儿玩藏猫猫游戏。家长教婴幼儿躲在活动室的各种掩体后面，并发出声音："我在这里。"家长听到声音后就根据声音去找

延伸活动：教师示范家长做如下游戏，家长把小布娃娃分给婴幼儿，让他们各自拿在手里，说"这是我的"，谁会说了玩具就归谁

注意事项：游戏结束后，教师需查看一下活动室的各个掩体，以免有婴幼儿还呆在里面

活动名称：讲故事

适合年龄：19～21个月

活动目标：锻炼语言表达能力

活动准备：故事画报

活动时间：15～30分钟

活动过程：教师示范家长做如下游戏：家长从家里带一本婴幼儿会讲的

故事画报，在活动时间讲出来给小朋友们听。每个婴幼儿都要讲。家长启发婴幼儿尽可能多讲

延伸活动：教师示范家长做如下游戏，在不看画报书的情况下，家长启发婴幼儿把自己会讲的故事讲出来

注意事项：有的婴幼儿开始可能不敢在人多的场合讲，家长要对婴幼儿多鼓励。切不可打击婴幼儿的学习兴趣

活动名称：有问有答

适合年龄：22～24个月

活动目标：锻炼语言表达能力

活动准备：婴幼儿觉醒时

活动时间：10～15分钟

活动过程：教师示范家长做如下游戏，婴幼儿比较喜欢用对答的方式进行交流。因此，可根据日常生活中的内容，向他提问。提问的问题要简短。比如："你叫什么名字？""你几岁？""你家里有几个人？""妈妈叫什么名字""爸爸叫什么名字？"等等。随着婴幼儿语言能力的增强，逐步增加问题。回答时可给婴幼儿一定的思考时间，或启发他回答问题

延伸活动：教师示范家长做如下游戏：让婴幼儿学会做自我介绍。包括自己的姓名、年龄、爸爸妈妈的名字等。说得越多越好

注意事项：要启发婴幼儿回答问题，不要让婴幼儿过于紧张而结巴

3. 精细动作能力开发——亲子游戏

活动名称：装小球

适合年龄：13～15个月

活动目标：练习手的灵活性

活动准备：小球丸、小药瓶

活动时间：每次5～10分钟

活动过程：准备1个小药瓶，教婴幼儿把小球丸一粒粒地捏起装入瓶内

延伸活动：在瓶盖上挖一个小洞，洞的大小视球而定，能装入球即可。

教婴幼儿用手捏起小球，从洞口处放入瓶内

注意事项：注意不要让婴幼儿将小球丸放进嘴里

活动名称：包糖果

适合年龄：16～18个月

活动目标：锻炼手的灵活性

活动准备：若干糖纸、圆形小石子、花生等

活动时间：每次10～15分钟

活动过程：将干净糖纸压平，准备一些干净的圆形小石子、花生等，教婴幼儿用糖纸将他们包起来，做成糖果

延伸活动：平时吃糖果时，可以让婴幼儿独自把糖剥开；喝水时，让婴幼儿学会拧开杯子盖

注意事项：确保婴幼儿不要将小石子、花生等物品吞食

活动名称：捏橡皮泥

适合年龄：19～21个月

活动目标：锻炼手的灵活性和两手的协调配合能力

活动准备：小桌子、小板凳、各种颜色的橡皮泥

活动时间：20～30分钟

活动过程：把各种颜色的橡皮泥放在小桌子上，让婴幼儿坐在小板凳上，两手配合，任意搓捏橡皮泥。可以把橡皮泥捏成圆团，做成“鸡蛋”，也可以把橡皮泥按扁做成“烧饼”。可以用小刀把橡皮泥切成小块，也可以用模子把橡皮泥压成各种形状

延伸活动：在锻炼手的能力的同时，可结合认知能力进行，如在玩的过程中认识颜色、大小、形状等。也可以学数字

注意事项：不要让婴幼儿误食橡皮泥

活动名称：信笔涂鸦

适合年龄：22～24个月

活动目标：锻炼手的灵活性和动笔能力

活动准备：旧挂历、画板等；各种笔，如蜡笔、水彩笔、油画棒等

活动时间：每次10～20分钟

活动过程：让婴幼儿在旧挂历或油画版上信笔涂鸦。让他学会正确的握笔姿势，并能让他有控制地画出一些道道，而不是随意乱画。可给婴幼儿画出某一物体的基本部分，然后教他在上面添一些点或直线。如给小猫咪画一条长尾巴，给小鱼点上眼睛，给梳子画上齿等

延伸活动：除在纸上画以外，还可让他用手指蘸上水在茶几上、玻璃上画，用小棍在沙土上画等

注意事项：重在培养婴幼儿的兴趣，而不要强迫婴幼儿一定要达到什么程度

4. 精细动作能力开发——早教活动

活动名称：套塔

适合年龄：1～15个月

活动目标：锻炼手的灵活性

活动准备：3～4个大小不一的瓶盖或塑料碗

活动时间：每次15～30分钟

活动过程：教师给家长示范如下游戏，给婴幼儿3～4个大小不一的瓶盖或塑料碗，让他们按大小顺序套起来。家长引导婴幼儿完成该游戏。熟练后，教师可组织婴幼儿比赛进行，看谁套得快。家长在一旁协助完成

延伸活动：教师给家长示范如下游戏：给婴幼儿3～4块积木，让他一块块往高处搭，注意要对齐放稳。熟练后，教师可组织让婴幼儿比赛进行，看谁搭得稳，搭得快

注意事项：给婴幼儿做游戏的物品一定要清洗干净

活动名称：串项链

适合年龄：16～18个月

活动目标：锻炼手的灵活性

活动准备：绳子、带孔的玻璃珠子

活动时间：15～20分钟

活动过程：教师给家长示范如下游戏，给婴幼儿一根绳子和一些带孔的玻璃珠子。让他们用绳子将玻璃珠子串在一起，做成项链。家长引导婴幼儿完成该游戏。熟练后，教师组织婴幼儿比赛，看谁串得快，串得多。家长在一旁协助完成

延伸活动：家长可引导婴幼儿用一根穿上线的针把扣子串起来，看谁串得快

注意事项：警防婴幼儿误吞玻璃珠子和扣子

活动名称：用棍取物

适合年龄：19～21个月

活动目标：锻炼手的动作能力

活动准备：小棍、玩具若干

活动时间：15～20分钟

活动过程：教师给家长示范如下游戏：将玩具散放在婴幼儿伸手够不到，但用小棍能够得到的地方，让婴幼儿手持小棍去够玩具。家长引导婴幼儿完成该游戏。熟练后，教师组织婴幼儿比赛，看谁够的玩具多。够得多的婴幼儿要获奖励

延伸活动：教师给家长示范如下游戏：将带把的茶杯放在婴幼儿伸手够不到的地方，用一根红线在茶杯的把上穿过后，线的两端放在婴幼儿的面前。让婴幼儿拿茶杯，看他会不会两手拿住线的两端把茶杯拉到身边。家长引导婴幼儿完成该游戏

注意事项：不要让婴幼儿用小棍伤着自己和别的小朋友

活动名称：折飞机

适合年龄：22～24个月

活动目标：锻炼手的灵活性和投掷动作

活动准备：若干张彩色纸

活动时间：15～30分钟

活动过程：教师给家长示范如下游戏，教婴幼儿学会折飞机，然后将折好的飞机投向空中，看哪一支飞机飞得最高。家长引导婴幼儿完成该游戏。熟练后，教师组织婴幼儿进行飞机比赛，看谁折的飞机飞得最高

延伸活动：教师给家长示范如下游戏，教婴幼儿学会插积塑片，并插出各种各样简单物品。家长引导婴幼儿完成该游戏。并启发婴幼儿，让他除了模仿家长插的物品外，可以自由发挥插出更多的形状

注意事项：婴幼儿即使折不好或插不好也没关系，重在让他们参与到活动中

5. 认知能力开发——亲子游戏

活动名称：分辨大小

适合年龄：13～15个月

活动目标：学习“大”、“小”的概念

活动准备：大小不一的苹果、梨、橘子等

活动时间：每天2～3次

活动过程：结合各种具体实物，教婴幼儿反复感知分辨“大”和“小”，如“大苹果”、“小苹果”等

延伸活动：带婴幼儿进行户外活动，让他感知户外的“大”和“小”，如“大房子”、“小房子”，“大树”、“小树”等

注意事项：教婴幼儿用的教具一定要清洗干净

活动名称：分水果

适合年龄：16～18个月

活动目标：锻炼辨认、分类的能力

活动准备：苹果、橘子、梨等水果，盘子

活动时间：15～30分钟

活动过程：把苹果、橘子、梨等水果混合放在一起，教婴幼儿把各种水果分开装在盘子里

延伸活动：可以让婴幼儿将分好类的水果再按大小分开。大的装一个盘子，小的装一个盘子

注意事项：用来做游戏的水果需洗净

活动名称：认识大自然

适合年龄：19～21个月

活动目标：认识大自然中景物，如山、水、树、花、草等

活动准备：婴幼儿情绪饱满时

活动时间：每次20～30分钟

活动过程：天气晴朗时，带婴幼儿外出郊游，看看周围的山水及花草，将实物和名称对应起来

延伸活动：天气晴朗时，带婴幼儿去逛动物园，认识那里的小动物

注意事项：每次学会认识1～2种实物。重复几次后，再认识其他实物

活动名称：扑克牌接龙

适合年龄：22～24个月

活动目标：认识数字和图形

活动准备：1幅扑克牌

活动时间：每次15～30分钟

活动过程：将扑克牌按红心、方块、黑桃、梅花分类，教婴幼儿区分这些花色，并学会自己分类。然后可教婴幼儿玩扑克牌接龙游戏，即按顺序从小到大排列。先给婴幼儿做示范，熟悉以后再让他自己玩。婴幼儿稍大一些后，还可以和他比赛，看谁摆得快

延伸活动：可以用积木来玩接龙，让婴幼儿尽可能摆长，然后数一数他摆的积木，看他能数到几

注意事项：可先用一个花色的扑克牌进行，如先用红心，玩熟了再用另一种花色的扑克牌玩。排列顺序时，可先玩1～3张，学会了再玩1～5张，逐渐增加

6. 认知能力开发——早教活动

活动名称：指认物品

适合年龄：13～15个月

活动目标：认识日常用品

活动准备：若干日常用具和若干玩具

活动时间：15～30分钟

活动过程：教师给家长示范如下游戏，让婴幼儿认日常用具，如小碗、小勺、杯子等。把能说出名字的日常用具和玩具放进各自面前的小筐里，最后看谁筐里的东西多。家长引导婴幼儿完成该游戏。筐里物品最多的要获奖励。可定期举行这样的活动，把每次婴幼儿筐里物品的件数都记录下来，以便做对比。每次活动后，只要数量增加都会获得教师的奖励

延伸活动：教师给家长示范如下游戏，让家长和婴幼儿一起看图片，说出图片上物品的名称

注意事项：对开始不能参加活动的婴幼儿要积极鼓励，要启发他尽量说出他能说的东西

活动名称："圆"和"方"

适合年龄：16～18个月

活动目标：认识物品的基本形状

活动准备：气球、镜子、碗等若干圆形的物品，扑克牌、积木等若干方形的物品

活动时间：15～30分钟

活动过程：教师给家长示范如下游戏，对照实物，教婴幼儿认识"圆形"和"方形"，并说出诸如"气球是圆的"、"扑克牌是方的"等句子。家长引导婴儿完成该游戏

延伸活动：教师给家长示范如下游戏，教婴幼儿滚皮球、滚铁环等圆形玩具，形成这样的概念——圆的东西可以滚动，方的不能。家长引导婴儿完成该游戏

注意事项：先认圆，再认方，不要两样一起学

活动名称：物品匹配

适合年龄：19～21个月

活动目标：学习事物的对应关系

活动准备：1块硬纸板，上面贴上各种需要连线的图片

活动时间：15～20分钟

活动过程：教师给家长示范如下游戏，在硬纸板上画上小猫、小狗、小兔、骨头、青草等。然后问婴幼儿："小猫爱吃什么？""小狗爱吃什么？"等，然后将动物和它爱吃的食物画线连起来。家长引导婴儿完成该游戏。婴幼儿画好连线后，家长可带他到日常生活中具体考察，看他的连线是否正确

延伸活动：家长给婴幼儿出示一些图片，上面有爸爸的衣服、帽子，妈妈的项链、皮包，爷爷的眼镜、拐杖，奶奶的围巾、手套等。让婴幼儿将属于每个人的物品用线连起来

注意事项：硬纸板上的图片可经常更换

活动名称：给娃娃洗脸

适合年龄：22～24个月

活动目标：分辨五官

活动准备：在婴幼儿的活动场地里放各种娃娃、脸盆、小毛巾等

活动时间：每次15～30分钟

活动过程：教师给家长示范如下游戏：让每个婴幼儿手里有一个娃娃、一个脸盆和一块小毛巾。教婴幼儿从脸盆里拧出小毛巾，给娃娃擦眼睛、鼻子、耳朵等，边擦边说出五官的名称。家长可引导婴幼儿完成该游戏。熟练

后，可让婴幼儿按家长的指令完成。如，家长说擦眼睛，婴幼儿就给娃娃擦眼睛；说擦鼻子，婴幼儿就给娃娃擦鼻子

延伸活动：教师给家长示范如下游戏，家长在白纸上画一个圆，代表娃娃的脸，引导婴幼儿用水彩棒在上面画出五官

注意事项：每个婴幼儿的认知程度不同，可根据婴幼儿的具体情况确定做游戏的方法

[三] 人格潜能开发

影响婴幼儿成长乃至成才的两大心理因素是智力因素和非智力因素。智力因素是婴幼儿在生活中解决各种问题时进行感知、注意、观察、记忆、思维、想象、言语活动能力的总和。而非智力因素包括需要、欲望、动机、兴趣、情绪和情感、意志、自信心、性格、气质、习惯等。在婴幼儿成长过程中，智力因素每时每刻都在起作用，而非智力因素往往在关键时刻，起着决定性的影响。

1. 亲子游戏

活动名称：坐山轿

适合年龄：13～15个月

活动目标：培养愉快情绪

活动准备：在婴幼儿情绪饱满时进行

活动时间：3～6分钟

活动过程：两个成人面对面站立，两人均左手握住右手手腕，然后，右手抓住对方手腕，形成一个井字，蹲下让婴幼儿骑坐在上面，双手分别抓住两个大人的肩。成人可以来回走动，也可以对婴幼儿上下颠簸

延伸活动：成人坐在椅子上，把一条腿搭在另一条腿上，让婴幼儿坐在翘起的那条腿背上，上下颠动，像坐跷跷板一样

注意事项：该游戏以培养婴幼儿愉快情绪为目的，游戏的时间和动作的幅度根据婴幼儿的情况决定

活动名称：坐飞机

适合年龄：16～18个月

活动目标：激发愉悦情绪，增强亲子感情

活动准备：婴幼儿情绪饱满时

活动时间：每次10～15分钟

活动过程：爸爸蹲下，让婴幼儿骑在肩上，双手抓住婴幼儿的手。然后高声说道："各位乘客请坐好，飞机马上就要起飞了！"然后慢慢站起，原地转两圈后，往前小跑几步。然后说："飞机已经到站，请乘客下飞机。"然后蹲下把婴幼儿放下

延伸活动：爸爸双手扶住婴幼儿的腋下，将他抱起后上举过头顶，高声喊："飞机起飞了，宝宝飞起来了！"熟悉后，爸爸可将婴幼儿上抛过头顶，落下时再接住

注意事项：有的婴幼儿胆小一些，家长不要举得过高、过急

活动名称：网大鱼

适合年龄：19～21个月

活动目标：锻炼婴幼儿反应能力，活跃家庭氛围

活动准备：婴幼儿饱满的情绪

活动时间：每次15～30分钟

活动过程：父母相互抓住对方的手做成渔网，婴幼儿当成是鱼。游戏开始时，婴幼儿自由地在渔网内外来回跑动。父母边说儿歌边准备网鱼："一网不捞鱼，二网不捞鱼，三网才捞鱼。"说完就合上双臂做捞鱼状。婴幼儿要赶快跑开避免被渔网网住。如被网住，就问婴幼儿："你是大鱼还是小鱼？"若回答"大鱼"，就说："把它送到鱼市去吧。"就把婴幼儿抱起来颠簸一番。若回答"小鱼"，就说："把它送回水里去吧。"于是游戏重新开始

延伸活动：一家三口玩踢球游戏，搭建一个简易的球门，看谁踢进去的球多

注意事项：注意不要让婴幼儿过于高兴摔倒在地

活动名称：拔萝卜

适合年龄：22～24个月

活动目标：培养愉悦情绪和良好家庭氛围

活动准备：婴幼儿情绪饱满

活动时间：每次15～30分钟

活动过程：让婴幼儿蹲在地上上做“萝卜”，成人拉住婴幼儿的双手，一点点地往上拔，边拔边唱：“拔萝卜，拔萝卜，快来帮我们拔萝卜。”在拔了数次以后，成人做出萝卜长大，拔不动的样子，说：“小花猫，小花狗，快来帮我们拔萝卜”。然后做出很费劲的样子，把婴幼儿从地上拉起来，说：“萝卜拔出来啰！”

延伸活动：和婴幼儿玩乘火车的游戏。把婴幼儿当成火车头，把他的双手交叉到后面，成人从后面抓住，然后模仿火车开了的声音“呜，轰隆隆隆轰隆隆隆”，然后前后晃动着婴幼儿的手往前走

注意事项：每次都让婴幼儿感觉到他在从小萝卜长到大萝卜，培养他的自信心

2.早教活动

活动名称：打招呼

适合年龄：13～15个月

活动目标：锻炼社交能力

活动准备：无

活动时间：每天1～2次

活动过程：每天早上到幼儿园，见到老师和小朋友，家长要教婴幼儿学会打招呼说“早上好”！回家时，要让他学会向老师和小朋友挥挥手说“再见”。并学会告诉老师自己的名字

延伸活动：妈妈在送婴幼儿去幼儿园时，可以这样介绍，“这是我的宝宝”“我是宝宝的妈妈”，并让两个小朋友互相握握手

注意事项：刚开始婴幼儿不适应也不要勉强，要循序渐进

活动名称：给娃娃看病

适合年龄：16～18个月

活动目标：锻炼交往和合作的能力

活动准备：玩具温度计、听诊器等

活动时间：20～30分钟

活动过程：教师给家长示范如下游戏，让婴幼儿和小朋友一起玩给娃娃看病的游戏。让婴幼儿轮流当医生，让其他婴幼儿排队等候看病。当医生的婴幼儿可对轮到看病的婴幼儿说："你生病了，我先给你量量体温吧。""你生病了，我先用听诊器给你听听。"或者说，"这是我给你开的药，请按时服药"等等。家长引导婴幼儿完成该游戏

延伸活动：家长引导婴幼儿学会照顾生病的小朋友。比如说主动给他端水喝，给他拿水果吃等

注意事项：婴幼儿开始可能会怯生，不能完成游戏。多次反复后，让婴幼儿逐步完成游戏

活动名称：猜猜看

适合年龄：19～21个月

活动目标：培养愉悦情绪

活动准备：糖果若干

活动时间：15～30分钟

活动过程：教师示范家长完成如下游戏，将糖果攥在手心，握上拳头，不要让婴幼儿看见。然后出示两只手，让他猜，糖果放在哪只手里。猜对了糖果就奖给他了。家长引导婴幼儿完成该游戏。熟练后，教师可组织婴幼儿一起猜，猜得最多的有奖品

延伸活动：教师示范家长完成如下游戏，把糖果分别藏在不同的地方，如藏在小碗里、杯子里、抽屉里，让婴幼儿去找，找到后糖果就归他。家长引导婴幼儿完成该游戏

注意事项：在活动中，要让每个婴幼儿都能获得奖励

活动名称：联欢会

适合年龄：22～24个月

活动目标：培养愉悦情绪，学会交友

活动准备：联欢会现场布置

活动时间：20～30分钟

活动过程：教师组织来园的婴幼儿开联欢会。婴幼儿们在联欢会上要表演自己最擅长的东西。每一个婴幼儿表演节目后，其他小朋友都要给掌声。婴幼儿可在家长的辅导下完成自己的节目

延伸活动：教师组织婴幼儿搞一次大扫除。将自己睡的小床整理干净，将经常活动的区域打扫干净。家长协助婴幼儿完成该游戏

注意事项：在活动中，每一个婴幼儿都要有上台表演节目的机会。年龄较小、性格内向的婴幼儿，可由家长陪伴上台表演

二、2～3岁幼儿潜能开发

2～3岁幼儿游戏活动一览表

类别	月龄	身体潜能开发	智慧潜能开发			人格潜能开发	艺术领域
			语言	精细	认知		
亲子游戏	25～27	单足站稳	唱儿歌	学用筷子	四季花开	学洗脸洗手	认识颜色
	28～30	捡球	听电话	用杯倒水	画娃娃	独自吃饭	为音乐伴奏
	31～33	上下楼梯	会用形容词	包饺子	石头剪子布	自己洗脚	房子和家
	34～36	跳高	分清“我”“你”“他”	穿衣扣扣	家在哪里	妈妈的小帮手	巧制不倒翁

早教活动	25～27	玩球	自我介绍	拼图游戏	白天和黑夜	事事早知道	认颜色
	28～30	袋鼠跳	这是我的	学打保龄球	猜谜语	学会等待	拇指动一动
	31～33	踩影子	猜猜看	串珠子		选择朋友	小裁缝
	34～36	跳格子	我会做什么	搭楼梯	一年四季	买东西	学当小演员

[一] 身体潜能开发——大运动能力发展

2～3岁的幼儿，其在大动作技能上表现为在2岁以前学会的动作逐步熟练，并继续利用这些动作去探索周围的环境。这个时期，他能够很平稳地行走、熟练地跑、双脚会向前跳或扶成人从阶梯上往下跳，能够自己上下楼梯，会爬小攀登架登高，用脚踢球、举手投掷等。

1. 亲子游戏

活动名称：单足站稳

适合年龄：25～27个月

活动目标：学会保持身体平衡

活动准备：幼儿情绪饱满时

活动时间：3～5分钟

活动过程：成人和幼儿对面站立，用一手牵幼儿的手，一手帮助他抬起右腿，只用左足着地站立。然后慢慢放开手，让幼儿独自站立，看看幼儿单足站立的时间。休息一会儿再学习用右足着地，看看哪边站立的时间长些

延伸活动：单足站稳后还可以让幼儿练习单足跳跃。用左右两只脚轮流交替跳跃

注意事项：该游戏时间不宜过长

活动名称：捡球

适合年龄：28～30个月

活动目标：锻炼蹲、跑等大运动能力和手足协调能力

活动准备：大红皮球

活动时间：15～20分钟

活动过程：让幼儿捡地上滚动的大红皮球，他会弯着腰伸出手跑着去追球，如果球滚到桌子底下，让他用小棍把球拔出来

延伸活动：准备一个大筐，让幼儿练习往里面投球。球落在地上让幼儿自己捡起来

注意事项：在幼儿活动的场地不要摆放带有尖角的家具

活动名称：上下楼梯

适合年龄：31～33个月

活动目标：锻炼大运动能力

活动准备：10～15厘米高的楼梯

活动时间：15～20分钟

活动过程：选择10～15厘米高的楼梯，让幼儿练习双足交替上下楼。开始时可以一只手扶着楼梯，一只手由成人牵引，然后成人慢慢放手，让幼儿扶楼梯上下楼，熟练后再由幼儿独自上下楼

延伸活动：成人双手拉着幼儿的手跳10～15厘米高的台阶。熟练后由幼儿独自完成

注意事项：上下楼梯时注意安全

活动名称：跳高

适合年龄：34～36个月

活动目标：锻炼大运动能力

活动准备：一块高10～15厘米的砖或纸盒

活动时间：10～15分钟

活动过程：摆放一块10～15厘米的砖或纸盒，让幼儿在5～6步远的地方开始起跑，到障碍物前他的双脚并拢，用力起跳，越过障碍物。家长可以先做示范，如果幼儿害怕，可以由成人牵着手完成。先是牵双手跳，然后变成

牵单手，熟练后再由幼儿单独完成

延伸活动：每隔5～6步远的地方摆放一块砖，让幼儿练习跨越障碍物跑步

注意事项：根据幼儿的具体情况决定游戏的方式，切勿操之过急

2. 早教活动

活动名称：玩球

适合年龄：25～27个月

活动目标：锻炼手足协调的能力

活动准备：一块旧方布，一个小皮球

活动时间：15～20分钟

活动过程：教师给家长示范如下游戏，一块旧方布，由两个幼儿各执一端，握住布的4个角。把球放在布中间，让它四处滚动而不掉在地上。家长引导幼儿完成该游戏。熟练后，教师组织幼儿两两为一组，各组进行比赛，看哪一组的球在布上滚动的时间长。还可以把球抛高然后用布接住

延伸活动：教师给家长示范如下游戏，两个幼儿一组，在相隔5～6步远的地方蹲下，沿地面将球滚动给对方。家长引导幼儿完成该游戏

注意事项：活动地点不要有杂物，以免难捡球

活动名称：袋鼠跳

适合年龄：28～30个月

活动目标：锻炼大运动能力

活动准备：袋鼠跳录像带、图片等；袋鼠头饰

活动时间：每次15～20分钟

活动过程：游戏前教师可引导幼儿观看袋鼠跳的录像、图片等，并给幼儿讲解袋鼠的名称和它行走的特征。然后教师给家长示范做如下游戏，和幼儿一起戴上袋鼠头饰，伴着袋鼠和幼儿一起向前跳。可以鼓励“小袋鼠”们向上跳，去够取悬挂在头顶上的玩具。也可以让“小袋鼠”们比赛，看谁跳得快。家长引导幼儿完成该游戏

延伸活动：家长在地上用粉笔画两道代表河流，河流里面每隔1～2步的

距离画上圆圈代表石头，要求幼儿双脚并拢跳在石头上过河

注意事项：由于幼儿年纪还小，骨骼和肌肉发育不完善，不要长时间进行跳跃。可和其他活动穿插进行

活动名称：踩影子

适合年龄：31～33个月

活动目标：锻炼跑和动作敏捷、灵活

活动准备：阳光明媚的天气

活动时间：30～40分钟

活动过程：在阳光明媚的天气，教师可以组织幼儿在室外开阔平坦的地面玩踩影子游戏。教师示范家长：不断变换方位和移动身体，幼儿们追逐着踩家长的影子。也可以让幼儿之间互相踩影子。最后再让幼儿看看，能不能自己踩到自己的影子

延伸活动：教师给家长示范如下游戏：两个幼儿相距一米左右，一方将球举起，对方两手伸出，进行抛接游戏。家长引导幼儿完成该游戏。并鼓励幼儿互相配合，争取球不落地

注意事项：注意要在平坦、开阔、没有障碍物的地方进行

活动名称：跳格子

适合年龄：34～36个月

活动目标：练习单脚跳的动作

活动准备：用粉笔画的“田”字格

活动时间：20～30分钟

活动过程：教师给家长示范如下游戏：在室内或室外，画一个“田”字格，每格长宽为30厘米左右。教幼儿单脚从下面的格子跳到上面的格子，或旁边的格子。两只脚轮流跳。家长引导幼儿完成该游戏

延伸活动：教师在地上等距离摆放若干5～10厘米高的横杆，组织幼儿单脚跳跨越障碍物比赛。家长引导幼儿完成该游戏

注意事项：不要让幼儿双腿过于疲劳

[二] 智慧潜能开发

1～3岁是语言发展的关键阶段，这个时期已经进入到掌握口语阶段，不仅能说简单句，还会说复合句。造句的能力进一步增强，掌握的词汇逐渐增多，句子的结构进一步复杂。

这个时期孩子的手动作最大的特点是开始具有目的性和模仿性，开始熟练地运用手去摆弄各种玩具

这个时期孩子的认知能力发展很快，能主动积极地运用自己的感官和身体的动作进行自发的探索，在探索中通过注意、记忆、思维、想象的认识过程来发展认识能力。

1. 语言能力开发——亲子游戏

活动名称：学唱歌

适合年龄：25～27个月

活动目标：锻炼语言理解力和表达能力

活动准备：录音机、磁带

活动时间：15～30分钟

活动过程：每天抽出一定的时间，和幼儿一起练习唱歌。可选择一首较短的儿歌唱，先是跟着成人唱，然后让幼儿学会自己唱。注意一定要让幼儿把字咬准

延伸活动：可以边唱边表演。如《小白兔乖乖》，妈妈在门外，敲敲门，唱："小白兔乖乖，把门开开，快点开开，我要进来。"幼儿屋里边唱边开门："就开就开，我就开，妈妈回来了，快快把门开。"

注意事项：学唱儿歌也要一首一首地学。幼儿能够独立唱了，再学下一首

活动名称：听电话

适合年龄：28～30个月

活动目标：锻炼语言表达能力和记忆力

活动准备：电话

活动时间：每次5～8分钟

活动过程：妈妈不在家，和幼儿做相互听电话游戏，妈妈告诉幼儿的事情，让幼儿记下来，等爸爸回来后告诉爸爸。最初，妈妈只告诉幼儿一件事，熟练后，妈妈会告诉幼儿第二件事，以后可能会告诉第三件、第四件事。幼儿稍大些后，还可让他学会记电话号码

延伸活动：成人可经常和幼儿做类似的传递信息的游戏。比如，妈妈让幼儿去告诉爸爸不要抽烟，告诉爷爷要经常出门散步、锻炼身体等等

注意事项：刚开始幼儿可能会记不清事情，也可能会表述不清。家长要多给幼儿锻炼的机会

活动名称：会用形容词

适合年龄：31～33个月

活动目标：锻炼语言表达能力

活动准备：若干图片、实物

活动时间：15～20分钟

活动过程：在日常生活中，有意识地教幼儿用形容词来表达。如“红色的小球”、“绿色的小树”、“美丽的花园”等。并尽可能地将这些句子同实物联系起来

延伸活动：启发幼儿，将用形容词表达的内容画出来

注意事项：学会一个，再学下一个，并且要不断重复

活动名称：分清“我”“你”“他”

适合年龄：34～36个月

活动目标：训练语言表达能力和理解能力

活动准备：任意玩具、物品

活动时间：10～15分钟

活动过程：和幼儿讲话时，尽量多使用“我”、“你”、“他”这样的

代词，如“这是我的衣服”、“那是你的玩具”、“这是他的图片”等。经常给幼儿说，让他分清这三个代词的内涵，能够用它们来回答问题

延伸活动：将物品归类，和“我”、“你”、“他”三个代词联系起来。如“我的布娃娃”、“你的小推车”、“他的小老虎”等。成人可指着别人的物品提问：“这是你的布娃娃吗？”幼儿摇摇头回答说：“他的。”

注意事项：先学会一个，再学习另一个

2. 语言能力开发——早教活动

活动名称：自我介绍

适合年龄：25～27个月

活动目标：锻炼语言表达能力和在集体场合说话的能力

活动准备：召开幼儿座谈会

活动时间：每次20～30分钟

活动过程：刚入园的幼儿，需要轮流站起来做自我介绍。介绍的内容包括：姓名、年龄、性别、家庭住址、家庭成员的姓名及工作单位、最喜欢做的事情等等。刚开始，有的幼儿可能会因胆怯不敢说话，有的幼儿可能会表述不清。教师对这些幼儿要多做引导和鼓励，让他们学会在集体场合大方、自如地表达自己。家长要引导幼儿完成该游戏

延伸活动：教师引导家长做如下游戏：家长可向幼儿出示不同职业的人物的图片，引导幼儿细心观察，认真思考，然后帮助图片上的人做一个自我介绍

注意事项：不要嘲笑那些不能在集体场合自如地表达自己的幼儿，而应提倡幼儿之间要互相帮助

活动名称：这是我的

适合年龄：28～30个月

活动目标：锻炼语言表达能力

活动准备：幼儿的若干物品

活动时间：5～8分钟

活动过程：教师可示范家长做如下游戏：让家长拿着幼儿的玩具问："这是谁的？"1岁半前的幼儿可能会回答："××的（幼儿的乳名）。"1岁半后，幼儿开始有"我"的意识，开始会说"我"字。他会回答"我的"。家长问幼儿："××几岁了？"幼儿会回答："我1岁。"

延伸活动：教师可示范家长做如下游戏：教幼儿知道"你"的含义，知道在用"你"提问时，要用"我"来回答。如家长问："你几岁了？"幼儿回答说"我1岁"，而不是"你1岁"

注意事项：学习语言有一个过程，切不可操之过急

活动名称：猜猜看

适合年龄：31～33个月

活动目标：锻炼语言理解能力和表达能力

活动准备：新图书

活动时间：每次30分钟

活动过程：教师给家长示范如下游戏：拿一本刚买回来的新书，给幼儿讲故事。讲到最后1～2页，家长停下来，让幼儿猜测故事的结尾，并用自己的话表述出来。如果幼儿讲不出，家长可以启发幼儿，帮助幼儿推导出结局。等大多数幼儿都能做这个游戏后，教师可组织幼儿说出自己猜测的结尾，比一比，看谁说出的结局最合理。随着幼儿理解能力的逐步增强，以后留出的书页会逐步增多，让幼儿把家长未讲完的故事完成

延伸活动：教师给家长示范如下游戏：家长给出故事的第一句话，让幼儿接着把故事讲完。先从听过的且熟悉的故事开始。等幼儿编故事的能力增强后，家长说一个意境，或者给一个实物，让幼儿自编一个故事

注意事项：家长讲故事时口齿要清晰，语速要缓慢且能根据故事发生的情节绘声绘色地讲述

活动名称：我会做什么

适合年龄：34～36个月

活动目标：锻炼语言表达能力

活动准备：若干图片，如浇花、扫地、整理房间、洗杯子

活动时间：每次20～30分钟

活动过程：教师把以上图片贴在黑板上，引导幼儿分别讲述图片上所表达的内容。然后引导幼儿谈一谈：以上图片所显示的事情中，我的手能够做哪些事情？教师可以在图片下写上幼儿的名字，他们会做的事情，就在下面打上钩。最后看看谁获得的勾最多。家长协助教师完成这个游戏

延伸活动：教师可让幼儿讲出图片以外的自己会做的事情。教师给他们写在黑板上，比比看，谁会做的事情最多。家长协助教师完成这个游戏

注意事项：有的幼儿可能会表述不清楚或者不完整，教师一定要对他进行鼓励，激发他学会用语言表达自己。家长要帮助幼儿完成他的语言表达

3. 精细动作能力开发——亲子游戏

活动名称：学用筷子

适合年龄：25～27个月

活动目标：锻炼手的灵活性

活动准备：一双筷子

活动时间：15～20分钟

活动过程：给幼儿一双小筷子作为玩具餐具，同幼儿玩“吃饭”的“过家家”游戏。让幼儿练习用手握筷子。让幼儿用拇、食、中指合作用第一根筷子，用小指和无名指固定第二根筷子，练习用筷子夹起碗中的食物。开始夹稍大的食物，如枣子之类，熟练后练习夹一些小的食物，如花生米、葡萄干之类。以后吃饭时就让幼儿和成人一样用筷子吃饭

延伸活动：教幼儿练习刷牙。刷上牙床由上向下，刷下牙床由下向上。反复刷6～10下，将牙齿的里里外外都刷到

注意事项：幼儿刚开始用筷子使可能会弄洒饭菜，切勿责骂幼儿，而应有耐心

活动名称：用杯倒水

适合年龄：28～30个月

活动目标：锻炼手眼协调能力

活动准备：两个塑料杯子

活动时间：15～20分钟

活动过程：准备两个口径大一些的塑料杯子，一只是空杯，一只水只装到1/3，教幼儿两只手来回倒水，注意不要洒出杯外。学会后练习将杯子里的水倒入口径为3厘米的瓶子中

延伸活动：给幼儿一个舀汤用的勺子，教他练习用勺子舀水倒入碗中

注意事项：不要用玻璃杯，以免打碎后伤着幼儿

活动名称：包饺子

适合年龄：31～33个月

活动目标：锻炼手的灵活性和动手能力

活动准备：包饺子用的面团

活动时间：15～30分钟

活动过程：包饺子时，一定要让幼儿参加。给他一个小面团，让他学着成人的样子用手搓圆、压扁，或者搓成条。也可以将面团捏成各种动物的形状

延伸活动：给幼儿一些包饺子的皮，再在皮上加上饺子馅，让幼儿用手把饺子捏拢。把幼儿包的饺子煮给他吃

注意事项：面团玩得太脏了就更换一块

活动名称：穿衣结扣

适合年龄：34～36个月

活动目标：练习手的灵活性和动手能力

活动准备：有扣子的上衣

活动时间：5～10分钟

活动过程：先让幼儿在布娃娃身上练习穿衣结扣。学会后，学习自己穿上前面开口有扣子的衣服。让幼儿先套上一只袖子，再将另一只胳膊略向后

伸入另一只袖内，然后将衣服拉正，让衣服下方两边对齐，先系最下方的扣子，逐个往上系，领子上如果还有扣子可由成人帮忙系上

延伸活动：让幼儿学会开关拉锁。方法是：穿好衣服后，以固定终端的方法将拉锁拉上。脱衣服时，需先将拉锁拉开

注意事项：幼儿衣服上宜使用稍大些的纽扣，以方便幼儿自己系扣

4.精细动作能力开发——早教活动

活动名称：拼图游戏

适合年龄：25～27个月

活动目标：锻炼手眼协调能力

活动准备：幼儿熟悉的图片，最好是动物、人物或水果的图片

活动时间：每次15～20分钟

活动过程：教师示范家长完成如下游戏：将幼儿熟悉的动物、人物或水果的图片剪开，分成1、2、3、4片不等，先取分成2片的图片让幼儿试拼，不会可以示教一次。拼会后接着拼分成3片、4片的图片。熟练后，可将所有碎片混在一起，让幼儿将每一种图片拼好。家长引导幼儿完成该游戏

延伸活动：图片的正面是一个人物头像，背面是一副地图。家长将这张图片剪开，分成若干碎片，让幼儿将地图拼好。不会拼图的幼儿很难将撕碎的地图再拼还原，拼图熟练的幼儿，可能会以正面的人物头像为参照将地图拼好。这是一个较难的拼图练习，家长可启发幼儿先观察，后动手

注意事项：给幼儿的图片最好是一图一物，房屋、植物次之，风景画最难，一般不宜给这个年龄段的幼儿练习

活动名称：学打保龄球

适合年龄：28～30个月

活动目标：锻炼手眼协调能力

活动准备：若干皮球、若干塑料瓶

活动时间：每次15～20分钟

活动过程：教师给家长示范如下游戏：在距离幼儿1～2米远的地方，摆

放若干塑料瓶。教幼儿蹲下把球向目标滚去。家长引导幼儿完成该游戏。如击中目标，教师、家长和其他幼儿一起鼓掌表示鼓励，如击不中，则让幼儿重来。熟练后，教师可组织幼儿之间展开比赛。让他们每人击10次，看谁击中目标的次数多

延伸活动：教师示范家长做如下游戏：在距离幼儿1～2米的地方，摆放一个大筐，家长教幼儿把球举过头顶，然后抛向筐里。幼儿一旦把球仍进筐里，就会得到掌声鼓励。熟练后，可逐渐把筐的距离放远一些

注意事项：活动室宜采用防滑地板，以免幼儿在活动时摔伤

活动名称：串珠子

适合年龄：31～33个月

活动目标：锻炼手的灵活性

活动准备：各种颜色的绳子、玻璃戒指、塑管珠子、纽扣等

活动时间：15～20分钟

活动过程：教师给家长示范如下游戏：用各种颜色的绳子分别将玻璃戒指、塑管珠子、纽扣等串成项链，可以同一类材料的串在一起，也可以不同种类材料的串在一起。家长引导幼儿完成该游戏。熟练后，教师组织幼儿比赛，看谁串得快

延伸活动：教师给家长示范如下游戏：家长给幼儿准备1根针线，教他将折好的飞机、纸船等用针线串在一起挂起来，教师可组织幼儿比赛，看谁串的最长

注意事项：警防幼儿误吞戒指、珠子、纽扣等物品

活动名称：搭楼梯

适合年龄：34～36个月

活动目标：锻炼手眼协调能力

活动准备：若干块积木

活动时间：每次15～20分钟

活动过程：教师给家长示范如下游戏：给幼儿若干块积木，教他搭出3层高的楼梯。家长可先给幼儿做示范，用1块积木做第一级，把叠在一起的2块积木放在旁边做第二级，再把叠在一起的3块积木放在旁边做第三级。搭好后，家长将积木推倒，请幼儿自己搭出三层高的楼梯来。有的幼儿看懂后，会模仿家长的方法搭出楼梯，有的幼儿可能会想出其他方法。比如，依次排好3块积木，在第二块上叠上1块，在第三块上叠上2块

延伸活动：教师给家长示范如下游戏：把正方形的积木放在4个角上，在上面放一本书，作为一层楼房，在书的四个角上分别放4块积木，上面放一本书，作为第二层楼房。用同样的方法搭出5～6层高的楼房。将其中一个角的上下4块积木一起抽出，发现楼房并不会倒塌。将对角的上下四块积木一起抽出，发现楼房依然稳当。但如果再抽出其中任何一块积木，楼房就不稳了。家长引导幼儿反复做这个搭建楼房的游戏，懂得怎样才能把楼房建得更稳

注意事项：积木有多种多样的玩法，教师可启发幼儿多动脑筋，搭建出不同形状的物品

5. 认知能力开发——亲子游戏

活动名称：四季花开

适合年龄：25～27个月

活动目标：培养观察力和记忆力

活动准备：花卉类挂历

活动时间：15～30分钟

活动过程：和幼儿一起翻看印着各类花卉的大挂历。教幼儿认识这些花卉，并分清开花的季节。然后，可向幼儿提问：什么花在春天开，什么花在夏天开，什么花在秋天开，什么花在冬天开

延伸活动：学习一年四季的名称和季节特征。知道夏天最热，冬天最冷

注意事项：将图片和实物对照起来学。先学会一种，再学习下一种

活动名称：画娃娃

适合年龄：28～30个月

活动目标：培养观察力、记忆力

活动准备：纸、小蜡笔

活动时间：15～30分钟

活动过程：幼儿学会画五官后，成人用笔分别在5张白纸上画5个娃娃，但每一个娃娃的脸上都缺少一个器官，或者是鼻子、或者是嘴巴、或者是眼睛、或者是耳朵、或者是眉毛。让幼儿将缺少的器官补上

延伸活动：给幼儿1张白纸，让他在白纸上画一个完整的娃娃，画完后给娃娃涂上颜色

注意事项：让幼儿先观察，后画

活动名称：石头剪子布

适合年龄：31～33个月

活动目标：理解游戏规则，学会解决问题的办法

活动准备：玩具、物品

活动时间：15～20分钟

活动过程：在2岁半以前，幼儿就学会了用手指比划剪刀、锤子和包布，但那时还不懂得输赢的游戏规则。临近3岁，幼儿的理解能力逐渐增强，开始会玩这个游戏。同幼儿玩这个游戏，可以锻炼他解决问题的方法。比如，口袋里只有1块糖，两个人该给谁吃，这个时候，就可以用这种方法一锤定音。再比如说，两个孩子都在争抢一种玩具，究竟谁先玩呢？也可以通过这种方法解决

延伸活动：用脚也可以玩这种石头剪子布游戏。方法为：左右脚一上一下代表剪子，左右脚分开位于同一条线上代表布，左右脚并拢代表石子。冬天玩这个游戏最好，可以暖和身体

注意事项：懂得游戏规则，还要遵守游戏规则，不能输掉后要赖哭鼻子

活动名称：家在哪里

适合年龄：34～36个月

活动目标：锻炼注意力和记忆力

活动准备：一张标有家庭住址的地图

活动时间：15～30分钟

活动过程：找出1张本市地图，在地图上标上家庭的位置。每天抽出一定时间给幼儿讲解这张地图，让他熟记家所在街道的名称、方位以及周围的标志性建筑。也可在地图上找出爷爷家、姥爷家所居住的地方，坐几路车可以去到他们家

延伸活动：分清表示方位的词“东”、“西”、“南”、“北”，说出爷爷、姥爷的家分别在自己家的哪一个方位

注意事项：所用地图字迹要清晰，标注要显眼

6. 认知能力开发——早教活动

活动名称：白天和黑夜

适合年龄：25～27个月

活动目标：掌握时间概念，认识“白天”和“黑夜”的特征和人们的主要活动

活动准备：教师画好的表现“白天”和“黑夜”的若干图片

活动时间：每次15～20分钟

活动过程：教师给家长示范如下游戏：让幼儿知道什么时候称为“白天”，什么时候称为“黑夜”，引导幼儿谈谈白天和黑夜人们主要做什么。教师出示已经画好的关于“白天”和“黑夜”的图片，鼓励幼儿用语言描述白天和黑夜人们在做的事。家长引导幼儿完成这个游戏。熟练后，教师统一发出指令，幼儿根据教师的指令做相应的动作：“白天”要学习、唱歌、跳舞、运动；“黑夜”要安静睡觉

延伸活动：让幼儿分清白天中的不同时段，比如“早晨”、“中午”和“下午”。让幼儿用语言描述一天中的不同时段自己都在做什么、爸爸妈妈在做什么、幼儿园教师在做什么

注意事项：在教学过程中，以启发为主。鼓励幼儿多用语言描述自己知道的相关的事情

活动名称：猜谜语

适合年龄：28～30个月

活动目标：锻炼认知能力，通过猜谜语的方式认识物品

活动准备：用于当堂课需要猜的物品的图片，以启发婴儿的思维

活动时间：每次15～20分钟

活动过程：猜谜语是一种很好的提高认知能力和培养认知兴趣的游戏。教师可指导家长把幼儿熟悉的物品编成谜语，让幼儿猜。如“有红有绿，有长有圆，一吹就大，一放上天”。（打一玩具：气球）“年纪不算大，胡子一大把，不管看见谁，总爱喊妈妈”。（打一动物：羊）家长可教给幼儿解谜技巧。如让幼儿仔细听谜面所描述事物的主要特征，然后要求他们对每一句描述产生联想并进行分析，从事物特点上去猜。如猜谜语“白兔”，家长可引导幼儿去想谁有红眼睛，谁有长耳朵，谁身上的毛是白色等

延伸活动：家长可逐步训练幼儿自己编谜语。启发幼儿根据事物的颜色、形状、用途及其特性，用形象顺口的语句把它们描述出来

注意事项：谜语的语言要浅显易懂，描述的物品的特征要形象、具体

活动名称：一年四季

适合年龄：34～36个月

活动目标：发展认知能力

活动准备：一年四季的图片

活动时间：每次15～20分钟

活动过程：教师给家长示范如下游戏：家长引导幼儿先从图片上认识四季：春天柳树开始发芽，桃花、樱花盛开，人们脱去穿在身上的厚厚的棉袄，开始到郊外踏青，享受户外的美景；夏天气候炎热，女孩穿裙子，男孩穿短裤，人们去河里划船、游泳，吃的是西瓜、冰棍；秋天树叶变成金黄色，秋风吹拂满地是落叶，人们穿上了毛衣和外套，农民忙着收割庄稼，到处是一片丰收的欢笑声；冬天白雪皑皑，树枝上几乎没有树叶，人们穿的是羽绒服，戴上手套、帽子和围巾，家里生炉子或有暖气。人们在河面上溜冰

或堆雪人，吃的是火锅

每到一个季节，家长都引导幼儿认真体会这个季节的特点，并且用自己的语言把它描述出来

延伸活动：家长教幼儿学会“春”、“夏”、“秋”、“冬”四个字的写法，并启发幼儿勾画出自己心目中的四季图

注意事项：知识不是一天两天就能学完的，要经过实践和比较。家长要给幼儿多提供一些感知外界的机会，给幼儿留下比看书更多和更丰富的经验

[三] 人格潜能开发

2～3岁幼儿的情感有三大特点是：易变性，即因幼儿缺乏情感控制力，其情绪完全处于被外部环境的控制之下，所以很容易发生变化；易感性，即幼儿的情感很容易被别人感染；冲动性，即幼儿的情感是外露的，常因达不到所要求的目的，或是自己的行动受到别人阻挠时，会出现情感冲动而发怒

如果成人能与幼儿建立亲密的情感，为他安排好合理的生活作息，养成良好的生活习惯，并注意早期教育，就能使幼儿产生积极的情绪、愉快的情感和对人友好的态度。

1. 亲子游戏

活动名称：学洗脸洗手

适合年龄：25～27个月

活动目标：培养独立性、自理能力

活动准备：：脸盆、小毛巾

活动时间：：5～10分钟

活动过程：在成人的帮助下，在脸盆里装上温度适宜的水，将毛巾放在里面，搓揉几下后把水拧干。洗脸时先将眼角洗净，然后依次是鼻子、耳朵和嘴巴，把毛巾翻过来，把脖子擦洗干净。再用毛巾把手背、手掌、指尖、指缝等各个部位擦洗干净。洗完后将毛巾清洗干净，和脸盆一起归回原位

延伸活动：吃饭前要求幼儿要把手洗干净。程序是：让幼儿拧开水龙头，把手冲湿，打上洗手液，两手相互搓洗，把手掌、手背、指尖和指缝等

部位洗净，用清水将泡沫冲洗干净。用小毛巾把手擦干

注意事项：注意不要让水打湿衣服和袖子

活动名称：独自吃饭

适合年龄：28～30个月

活动目标：培养独立的性格、自理能力

活动准备：小勺，装在碗、盘里面的饭、菜、汤

活动时间：20～30分钟

活动过程：幼儿在1岁半左右就基本上能够用小勺自己吃饭了。但常常不能将一顿饭吃完，而且常常把饭菜弄洒，最后不得不由家长通过喂来解决。经过1年多的锻炼，幼儿已经能够自如地用小勺自己吃饭不洒，不但能把饭吃完，汤也能喝了

延伸活动：教幼儿吃饭前摆好小桌、小凳。吃饭后把小桌、小凳收拾干净

注意事项：掌握好幼儿吃饭的时间，既不要让他边玩边吃，也不要催促得很急

活动名称：自己洗脚

适合年龄：31～33个月

活动目标：培养独立性、自理能力

活动准备：脚盆、小毛巾、小板凳

活动时间：15～20分钟

活动过程：幼儿在学会洗脸、洗手之后，应该学会自己洗脚。洗脚前在先把小板凳放好，找出拖鞋和小毛巾，在成人的协助下在脚盆里放上适宜温度的水。然后坐在小板凳上，脱掉鞋子和袜子，将脚放进盆中。将脚背、脚后跟、脚趾都洗干净后，用小毛巾擦干，穿上拖鞋，把水倒掉，把小板凳、脚盆和小毛巾放回原来的地方

延伸活动：可以教幼儿顺便把脱下来的袜子用肥皂洗净，然后晾上

注意事项：注意调节水温，不要太凉，也不要太烫，同时也不要装得太满

活动名称：学会分享

适合年龄：34～36个月

活动目标：培养与人交往的能力

活动准备：幼儿吃的食物

活动时间：5～8分钟

活动过程：幼儿吃东西的时候，成人要教幼儿："给爷爷、奶奶吃一点好不好？"开始如果幼儿不愿意，也不要勉强，但可拿出更多的食物放在幼儿面前，并耐心地说："宝宝真乖，一定会给爷爷、奶奶吃的。"一旦幼儿将自己手中的食品给出，就要夸奖说："宝宝真大方，是个好孩子。"并亲亲幼儿以示奖励。时间长了，幼儿每次吃东西的时候，都知道要分给大人吃

延伸活动：用相同的办法，教幼儿学会把食物、玩具等同其他小朋友分享

注意事项：注意不要在幼儿饥饿的情况下进行

2. 早教活动

活动名称：事事早知道

适合年龄：25～27个月

活动目标：让幼儿凡事都有思想准备，能积极参与；加强幼儿的自我意识。

活动准备：无

活动时间：每次5～10分钟

活动过程：教师可告知家长一些幼儿的成长规律，比如0～3岁时幼儿在学习求知阶段，每天他都可能会有一些新的认识和经历。在做任何事情之前，都要先给幼儿做一番介绍，使他明白后，一方面能积极参与配合，另一方面有助于加强幼儿的自我意识。在日常生活中，在做任何事以前，家长都要提前告诉幼儿。比如，在打预防针前，要给幼儿讲清楚，打针可以预防疾病，所有这个年龄的幼儿都要打。好孩子要表现勇敢，打针时要不哭不闹，要给其他小朋友做表率。经过这样的简单介绍后，幼儿在打针时就会不哭不闹，这样能使打针顺利完成，反而能减少疼痛。教师组织户外活动时，家长要提前告诉幼儿要去的地方，需要做哪些准备，要去的这个地方有些什么特点等等。让幼儿做到心里有数，以增强活动效果

延伸活动：教师示范家长做如下游戏：家长可引导幼儿养成每天听新闻的习惯。听完后要求能够复述其中的1～2条新闻

注意事项：不管是好消息还是坏消息，家长都要提前告诉幼儿。如果是不好的消息，家长千万不要用恐怖的声音和表情，不要让幼儿受到惊吓

活动名称：学会等待

适合年龄：28～30个月

活动目标：训练耐心，克服急躁的情绪

活动准备：活动室里的一些模拟设施

活动时间：15～20分钟

活动过程：班上幼儿多了，很多事都需要耐心等待。教师可示范家长，让家长同幼儿一起做耐心等待的游戏。比如，吃饭时，需要耐心等待老师把饭菜添加到自己的小碗和小盘里；玩滑梯时，幼儿需要排队依次爬上滑梯，从滑梯上滑下来后，又需排队等待下一次；坐秋千时，需要等别的幼儿下来后，自己才能坐上去；每天放学，需要排队等家长来接

延伸活动：教师示范家长做如下游戏：家长在每天各个时间的具体活动中，要求幼儿像游戏里玩的那样，做每一件事都要学会耐心等待

注意事项：家长要求幼儿要有耐心，自己首先要有耐心。幼儿不明白或做错事的时候，家长切忌不要发脾气大声呵斥幼儿，以免幼儿跟着学

活动名称：选择朋友

适合年龄：31～33个月

活动目标：锻炼与人交往的能力

活动准备：幼儿活动室，内设音乐角、舞蹈角、表演角、绘画角、运动角等。

活动时间：20～30分钟

活动过程：在活动室里，教师根据幼儿的兴趣进行分组：喜欢唱歌的在一组，喜欢跳舞的在一组，喜欢表演的在一组，喜欢画画的在一组，喜欢踢

球的在一组。让幼儿根据自己的兴趣选择自己的小组，并且同他的小组成员交朋友。家长可引导幼儿完成该游戏

延伸活动：教师组织开联欢会，让幼儿以小组为单位表演节目。或唱歌、或跳舞、或诗歌朗诵，让幼儿在编排节目的过程中，锻炼与人相处的能力。家长可引导幼儿完成该游戏

注意事项：让幼儿根据自己的意愿选择自己的小组，家长不要强行干预。如果幼儿起初有些不合群或者是不懂得和小朋友交往，家长要耐心启发，并且请求其他小朋友接纳他

活动名称：买东西

适合年龄：34～36个月

活动目标：锻炼与生人交往的能力，树立独立完成一件事的信心

活动准备：幼儿活动室，布置一个买东西的场景

活动时间：15～30分钟

活动过程：教师给家长示范做如下游戏：组织幼儿做游戏，每三人一组，一个扮演妈妈，一个扮演商店售货员，一个就是幼儿自己。妈妈给幼儿一些钱，让他到附近的商店买饼干，幼儿到商店柜台前，把钱递给售货员，说要买饼干。售货员把饼干递给幼儿，并把该退的零钱递到他手里。回到家里，幼儿把零钱交还给妈妈，就开始吃饼干。家长引导幼儿完成该游戏

延伸活动：教师给家长示范做如下游戏：幼儿在买饼干回家的途中，把退回的零钱弄丢了。回家告诉妈妈，妈妈没有责怪幼儿，反而安慰他，要他下次注意。家长引导幼儿完成该游戏

注意事项：家长督促幼儿在买东西时，要使用礼貌语言，如称呼售货员为“阿姨”或“叔叔”，买东西时说“请”，买好东西后说“谢谢”

[四] 艺术领域

1. 亲子游戏

活动名称：认识颜色

适合年龄：25～27个月

活动目标：认识更多的颜色

活动准备：各种颜色的图片或实物

活动时间：每次20～30分钟

活动过程：教幼儿认识六种常用颜色：红、黑、白、黄、绿、蓝。可以将卡片和实物结合起来认识。如红色的苹果、绿色的草地、蓝色的大海等。对领悟能力好的幼儿，可以让他们认识更多的颜色，如粉红、橙色、棕色、灰色等

延伸活动：让幼儿用水彩笔将认识的颜色在纸上画出来，可根据自己的想象，用不同的颜色画出不同的实物

注意事项：在学习某一种颜色时，宜将颜色、名称和实物三者对应起来学习

活动名称：为音乐伴奏

适合年龄：28～30个月

活动目标：锻炼幼儿的节奏感、音乐欣赏能力

活动准备：录音机、音乐磁带、小碗、小棍

活动时间：每次20～30分钟

活动过程：爸爸妈妈和幼儿面前各放一个空碗，手中各拿一根小棍。任意放一段音乐，幼儿和爸爸妈妈一起，根据音乐的节奏用小棍敲击面前的空碗。节奏强，敲击声就高昂，节奏弱，敲击声就低。如果音乐停止，敲击声随之停止。也可以轮流着一个人做指挥，两个人敲击

延伸活动：带幼儿参加一场音乐会，让他感受那里的氛围，激发学习音乐的兴趣

注意事项：敲击声不宜过大，不要盖过音乐的旋律

活动名称：房子和家

适合年龄：31～33个月

活动目标：锻炼幼儿的绘画能力和记忆力

活动准备：纸、笔

活动时间：每次20～30分钟

活动过程：引导幼儿想一想自己的家，并用语言描述自己家的房子是什么样子。教师可出示画好的各种房子提示幼儿，帮助幼儿回忆，请他说出自己家的房子是什么样子的。教师可根据幼儿的描述，当场画出幼儿的家。以此激发幼儿画画的愿望，增强表现自己的自信心。幼儿参照教师画好的各种"房子"，画出自己的"家"

延伸活动：教师给幼儿房子的拼图，让幼儿发挥自己的想象，拼出自己心目中的"家"。也可以让幼儿画出自己心目中理想的"家"

注意事项：要充分发挥幼儿的想象力和动手能力。将幼儿的作品贴在展示区，让幼儿一起欣赏自己的作品

活动名称：巧制不倒翁

适合年龄：34～36个月

活动目标：培养欣赏能力，提高手的制作能力

活动准备：鸡蛋1枚、胶水、彩纸、水彩笔

活动时间：20～30分钟

活动过程：用筷子在鸡蛋的顶端轻轻戳一个洞，注意不要将鸡蛋壳戳碎。用筷子搅乱蛋清与蛋黄，将蛋黄和蛋清倒进小碗，将蛋壳用水冲洗干净后擦干。往鸡蛋壳刚戳破的小洞里倒进一些砂子，再倒点胶水，让砂子固定在鸡蛋里面的一端。用彩纸做一顶圆圆的小帽子。把小帽子粘到鸡蛋顶端的洞口上。用水彩笔在蛋壳上画上眼睛、鼻子、嘴巴。一个漂亮的不倒翁就做好了

延伸活动：准备1个纸杯、4个酸奶盒、10个瓶盖。在纸杯和酸奶盒的侧面打上小孔。将一次性筷子折成小段，穿在小孔里。把纸杯和4个酸奶盒串在一起，纸杯排在前头当火车头。用红色或黑色水彩笔在纸杯上画一个大脸谱。在火车头和车厢的两旁放上瓶盖当做车轮

注意事项：成人可以先给幼儿做示范，让他模仿着自己做。熟练后，可

以引导幼儿用多种方法制作不倒翁。如在蛋壳里装沙，将蜡烛倒进里面将沙凝固，或用橡皮泥封住鸡蛋的小孔。也可以用乒乓球做。不倒翁的外形也可以根据幼儿的爱好设计成多种多样的形状

2. 早教活动

活动名称：给歌曲填词

适合年龄：25～27个月

活动目标：培养幼儿的乐感和想象力

活动准备：任意一首幼儿会唱的歌

活动时间：每次15～20分钟

活动过程：教师给家长示范如下游戏：家长找一首幼儿熟悉的儿歌，同幼儿一起改歌词。比如，“一只兔子一条尾，两只耳朵直竖起。四条腿，跳跳跳，请你也来跳一跳”可改为“一只小猫一条尾，两只眼睛直瞪起，四条腿，跑得快，请你一起来比赛”。每一首儿歌尽可能想出更多的歌词

延伸活动：教师给家长示范如下游戏：任意选一首欢快的曲子，鼓励幼儿根据曲子填词。家长可以对幼儿进行提示。比如，家长引导幼儿对冬天进行仔细观察，引导他们说出希望冬天快过去，想和冬天的什么东西说再见。教师把幼儿说出的话编成儿歌《再见吧！冬天》：“再见吧，雪花！再见吧，稀泥！再见吧，水潭！再见吧，雪靴！再见吧，棉衣！再见吧，北风！回来吧，春天！回来吧，春天！回来吧，春天！希望你来住下！回来吧，青草！回来吧，鲜花！回来吧，小鸟！回来吧，蝴蝶！”

注意事项：教师和家长主要是要激发幼儿的想象力和创造力，不要包办代替

活动名称：拇指动一动

适合年龄：28～30个月

活动目标：认识钢琴、手风琴等键盘乐器，培养对乐器的兴趣

活动准备：钢琴、手风琴；钢琴、手风琴两种乐器弹奏的同一首乐曲

活动时间：每次20～40分钟

活动过程：教师给家长示范如下游戏：教师先让幼儿欣赏钢琴、手风琴两种乐器弹奏的同一首乐曲。让他们比较一下听到的声音是否相同，并说出感受。家长可启发幼儿说出自己的感受。教师向幼儿介绍钢琴和手风琴两种乐器，让幼儿摸一摸、动一动，听听这两种乐器发出的声音有什么不同。家长协助幼儿完成这些动作。教师演奏钢琴曲、手风琴曲，家长和幼儿一起认真欣赏

延伸活动：家长可教幼儿学会敲扬琴、打小鼓等

注意事项：教师要让每个幼儿都有机会触摸和弹奏钢琴和手风琴，以培养他们的兴趣为主

活动名称：小裁缝

适合年龄：31～33个月

活动目标：学会制作娃娃等手工玩具

活动准备：旧挂历、儿童专用剪刀、水彩笔、画好轮廓线的“衣服”、“裤子”

活动时间：每次30～40分钟

活动过程：教师给家长示范如下游戏：教师将画好轮廓线的图画纸、剪刀分发给幼儿。家长指导幼儿按轮廓线剪下阴影部分，打开看看剪好的是什么。家长鼓励幼儿自选喜欢的彩色笔，把“衣”、“裤”涂上自己喜欢的颜色，然后引导幼儿将“衣”、“裤”粘贴在旧挂历的反面，并在上面添画上人的头、手、脚等部位。教师将幼儿粘贴好的人像画贴在墙上，让大家欣赏，并且评出最好的作品

延伸活动：教师引导幼儿说出自己父母的突出特征，如是否戴眼镜、头发长短等。教师按照幼儿说的样子画出。然后指导幼儿画一画“爸爸妈妈和我”。并教幼儿用皱纹纸粘贴妈妈的卷发，用不同颜色的彩色纸剪贴五官。家长引导幼儿完成该游戏

注意事项：充分发挥幼儿的想象力，教师和家长不要强加干预

活动名称：学当小演员

适合年龄：34～36个月

活动目标：学会正确理解故事的内容和寓意；学会在活动中大胆表演；学会同情和关心他人

活动准备：录音机；《卖火柴的小女孩》录音

活动时间：每次15～30分钟

活动过程：教师给幼儿播放《卖火柴的小女孩》录音，反复听数遍后，教师提问："过年了，谁还在寒冷的大街上卖火柴呀？""她为什么不回家呀？""如果你遇上这样的小女孩，你会怎么做？"家长启发幼儿回答这些问题。教师要求幼儿轮流发言，并且教育幼儿要学会关心有困难的小朋友。然后，教师以三人为一组，一个演卖火柴的小女孩，一个演老祖母，一个配音，让幼儿分头练习表演。家长引导幼儿完成该游戏

延伸活动：教师组织一场文艺晚会，要求每个幼儿都要参加表演。可以是单个表演，也可以是合作表演。表演形式不限，可以是唱歌、跳舞、话剧表演等。家长可根据幼儿的兴趣爱好，帮助他编排好自己的节目

注意事项：教师不要苛刻幼儿的表演，只要参加表演，都应给予奖励

思考与练习

1. 活动案例一般应包括哪些具体要素？

2. 如何实施个性化潜能开发教育？

第七节
环境创设

为婴幼儿创设环境往往只是把为大年龄段孩子创设的环境简单复制下来，然而玩具、家具和活动区域与低龄组的能力发展或兴趣并不相符。为婴幼儿设计一个学习环境必须强调该年龄段孩子的特点。这一时期，孩子的发展突飞猛进，他们对周围的事物非常敏感，他们需要一个丰富的感觉空间和环境让他们在其中安全探索并通过整个身体的活动来学习。一个良好的环境能为婴幼儿自发、教师辅助的学习提供支持。最大的挑战便是创设一个好的环境让小宝宝们觉得充满力量。

一、大运动能力发展区环境创设

[一] 功能区划分及功能

1. 感统训练

感觉统合是指将人体器官各部分感觉信息输入组合起来，经大脑统合作用，完成对身体内外知觉作出反应。只有经过感觉统合，神经系统的不同部分才能协调整体工作，使个体与环境顺利接触。孩子成长的过程就是感觉运动统合的过程，0～3岁儿童的学习主要以感觉学习为主，感觉统合的游戏对孩子今后学习能力的发挥有重大的作用。

2. 翻斗乐

翻斗乐充分体现了寓教于乐的科学教育思想，在翻斗乐中婴幼儿进行着有惊无险的运动，不仅四肢得到充分的锻炼，身体协调性得到加强。对于提高孩子们的勇敢、果断与自信也有极大的益处。此外婴幼儿在游戏中还可以激发求知欲，最终实现提高儿童综合能力训练的目的。如翻斗乐时空隧道艳丽的色彩，可刺激婴幼儿视觉器官的良好发育；海洋球池斜坡的加速度能够刺激儿童的前庭发育，通过从高到低、从慢到快等一系列变化，促进儿童适应能力的提高；通过投篮练习，可以训练儿童手眼协调、统合感官的功能。趣味攀岩，长期进行此项锻炼，有助于儿童身心得到均衡发展，也有助于鉴别儿童的运动能力。这是勇敢者的历程，让孩子在勇敢的探索中体味胜利的乐趣，同时又能锻炼体魄，学会向极限挑战！应该说，这套设备对儿童智力和非智力因素的培养，都有很大好处。

3. 亲子运动

包含有家长与宝宝合作按摩操、体操、舞蹈、竹竿操、器械操（健身有声体操环、有声体操棒）、亲子运动游戏（彩虹伞）等等。主要练习上肢、下肢爬行、走、跑、跳、踢、拾取等动作。注意做操时间应选择在进餐后1小时，宝宝情绪好时，在乐曲伴奏下，家长跟随早教老师进行亲子体操，课程45分钟为宜。课程分为前期活动准备、基本动作练习、放松运动三个环节。亲子合作运动所有基本动作教授时，建议早教师以儿歌、故事形式贯穿，激发婴幼儿参与活动，也便于家长和婴幼儿记住各种操类动作。

[二] 功能区材料配备

感统训练：

1. 攀爬区

在攀爬区可提供软体攀滑三件套、攀滑屋滑梯、小型秋千滑梯组合、塑料立体钻山洞、多功能攀爬组合等运动器械。

2. 平衡区

在平衡区可提供虫型滑板车、大陀螺、三人行、扶手旋转盘、秋千鱼、游戏独木桥等运动器械。

3. 跳跃区

在跳跃区可提供儿童跳马、护栏蹦床、羊角球等运动器械。

4. 推拉区

在推拉区可提供绳拉玩具、沙滩拉车、独轮推车等运动器械。

5. 翻斗乐

可提供30平方米左右的大型游乐玩具翻斗乐。

6. 亲子运动

可提供适合亲子合作运动练习的轻音乐CD、器械操用具（如：健身有声体操环、健身体操舞蹈铃、有声体操棒等）、彩虹伞等材料。

二、精细运动能力发展区环境创设

[一] 功能区划分及功能

1. 桌面操作区

在整个精细活动区中，桌面操作区为婴幼儿提供了高于地面的操作空间，改变了以往亲子中心地面操作格局。在开放的桌面操作区中，更容易激发婴幼儿的兴趣，充分调动婴幼儿各种感官机能。

2. 地面操作区

在整个精细动作发展区中，为婴幼儿提供了20余种精细动作操作材料。开放性的空间有利于教师、幼儿、家长的互动。一部分操作材料来源于生活中，利用生活用品自制；一部分材料色彩鲜艳，婴幼儿很容易产生兴趣。在一次次的接触、操作、游戏中，逐步提升手部精细动作的能力。

3. 综合游戏区

在综合区中，设置综合性的操作材料。旨在将单一的精细锻炼，提升为综合性的能力游戏，运用婴幼儿两种或两种以上精细能力，配合完成操作。

4. 用品收纳区

在本区中，放置较大的操作工具。在操作前，请婴幼儿从此处将工具取走，操作结束后，将工具归位。潜移默化培养从哪里拿的放回到哪里去的习惯。

[二] 功能区配备材料

1. 桌面操作区

S型拼装小桌、 塑料制椅、桌面玩具等。

2. 地面操作区

小碗、蚕豆粒、花铃棒、摇铃、海绵球、翻翻看小书、各种彩色纸张、面巾纸、倒水分配组合、放置玩教具的整理柜等。

3. 综合游戏区

手偶、套装积木、智力椅子（组）、套蛋（或者套娃）、叠叠高、 连环扣、砌搭玩具等。

4. 用品收纳区

地毯、地毯架等。

三、语言能力发展区环境创设

[一] 功能区划分及功能

1. 亲子读书吧

以书为媒，以阅读为纽带，让婴幼儿和家长共同分享多种形式的阅读过程。通过共读，父母与婴幼儿共同学习，一同成长；通过共读，为父母创造与婴幼儿沟通的机会，分享读书的感动和乐趣；通过共读，带给婴幼儿欢喜、智慧、希望、勇气、热情和信心。

2. 亲子剧院

投入投影、电脑、音响等视听设备，借助亲子木偶表演、童话剧表演、儿童动画、自我展示等形式，将阅读内容的全部或部分地展示在婴幼儿面前，在增进亲子感情的基础上，激发婴幼儿的阅读兴趣，引发婴幼儿对阅读内容的探究。

3. 聆听中心

设有耳机、磁带和光盘录放机的聆听中心，不仅促进婴幼儿倾听能力的培养，而且通过聆听自然界的音响及动物的叫声，感受大自然的美；聆听优秀文学作品让婴幼儿能够获得各种知识、开阔眼界、陶冶情操，从文学作品中懂得善与恶、美与丑，帮助婴幼儿学习语言，增强婴幼儿的记忆力，丰富和发展想象力。

[二] 功能区材料配备

1. 亲子读书吧

在亲子读书吧可提供亲子阅读椅、靠垫、儿童书架，各类儿童书籍等材料。

2. 亲子剧院

在亲子木偶剧院可提供音响设备、CD机、木偶剧演出台、各种人物、动物角色的木偶、经典木偶剧目CD盘等材料。

3. 聆听中心

在聆听中心可提供关于优秀文学作品的磁带或CD、挂式试听机、CD机、电子读物等等。

注：所有供亲子阅读、观赏的音像制品、图书、电子读物都要定期更换，最好6个月一更换。

四、认知能力环境创设

[一] 功能区划分及功能

1. 建构区

它是一个开放的、变化的、有多种探索发现机会的环境。通过投放积木及不同种类的材料吸引、激发儿童对模拟搭建的兴趣，从而培养儿童动手操作，空间、大小、形状等多方面的思维能力。

1～3岁儿童年龄小，认知水平还不完善，在材料投放上要选择色彩鲜艳的不同型号的安全的软材质积木及辅材。建构游戏区还要体现儿童自由、自主、积极的参与，鼓励儿童在参与游戏中大胆地动手操作、积极思考，促进儿童思维发展。

2. 益智游戏区

本活动区角提供儿童活动操作材料、玩具，着力于让儿童在动手动脑中获得知识、开发智力，其玩具、材料能最大程度地开发儿童智力，发展儿童创造潜能。

益智游戏区应投放贴近儿童生活、安全、富有情趣的玩教具，符合1～3岁儿童的认知特点，大致包括配对、排序、排列、分类、拼图、接龙、综合训练等玩教具。环境及玩具是敞开式的，方便儿童自主取放，利于对各种玩具进行摆弄、观察和比较。1～3岁的婴儿童直觉行动思维占优势，思维离不开动作，自控能力差，离开操作他们的注意和思维就会发生转移，所以投放的玩教具要突出操作性。

3. 科学角

以自然观察、科学发现为主题的区域，为1～3岁的幼儿童在自然、自由的环境下进行观察、发现、探究的设置的环境。可分为两块区域“自然观察区”和“科学发现区”。

自然观察区是以种植动植物为主要内容的儿童活动区。其教育目的是让儿童通过观察生物生长规律了解自然知识。可根据季节种植一些植物，让儿童观察植物的生长规律。

科学发现区通过配备适宜、安全、科学的玩具，使儿童通过动手操作发现，利用各种感官萌发参与探索活动的兴趣，以探索活动为主，让儿童充分运用自己的各种感官看、摸、听、闻、做，促进其观察、思维、想象、动手等多种能力的发展。

4. 饲养区

饲养一些小动物，让儿童观察小动物的习性，使儿童有机会了解更多的生物知识。在饲养、管理小动物的过程中，亲身体验爱护动物和维护动物生存环境的重要性，培养儿童爱心的场所。

[二] 功能区材料配备

1. 建构区

亲子软地垫、海绵游戏活动屋、仿木纹EVA泡沫积木等。

2. 益智游戏区

多功能积木盒、实木系列拼图、多变几何套餐等。

3. 科学角

各种豆类、仿真水果、六面镜、卡通形状轮、磁性积木等。

4. 饲养区

小金鱼、鱼缸、小乌龟、小白兔、龟粮、鱼食、胡萝卜、青菜等。

五、社交能力发展区环境创设

[一] 功能区划分及功能

1. 娃娃之家

它是以各种仿真或自制的家居用品为载体，模拟家庭环境所创设的一种游戏化、开放性的空间，可让幼儿在熟悉的环境玩角色游戏，丰富生活经验。“娃娃之家”可具体划分为娃娃家和宝贝厨房，并在各个小空间投放相应的家居用品。地面铺上较厚的颜色鲜艳的大地垫，在墙面还可留有“全家福”的位置，让幼儿来粘贴自己的家庭照片。

由于1～3岁幼儿年龄小、情绪波动大、易受环境的刺激和影响，对周围陌生的环境会有一种恐惧感。具有“家庭微缩景观”特点的“儿童之家”，能让幼儿的情绪在“家”的环境氛围中得到缓解和放松，并能在游戏过程中“还原”和“再现”生活情景，模仿爸爸妈妈的工作，能促进幼儿之间的交流与交往，培养幼儿生活习惯，促进幼儿情感、个性的健康地发展，同时提高幼儿生活技能。

2. 亲子聚会吧

它是一个环形场地，四周铺有环形地垫，放置有书籍、枕头、垫子、地毯、录音机（轻轻地播放），并提供有趣的用手操作的游戏材料，家长可以带领幼儿参加聚会活动。这个聚会吧，可以提供几种机会：如展示家庭才艺，加强和其他家庭的沟通；进行各种主题活动，如给宝宝过集体生日等；家长也可以扮演角色给小朋友当老师，教小朋友玩游戏等。

[二] 功能区材料配备

1. 娃娃之家

地垫、敞开式厨房，客厅类、卧室类、餐厅类仿真玩具等。

2. 亲子休闲聚会吧

环形地垫、会说话的生日蛋糕等。

六、艺术能力发展区环境创设

[一] 子功能区划分及功能

1. 材料区

在材料区中，教师有目的地设置并投放原始材料或工具；通过婴幼儿对材料、工具的认知及了解其功能、使用方法，让幼儿能正确使用创作工具进行绘画创作。

2. 绘画区

非直线设计的创作台（S型拼装小桌，我们叫它创作台），在细节之上给予婴幼儿不一样的感官体验。在这里，婴幼儿可以尽情地享受玩线条、颜色带来的乐趣，激发孩童对美术的兴趣，进一步涌现创作的灵感。

3. 作品展示区

这里汇集了孩子们创作的平面作品。整个房间中，开辟出6平方米的作品展示区，但不仅限于在这6平方米的平面里。让孩子们挑选自己喜欢的位置，将作品进行展示。开创流动展示平台。

4. 废旧物品回收厂

利用废旧物品进行创作，不仅节约成本，同时引导幼儿创作的潜能，更能激发幼儿参与环保的意识。

[二] 功能区材料配备

材料区：

1. 纸张

彩色包装纸、皱纹纸等。

2. 线绳

粗细毛线、彩带等。

3. 球类

玻璃球、弹球。

4. 管类

吸管、滴管。

5. 棉织品

海绵块、棉棒。

6. 绘画笔

彩色铅笔、油画棒、毛笔。

7. 颜料

水粉、水彩。

8. 刷类

滚刷、油漆刷。

9. 调色工具

塑料瓶、调色盘。

10. 绘画区

S型拼装小桌、坐椅。

11. 作品展示区

KT板（做装饰）。

12. 废旧物品回收厂

大号整理箱、废旧瓶罐、纸盒、各种纸张。

七、音乐能力发展区环境创设

[一] 功能区划分及功能

1. 游戏区

儿童早期用各种各样的游戏来体验一切，舒适的地垫，安全适高的小椅子都是孩子游戏的工具。游戏区让孩子以最喜欢的多样的游戏形式来感受音乐。通过游戏，父母与孩子和教师一起参加音乐活动，利用可以发出声响的人体姿势即躯体乐器，这种人类最原始的宣泄、表达、交流感情的方式来感受音乐、创作音乐。在游戏中锻炼婴幼儿的听觉能力、反应能力、记忆力、音高及力度的辨别能力。

1～3岁小宝宝动作不十分灵敏，要求游戏区尽量选择安全、软硬适中的地面活动区域和节奏明快的音乐类型。

2. 器乐区

对1～3岁婴幼儿教授节奏是困难的，节奏器乐区利用更多的形式方法把节奏从幼儿内心深处引发出来。用以节奏性为主并且比较容易学会掌握的和肌体相近的乐器，让幼儿自己奏乐，即兴表演设计属于自己的音乐。

3. 欣赏区

1～3岁欣赏区应注重环境温馨舒适的场所，选择如安睡和玩耍等能够充分体现不同情绪的音乐类型。

[二] 功能区材料配备

1. 游戏区

CD音响、小椅子、地垫、钢琴等。

2. 节奏器乐区

沙蛋、手脚铃、沙锤等不易划伤幼儿的乐器。

3. 欣赏区

地垫、靠垫、CD。

第八节
发展测评与指导

在婴幼儿阶段应该采取有效的措施，包括为儿童家庭提供实际的帮助和指导，创造良好的家庭微环境。专业人员和儿童抚养者、儿童自身之间的良性循环互动具有极为重要的意义，值得在婴幼儿教育过程中加以推广。

一、1～3岁婴幼儿身体发育测评

体重：2岁时12千克，是出生体重的4倍；2～3岁之间增加约2千克。

身长：2岁时约为85厘米，比1岁时增加10厘米；3岁时约92厘米。

前囟：于1岁半时闭合。

牙齿：乳牙共20颗，2岁半乳牙完全出齐。

1～3岁婴幼儿生理发育的主要指标如下表：

表1　世界卫生组织母乳喂养1岁0～1岁11月儿童体格发育参考值（卧位）

年龄组	男童		女童	
	体重（kg）	身长（cm）	体重（kg）	身长（cm）
1岁0月～	9.65 ± 0.11	75.7 ± 2.4	8.95 ± 0.12	74.0 ± 2.6
1岁1月～	9.87 ± 0.11	76.9 ± 2.4	9.17 ± 0.12	75.2 ± 2.6
1岁2月～	10.10 ± 0.11	78.0 ± 2.5	9.39 ± 0.12	76.4 ± 2.7
1岁3月～	10.31 ± 0.11	79.1 ± 2.5	9.60 ± 0.12	77.5 ± 2.7

1岁4月～	10.52 ± 0.11	80.2 ± 2.6	9.81 ± 0.12	78.6 ± 2.8
1岁5月～	10.73 ± 0.11	81.2 ± 2.6	10.02 ± 0.12	79.7 ± 2.8
1岁6月～	10.94 ± 0.11	82.3 ± 2.7	10.23 ± 0.12	80.7 ± 2.9
1岁7月～	11.14 ± 0.11	83.2 ± 2.8	10.44 ± 0.12	81.7 ± 3.0
1岁8月～	11.35 ± 0.11	84.2 ± 2.8	10.65 ± 0.12	82.7 ± 3.0
1岁9月～	11.55 ± 0.11	85.1 ± 2.9	10.85 ± 0.12	83.7 ± 3.1
1岁10月～	11.75 ± 0.11	86.0 ± 2.9	11.06 ± 0.12	84.6 ± 3.1
1岁11月～	11.95 ± 0.11	86.9 ± 3.0	11.27 ± 0.12	85.5 ± 3.2

表2 世界卫生组织母乳喂养2岁0～2岁11月儿童体格发育参考值（立位）

年龄组	男童		女童	
	体重（kg）	身长（cm）	体重（kg）	身长（cm）
2岁0月～	12.15 ± 0.11	87.1 ± 3.1	11.48 ± 0.12	85.7 ± 3.2
2岁1月～	12.35 ± 0.11	88.0 ± 3.1	11.69 ± 0.12	86.6 ± 3.3
2岁2月～	12.55 ± 0.12	88.8 ± 3.2	11.89 ± 0.12	87.4 ± 3.3
2岁3月～	12.74 ± 0.12	89.6 ± 3.2	12.10 ± 0.12	88.3 ± 3.4
2岁4月～	12.93 ± 0.12	90.4 ± 3.3	12.31 ± 0.13	89.1 ± 3.4
2岁5月～	13.12 ± 0.12	91.2 ± 3.4	12.51 ± 0.13	89.9 ± 3.5
2岁6月～	13.3 ± 0.12	91.9 ± 3.4	12.71 ± 0.13	90.7 ± 3.5
2岁7月～	13.48 ± 0.12	92.7 ± 3.5	12.90 ± 0.13	91.4 ± 3.6
2岁8月～	13.66 ± 0.12	93.4 ± 3.5	13.09 ± 0.13	92.2 ± 3.6
2岁9月～	13.83 ± 0.12	94.1 ± 3.6	13.28 ± 0.13	92.9 ± 3.7
2岁10月～	14.00 ± 0.12	94.8 ± 3.6	13.47 ± 0.13	93.6 ± 3.7
2岁11月～	14.17 ± 0.12	95.4 ± 3.7	13.66 ± 0.13	94.4 ± 3.8

二、1～3岁婴幼儿智能发展测评

1～3岁儿童在大运动、精细动作、言语、认知能力以及情绪与社会行为方面的平均发展水平如下表：

表3 1～3岁婴幼儿智能发展的主要指标

月龄	大运动	精细动作	言语	认知能力	情绪与社会行为
15个月	独走自如	倒出透明瓶中小丸	指出身体三个部位	做翻书动作两次	用拇指脱袜子
18个月	举手过肩扔球1米远	模仿画道道方向不限	除“爸妈”说10个字	方积木塔高4块	白天控制大小便
21个月	扶栏上楼3阶以上	玻璃丝穿过扣眼0.5厘米	说3～5个字的句子	方积木塔高7～8块	开口表示个人需要
24个月	双足跳离地面2次以上	穿扣后拉过线	说两句以上儿歌	一页页翻书3页以上	说出3种物品用途
27个月	不扶栏上楼3阶以上	模仿画竖道2.5厘米以上	说8～10个字的句子	认识大小	会脱单衣或单裤
30个月	单脚站稳2秒	玻璃丝穿扣子3～5个	说出10种图片名称	认识红色	无把杯来回2次倒水不洒
33个月	立定跳远20厘米	模仿画圆封口无角	说出自己的性别	方积木塔高10块	会穿鞋（不分左右）
36个月	两脚交替跳起5厘米	折纸一折边角整齐	知“冷”、“累”、“饿”怎么办	懂得“2”	会扣扣子

【案例】

通过对偶发事件的评估，进行个性化教育指导的案例

——由“忘了和妈妈说再见”想到的

事件：发生在早教机构活动区的一幕。早晨，已入托1年的桐兴高采烈地走进活动区，手里还拿着一件妈妈给他买的新玩具。这时，走来两名小朋友，桐开始为大家讲解新玩具的玩法。与此同时，桐的妈妈向我简单地介绍了一下桐的情况，就急急忙忙地赶着上班去了。当桐骄傲地介绍完他的新玩

具，回头一看妈妈不见了，“哇”的一声大哭起来！“桐，你怎么了？为什么哭呀？”“我还没有和妈妈说再见呢！”

为什么没有和妈妈说“再见”就大哭呢？原来，桐每天早晨来园，都要习惯性问早、问好、说再见。但是这天，他没有说再见，妈妈就走了，这破坏了桐的习惯，使他的情绪受到影响，于是大哭。

反思：桐没有说“再见”就大哭，这一看似十分平常的行为，究竟向我们透露了幼儿发展的什么反馈信息呢？或者说，它向我们表达了桐的何种发展需要呢？思考后我们认为，“和妈妈说再见”是桐一天中各种活动的一个环节，没说“再见”就大哭，说明桐在性格特点上是一个追求完美的孩子；在情绪行为的调节上还需要成人的引导和帮助；而在智能发展上则表明桐“按照逻辑顺序做事”的敏感期可能已经到来了！

行动：针对这个发现，老师为桐设计了一套逻辑思维训练的方法并进行个案研究。我们按幼儿以形象思维为主的特点，做了20组思维训练图片，每组由4张图片组成，其内容主要是图片排序、图形迷宫、找规律，拼图游戏等。例如，第一套图片就是第一张“闹钟响了，桐起床穿衣”；第二张“妈妈送桐上幼儿园，桐和妈妈再见”；第三张“桐和小朋友在幼儿园玩”；第四张“傍晚，桐离园和老师再见”。然后像洗牌一样把图片的顺序打乱，告诉他：“这是你一天中的故事，请你按照顺序把它们排成一列，并把这个故事讲给大家听。”经过了一段时间的思维训练，桐的推理能力得到很好的锻炼，同时口头表达能力也有了很大的提高。

幼儿个体的发展有着自己的系统结构和时间表。本案例说明，作为一名早教老师，仅有爱心是远远不够的，更重要的是要有一双慧眼，善于观察幼儿的行为，善于从点滴小事或偶发事件中透露的反馈信息中捕捉到幼儿自身发展需要的敏感点，并进行有针对性的个性化教育，这样才能成为一名敏感的反思型教师。

——摘自程淮：《教学“反思”与“前思”的控制论原理初探》

三、通过跟踪测评，进行个性化发展指导的案例

婴幼儿之间的互动、婴幼儿家庭亲子之间的互动对于儿童早期发展都具有极为重要的作用，如何将这些良性互动与专家和家长之间的互动有机结合起来，促进儿童的发展，同样构成了一个重要的研究课题。为探讨这种有机结合的实际效果及实施价值，我们设计了跟踪测评指导方案。

[一] 研究对象与方法

1. 研究取样

根据自愿参加的原则，从报名参加2049计划的家庭中共抽取136名儿童作为研究对象，其中男孩75名、女孩61人，年龄从2.1～39.9个月不等，平均年龄为11个月。

2. 研究程序

主要采取行动研究法，采取“评估—指导—发展”（EGD，见第三章第十节）循环运行的行动策略，对自愿参加“2049计划”的家庭的儿童进行跟踪指导。

在对儿童的身心发育状况进行评估的基础上为儿童的父母或其他抚养者给予指导，进行积极的干预，然后进一步评估儿童的发展水平，并以此为基础进行下一轮的指导或干预。由此实现专家、儿童成长家庭和儿童三者之间的良性互动。

具体研究程序和干预措施实施的过程如下。

① 每月开展一次专题活动。内容包括专题育儿讲座、家长论坛、育儿沙龙和专家咨询。

② 开展结构性门诊或家访。根据儿童个别化测试的结果，拟订个别化教育方案，指出儿童发展中的问题，并给出相应的建议和指导措施。

③ 开展宝宝聚会和亲子游戏活动。实现儿童之间自由安全的互动和亲子之间的良性互动。

④ 在指导或干预期间，赠送婴幼儿图书资料和家长育儿图书资料，并为家长进行玩教具的选择和用法指导。

⑤ 干预时间为12个月。

3. 研究测查工具

主要采用由茅于燕教授等编制的《0～4岁小儿神经心理发育诊断量表》测查儿童身心发育状况。

[二] 研究结果

1. 参与教育方案的儿童各个领域能力商和总体发育商的前后比较

我们主要以指导或干预期间大运动、精细动作、适应、言语和社会性5大领域的能力商和发育商作为衡量指导或干预效果的指标，指导前后各个领域能力商和总体发育商的变化如下图所示。

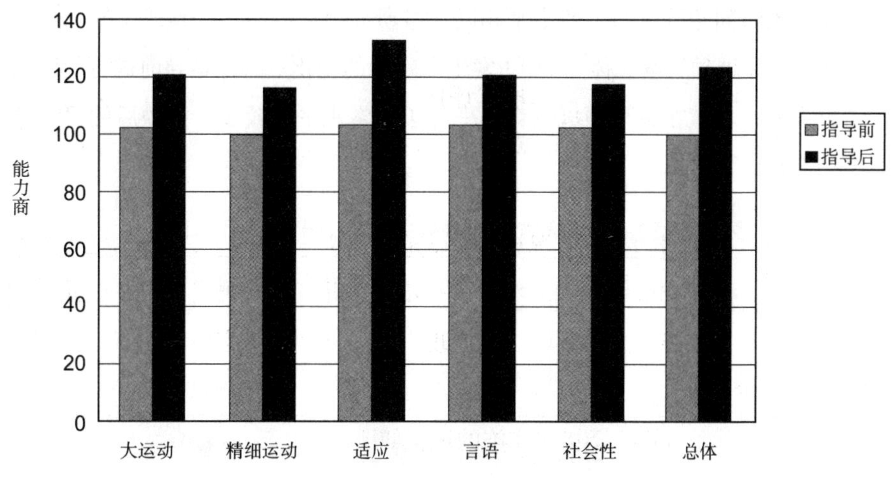

指导前后儿童各个领域能力发育商和总体发育商的变化

可见，指导前后儿童在各个领域的能力发育商及总体发育商都有了较明显的提高。这种提高或增加说明了跟踪指导的显著效果。

根据儿童的能力发育商将儿童分为非常优秀（大于130）、优秀（115～129）、中上（100～114）和中等及以下（100及以下）4类。指导前后各个类别的人数及其占总体的百分比发生了很大的变化（见表1）。

表1　指导前后不同类别儿童人数和百分比的变化

类别	非常优秀	优秀	中上	中等及以下
指导前（N=136）	0（0%）	11（8.1%）	50（36.8%）	75（55.1%）
指导后（N=136）	39（28.7%）	47（34.6%）	44（32.4%）	6（4.4%）

采用Wilcoxon Signed Ranks Test和Sign Test，发现两种检验的P值都小于0.001，说明以不同类别进行检验其差异是极其显著的。

可见，指导后非常优秀、优秀儿童的人数和百分比比指导前有显著增加，而中上、中等及以下两类儿童则明显减少。这再次说明了跟踪指导的显著效果。

干预效果比率（IEP）也是衡量指导效果的另一重要指标。其公式为：干预效果比率=儿童测验分数的提高（月）/干预时间（月）。该比率大于1时，表明儿童的提高或进步快于干预时间，高于一般水平；小于1时，表明儿童的提高或进步慢于干预时间，低于一般水平；等于1时，则表明儿童的提高或进步与干预时间相等，与一般水平相同。本研究结果表明，干预或指导前后儿童在各个发展领域和总体上的IEP发生了较大的变化。跟踪指导前进行的监测结果表明，儿童在各个领域发育水平晚于正常水平的较多。干预后的研究结果如表2所示。

表2　儿童各个领域和总体干预效果比率小于1的人数和百分比

领域	大运动	精细动作	适应性	言语	社会	总体
人数	8	20	4	17	15	1
百分比（%）	5.9	14.7	2.9	12.5	11	0.7

表2表明，实施跟踪指导教育方案以后，儿童在5大领域的发育水平或测验分数都出现了较大的改善，发育较慢的儿童的百分比减少，儿童的提高或

进步慢于干预时间的极少，这在总体上表现尤为明显。

2. 儿童在各个领域和总体干预效果的比率与指导频率、指导次数的相关分析

对儿童在各个领域和总体干预效果的比率与指导频率、指导次数进行相关分析，其结果如表3所示。

表3　各个领域和总体干预效果的比率与指导频率、指导次数的相关系数

领域	大运动	精细	适应	言语	社会	总体
指导频率	.757***	.751***	.664***	.675***	.696***	.774***
指导次数	.576***	.449***	.351***	.434***	.581***	.426***

注：**P<.01　**P<.001

显然，各大领域和总体的干预效果比率都与指导频率、指导次数呈显著相关。这表明，跟踪指导的效果是很明显的。

[三] 讨论和思考

上述研究结果表明，采取一定的指导或干预措施，对于婴幼儿的身心发育具有很大的促进作用，它提高了儿童各个领域的能力发育商，并且减少了儿童发育迟缓的问题。

在具体的育儿实践中，家长往往深感缺少有关儿童教养的各种专业的知识、技能和信息，对儿童发育过程中出现的各种问题往往感到手足无措，这时，专家的各种指导就显得尤为重要。本研究所提供的跟踪指导就是出于这样一种指导思想，它以儿童发展为核心，将婴幼儿之间的互动、专家和家长之间的互动有机结合起来，形成共同作用于儿童发展的关系链——优化的儿童发展微环境。事实证明，这种做法是可行的、有效的。

如何为儿童抚养者提供针对特定儿童的个别化评估和教育方案，显然构成了婴幼儿教育过程中的重要课题。

[四] 结论

本研究所采用的跟踪测评指导循环互动模式效果显著。在婴幼儿阶段应该采取有效的措施，包括为儿童家庭提供实际的帮助和指导，创造良好的家

庭微环境。专业人员和儿童抚养者、儿童自身之间的良性循环互动具有极为重要的意义，值得在婴幼儿教育过程中加以推广。

——摘自程淮：国家教育部重点课题“科学教育
——开发儿童少年潜能研究”
子课题《0～6岁一体化婴幼儿潜能开发的
理论与应用综合研究课题总结》

思考与练习

1. 21月龄的幼儿各领域智能发育指标是什么？

2. 进行个性化评估和教育有哪些具体方式？

3. 个性化评估和教育效果显著，具体体现在哪些方面？

问题与讨论

1. 如何给不同潜能发展水平的幼儿制订个性化教育方案？

2. 早教师在早期教育环境创设中应该发挥什么样的作用？

第七章

4～6岁儿童发展与早期教育

内容提要

- 4～6岁儿童的身心发展
- 4～6岁儿童的指导要点
- 4～6岁儿童的饮食营养
- 4～6岁儿童的生活护理
- 4～6岁儿童的身心健康
- 4～6岁儿童的潜能开发
- 4～6岁儿童的环境创设
- 4～6岁儿童的发展测评与指导

重点问题

❶ 4～6岁幼儿在心理发展方面有何特点?

❷ 早教教师应如何应对发问的孩子?

❸ 怎样通过游戏发展孩子的想象力和创造力?

❹ 4～6岁儿童的膳食有哪些要求?

❺ 怎样教孩子进行“饮食自护”?

❻ 如何培养儿童良好的睡眠习惯?

❼ 影响儿童听力的常见疾病有哪些? 分别该怎样防治?

❽ 如何通过游戏开发4～6岁儿童的认知能力?

❾ 哪些游戏可以促进4～6岁儿童的情绪与社会性的发展?

第一节
身心发展

4岁以后，幼儿对图像的辨认和记忆能力逐步增强，认记图、字都有较好的效果。可以完整地记住一个短小的故事或大人委托的一件小事。
想象力和创造力是未来社会所需人才的重要核心，社会迫切需要具备创新精神和创造性解决问题能力的人才。爱因斯坦就提出："想象力比知识更重要，因为知识是有限的，而想象力概括着世界上的一切，推动着进步，并且是知识进化的源泉。"

3岁以后，幼儿接触的范围进一步扩大。和1～3岁幼儿相比，4～6岁幼儿的体格生长发育速度趋于平稳，而心理方面有了更大的提高。

一、生理发育

[一] 体形和骨骼

3岁后，幼儿的体格生长速度减慢；体形则逐渐变高变瘦，开始像个成年人了。大肌肉发展较快，身体组织结构和器官功能有所加强，骨骼更坚硬了些，但骨化过程还未完成，容易变形。乳牙已经出全，每天需要一定的营养摄入。

[二] 脑的发育

3岁后，幼儿大脑的重量继续增加，到6、7岁时脑重量达1450克，已达成人脑重的90％。神经纤维继续增长，分枝加多，长度加长，能更有利于神经联系。到6岁，神经髓鞘基本上发育完成，神经传导也就更加迅速、准确。大脑各叶的分化到6岁末也渐趋成熟。大脑结构生理的日趋成熟，为儿童行为的发育打下了良好基础。

随着神经系统的发育，3～6岁幼儿的兴奋和抑制功能在不断增强，兴奋过程也比以前进一步增强。大脑兴奋机能的增强表现在觉醒的时间延长，睡眠的时间相对减少，条件反射建立的速度加快。抑制机能的增强表现在已经能较好地用言语控制自己的行动，对事情的分辨也更加准确。3～4岁时晚上睡12小时，白天睡2小时；6岁时晚上睡10～11小时，白天睡1.5小时。儿童每天醒着的时间，比以前相对增加。这使儿童有更充足的时间参加游戏和学习实践活动。

[三] 动作发展

随着幼儿年龄的增长，他们的体力越来越好，大肌肉不断发展，可以完成走、跑、跳、爬等基本动作，而且动作质量明显提高，既能灵活操作，又能坚持较长时间。

4岁的孩子已能到处任意活动，能跳高跳远，两脚交替上下楼梯，会独脚站立5秒钟左右。在日常生活方面，能自己洗脸洗手，在家长协助下能穿脱简单衣服。此外，他们的手指变得灵活起来，可以使用筷子、扣纽扣、画图形，会折纸、剪贴，会一页一页地翻书等。

4～5岁的孩子能单脚跳跃，能抓住跳跃的球，平衡功能有了发展，能脚尖对着脚跟直线向前走，能玩跷跷板、滑滑梯等。在日常生活方面，可以很好地洗脸、刷牙、擦鼻涕，能独立穿衣服。在精细动作方面，能很好地使用筷子，可以简单画出人的几个部分，包括头、躯干、四肢等，能画三角形、正方形等。

5～6岁的孩子能迅速自如地奔跑，且协调、平衡能力较好，会拍球、踢球，并能边跑边踢。能连续走半小时路程，能独脚立10秒钟左右，能脚尖对着脚跟往后走。在生活自理能力方面，能帮助家长做一些简单的家务劳动，如扫地、擦桌子、收拾碗筷等。孩子手指的动作更精巧，会用小刀削铅笔，会投球，会画比较完整的小人，能用铅笔书写10以内的阿拉伯数字以及简单的汉字，手工能力有了进一步的提高。

二、心理特点

[一] 认知水平与语言能力进一步提高

4岁以后，随着年龄的增长，幼儿的辨别力进一步发展。他们可以正确辨别红、橙、黄等7种颜色，并能分辨每种颜色的几种不同色度。能够看简单的图画，可以把握整体，照顾到部分与整体的关系，能看出所画各事物之间的联系，也可以识别各种最基本的几何图形。

同时，与1～3岁的幼儿相比，4岁以后，幼儿对图像的辨认和记忆能力逐步增强，认记图、字都有较好的效果。可以完整地记住一个短小的故事或大人委托的一件小事。

4岁以后，幼儿出现了有意性行为，即在动作之前就能在头脑里进行思考，思考超越了时空的限制，有了一定的目的性和预见性。但是，思维还离不开事物的形象，对事物的概括也总是具体的、形象的。6岁时，可以进行简单的抽象逻辑思维，如口算10以内数字的加减，判断一个故事要说明的道理等。

此外，这一阶段的幼儿求知欲旺盛，对新鲜事物都感到很好奇。他们总是不停地看、听、摸、动，见到了新奇的东西，总爱伸手去拿、去摸，还会放在嘴里咬咬、尝尝，或者放在耳边听听、凑到鼻子前闻闻，他们会积极地去探索、去了解新鲜事物。还常常喜欢寻根刨底，不但要知道“是什么”而且还要探究“为什么”。

在语言方面，4岁以后的幼儿词汇量扩大，可以自由地与人交谈，出现了自我中心言语（自我中心言语是伴随着动作和游戏而进行的自言自语，它既可以帮助儿童出声地思考，又能暂时满足他们在现实中无法实现的一些愿望）。4岁幼儿已掌握一定的口语，能理解早教师的指示，逐步能用简单的句子与别人交往。4～5岁幼儿能够独立地讲故事或叙述日常生活中的各种事物，他们还会根据不同对象的理解水平调整自己的语言，如对小妹妹说“爸爸走了”，对妈妈说“爸爸去商店买吃的东西了”。5～6岁幼儿能生动、有表情地描述事物，阅读兴趣显著提高，能够比较长时间地专心看书，不但对内容的理解力非常强，也开始对文字感兴趣，他们对生活中自己认识的字会非常兴奋，往往会大声念出来。

[二] 表现出可贵的想象力和创造力

3岁后的幼儿身上就表现出了可贵的想象力和创造力。4岁幼儿的想象力和创造力体现在艺术领域上：他们喜欢根据歌曲或音乐做律动，自由自在地跳舞。喜欢敲打物品，发出声音，具有一定的节奏感。喜欢鲜艳的色彩，逐渐从涂鸦期进入象征期，在绘画中会边画边讲，并常会对自己感兴趣的事物特征做过于夸大的表现。

4～5岁幼儿具有丰富、生动的想象力，有时不能区分想象和现实；他们通过手、口、动作、表情进行表现、表达与创造。他们喜欢唱歌，也会拍打较容易的节奏；他们能说出至少6～8种颜色，喜欢涂涂画画，能用黏土或橡皮泥捏出一些形状和物体，有时还会捏出人像或动物的形象。他们在表达自己的想法时，经常要用手势、表情一起帮助表达与创造。

5～6岁幼儿的创造欲望比较强烈，表现与表达方式更加多样化。由于小肌肉运动技能的发展，儿童的双手更灵巧，他们越来越喜欢那些能满足想象和创造欲望的多变性玩具。他们能长时间地专注探索物体的多种操作可能，例如他们会几个人合作搭建熟悉的建筑物，而且持续时间比较长；在体育活动中也会很别出心裁地想出玩法；除了歌舞、乐器、绘画、搭积木外，他们还非常热衷于戏剧表演。

[三] 3～6岁是幼儿养成良好性格的关键期

3岁以后，幼儿从家庭走向幼儿园、走向社会，也开始接触更多的人、更多的事。3岁以后的幼儿逐渐开始能够接纳、认同同伴，逐步能和同伴一起玩，并能遵守简单的游戏规则，但还常处于自我中心状态。4岁的幼儿逐渐在活动中学会了交往，会与同伴共同分享快乐，还获得了领导同伴和服从同伴的经验。同时，他们有了比较明显的合作意识和规则意识，游戏转向联合性和合作性的游戏，玩伴关系由比较松散的撮合到比较协调的、有规则约束的结合。游戏中争吵是常有的事，一般是为了争夺玩具或争演某个角色，也有的是为了使别的孩子服从自己。不过争吵的时间不长，也不会因此耿耿于怀。幼儿在这一过程中，逐渐形成了乐群、自信的性格。

3～6岁是幼儿良好性格形成的关键时期。性格是指表现在人对现实的态度和相应的行为方式中的比较稳定的、具有核心意义的个性心理特征；性格主要体现在对自己、对别人、对事物的态度和所采取的言行上。3～6岁形成的个性特征和倾向性是一个人个性的核心，虽然以后也能对其中一些不良个性特征加以改造，但往往只能是量的变化，除非客观环境、个体的亲身经历一次次出现极严重的转折，否则是很难改变的。

思考与练习

1. 4～6岁幼儿在动作发展方面有什么特点？

2. 4～6岁幼儿在语言发展方面有何特点？

3. 如何正确理解幼儿的想象力和创造力？

4. 为什么说3～6岁是幼儿良好性格形成的关键时期？

第二节
指导要点

教育孩子坚持自我。因为差异就是资源，差异就是优势。所以塑造一个独特的我、和别人不一样的我，体现出自己的核心竞争力。

童年是人类精神的工厂、创造的天堂。在这里，孩子们像哲学家那样去提问，像科学家那样去思考，像艺术家那样去创造。他们是想象和创造的巨人！未来的一切，将在这童年的无拘无束的想象中得以展现、得以创造。他们将在这“微环境的儿童剧院”中，尽情演绎着生命中最纯真、最美丽的华彩乐章！

4～6岁是幼儿习惯养成、智力开发、性格塑造的关键时期。早教师如何更好地开展好这一时期的教育呢？早教教师应注意把握以下几方面。

一、育儿理念

[一] 不争“第一”争“唯一”

未来的社会竞争日益剧烈，家长面临巨大压力和担忧，害怕自己的孩子比别的孩子差，长大了不能成就人生。忧心的家长觉得输不起，于是将孩子推向了竞争的前沿，不顾孩子能力、需求和爱好，急功近利，让孩子参加各种兴趣班，处处都让孩子争第一，考试要得第一，比赛要得第一，为的是帮孩子多挣一个砝码、一份前程。然而，很多孩子却屡试屡败、屡尝挫折。面对这种情境，作为早教教师，要注意引导孩子的观念，鼓励孩子不争“第一”争“唯一”。加德纳的多元智能理论也指出，每个孩子都有自己的智能强项。如若教育者能够帮助每个幼儿挖掘自己的强项，并促进幼儿强项的充分发展，那必然会培养出一个个有独特优势和特长的孩子。这是一种成功的教育。

[二] 儿童是想象和创造的巨人

未来社会，什么是最稀缺的资源？无疑，是具备创造精神和智慧的创新人才。钱学森在最后一次系统谈话《大学要有创新精神》中指出：“别人说过的才说，没说过的就不敢说，这样是培养不出顶尖帅才的……你是不是真正的创新，就看是不是敢于研究别人没有研究过的科学前沿问题，而不是别人已经说过的东西我们知道，没有说过的东西，我们就不知道。所谓优秀学生就是要有创新。没有创新、死记硬背，考试成绩再好也不是优秀学生……不创新不行。我们不能人云亦云，这不是科学精神，科学精神最重要的就是创新。”早期教育是根基教育，从小培养幼儿的创新意识，开发幼儿的创造智慧和创造精神，尤为重要。

[三] 赢在起点，胜在终点

早期教育的重要性已广为人们认同，家长、早期教育者精神抖擞，跃跃欲试，抓住幼儿潜能开发的关键时期，开展各种各样的教育，为的是争朝夕分秒，帮助幼儿赢在起点。商业炒作、家长的集体恐慌，让区区几岁的孩子过早背负了沉重的压力。正如北京理工大学教育研究所杨东平教授所说，不能让孩子输在起跑线堪称最成功的商业忽悠，造成了全社会教育价值、教育理念的失衡及对儿童的伤害。其实，起跑线上的争分夺秒只有对刘翔这种短跑选手才是重要的。对于孩子来说，人生是一场漫长的马拉松长跑，起跑早几秒、晚几秒，甚至早几圈、晚几圈都不是问题，“谁笑到最后，才是最终的优胜者”。如果在本该享受幸福童年的孩童期，就过早地透支了健康和心智，那也许等着孩子的只能是赢在起点，却输在了终点。因此，作为早教教师应该重在引导幼儿“赢在起点，胜在终点”，既要给予幼儿适宜的教育刺激，促进幼儿的发展，同时更要注重教育的可持续发展，为每个孩子的终生幸福奠定良好的基础。对于整个社会来说，每个幼儿的终生和谐、幸福、快乐，才是最重要的。教育的终极目标不是要打造一小批社会精英，而是要让每个孩子拥有最佳人生开端，并拥有最幸福的人生，这才是教育的最高境界！

二、工作技能

[一] 巧妙回答孩子的“十万个为什么”

孩子从3岁开始，就特别爱问为什么，这其实是孩子自主学习的一种方式。孩子的问题五花八门，往往遇到任何事物，都喜欢“刨根问底”。此时，也正是挑战成人耐心极限的时候，面对充满好奇心的孩子的“十万个为什么”，早教老师要注意以下几点：

1. 保护孩子提问积极性

对待孩子的提问，应该给予认真及时的回应，以保护孩子提问的积极性，并且鼓励孩子继续提出问题。早教师对孩子的提问在态度上给予肯定，能够保护孩子的好奇心和求知欲。保护好孩子的好奇心就尤为重要，一个有好奇心的孩子，才会形成主动探索和勤于思考的好习惯，才能在将来的学习和工作中有钻研精神。

2. 把握回答问题的技巧

答案应该尽量简短，符合孩子的思维、易于理解。比如，如果是涉及自然科学的问题，3岁左右的孩子对真正的答案还不能完全理解，家长可以给他一个能接受的“合理”解释。例如孩子问：“为什么晚上看不到太阳？”可以回答：“因为太阳是白天上班的，晚上它就回家睡觉去了。”

不直接告诉孩子答案，启发孩子观察思考答案。当孩子提出问题后，父母可以判断一下，如果问题不是太难，孩子通过自己的观察和思考，能找到答案的话，就不妨从启发和鼓励的角度，让孩子自己去找答案。自己找到答案的成就感能激发孩子深入思考和学习的兴趣。比如，孩子问：“红色和黄色在一起是什么颜色？”妈妈可以引导孩子，拿出红黄两种颜料，把它们混合起来，观察混合后的颜色。这样，孩子通过自己的实践找到了答案，不仅印象非常深刻，最关键的还提升了孩子对自己寻找答案的自信，非常有助于今后的自主学习。

不用成年人的惯有思维灌输孩子。面对孩子天真幼稚的问题，父母千万不能笑话孩子，不要用成年人的思考方式看待孩子的问题，更不要把成人世界的答案灌输给孩子，否则就会束缚孩子的想象力。

实事求是，不瞎编答案。孩子的问题五花八门，有时候很可能连父母都不知道。比如孩子问："妈妈，有哪些动物是白天睡觉，晚上出来的？它们晚上能看见东西吗？"当父母不能回答孩子的问题时，要注意两点：一是不能编造答案，欺骗孩子；二是不能含糊其辞，模棱两可。而是可以带着幼儿一起去图书馆或者上网查找答案。这个过程是非常有意义的，能够让孩子认识到，每个人都不是万能的，妈妈也有很多不知道的事情，但是，不知道并不是坏事，可以通过学习找到答案。

[二] 戏剧性童话式早教法

对于幼儿来说，一切都是"戏剧性童话式"。他们就是用"戏剧性童话式"来理解生活的。不是吗？在他们的眼里，一根棍子就是一匹马；头上落了一滴水就是倾盆大雨；随地撒了一泡尿就指着说"黑龙江"；早上睁开眼睛"汪汪！小狗起床啦！"——他们的童话剧就这样开幕了，一直要到睡觉闭上眼睛"妈妈给我讲故事"——大幕这才不情愿地落下。

"戏剧性童话式"早教法是以戏剧性的童话式的方法，使早期教育成为走进孩子心灵的时空通道，沿着这条通道我们玩吃饭、玩学习、玩艺术、玩有礼貌、玩守纪律、玩改正错误、玩心理角色转换，甚至玩睡觉。它将幼儿身边的小事，演绎成一则故事，帮助幼儿在"玩"中不知不觉地构建起一个阳光灿烂的人格雏形。把平淡的琐事戏剧化，孩子是天生的艺术家；把现实的生活童话式，儿童用童话来理解现实，成人用现实来创造童话。

"戏剧性童话式"早教法不仅能解决儿童"吃饭难""学习苦""管教累"的问题，而且能提升儿童的性格、心智力、自我调控的技术和心理调节水平。

【案例】

“戏剧性童话式”

（心然3岁8个月又2天）

我们一直在实验“戏剧性童话式教学法”，成绩斐然。

比如，让孩子们最最恐惧的练琴吧，每次，妈妈都会想出许许多多的戏剧性情节：

“哎呀，妈妈肚子里有小宝宝了，宝宝要听音乐呢。”于是你就兴奋了，不停地弹啊、弹啊……

“哎呀，对面楼顶上有那么多的麻雀，在看咱家的小姑娘练琴呢，它们说，从来没见过这么漂亮的小姑娘琴弹得这么好。”于是，你就精神抖擞，百练不厌……

不光练琴，还包括吃饭、读书、学英语、作数学、运动、游戏，你仿佛始终生活在虚构的童话故事里。只要醒着，你那个小脑袋里就充满着戏剧性的想象。

就说让大人最最头疼的吃饭吧，妈妈装作喊“小八哥，小八哥，我家小姑娘不爱吃饭，你快来吃了吧”，你便立刻扮成小八哥，嘴里还“叽叽喳喳”地叫着，拍着翅膀，飞似的跑到餐桌边，“啊呜啊呜”大口吃了起来。

过几天，又扮成“大灰狼吃小绵羊（把白米饭想象成是小绵羊）”，或者是“大吊车盖房子”。（因为你说：“吃饭是在肚子里盖房子，大便是在肚子里拆房子。”）否则就是“我不吃饭，我不饿”。

是否，我们在“戏剧性童话式”的道路上走得太远了呢？可你并没表现出不妥之处啊？你正处在最富有想象力的年龄，我们有什么理由限制你呢？我们清楚，这或许是场冒险的试验，会不会由此种下了浮夸虚幻的恶果呢？

午饭后，你突然指着楼梯下的“攀登柱”大叫起来（注：这是为女儿练习攀爬专门制作的柱子，在她1岁时就常常爬到柱子顶上，她的许多学习科目，都是头顶着天花板进行的）。

“有一只风筝挂在霓虹灯上啦！让我上去把它取下来，否则霓虹灯就要短路熄灭了。”

“不行！霓虹灯上有电，这样上去非常危险。”爸爸有点严厉。

“那怎么办呢？”你睁大眼睛望着我，在你看来，我是在做好事情啊？

“你应该马上打电话报告110的警察，请供电局叔叔来把风筝取下来。”

“妈妈，你快假装做供电局叔叔，开着抢救车来抢救。”你还特意提醒妈妈，“别忘了，还要批评一下放风筝的小朋友，有电线的地方不能放风筝。你们准备好了吗？我现在去打电话了。”

接下来，你又扮演警察，又扮演供电局的叔叔，还扮演批评小朋友的老师。

妈妈只能扮演放风筝的小朋友。

上周五，在春之声娱乐中心的“金色大厅”，面对空无一人的几百个豪华席位，你空手“握着话筒”宣布：“全世界的观众请坐好，现在，中国最有名的钢琴家，他的名字就叫‘郎朗’，开始表演。”接着，你就成了“郎朗”。

之后，你一会儿是主持人，一会儿是钢琴家：“现在是罗婷婷表演”，“现在是白雪表演”，“现在是……”你用你的方式，在那个金碧辉煌的大厅里，用那架雪白耀眼的大三角钢琴，举办了你的首场“钢琴独奏音乐会”。

我们不知道，你怎么能够编造出那么多的人名还有曲名。

和所有的孩子一样，你心中蕴藏着万千奇想，只要钻一个浅浅的小孔，你们天才般的创意就会喷薄而出，冲天万里。

看了《哪吒闹海》，真以为自己成了“哪吒”整天“发功不止”。

于是，爸爸就有了“发功管教法”。不好好吃饭吗？哈哈，你被我的功夫罩住啦！什么功夫？“见饭害怕功”，谅你再也不敢吃饭啦！

“胡说，我是哪吒小英雄不怕你的功，看我一口就能吃掉它。”

“五线谱就像茂密的黑森林”，好吧，这就有了“森林练琴法”。不肯练琴吗？妈妈把琴谱打开，“不好啦，不好啦，森林着火啦！”

“妈妈不要害怕，看我用钢琴来救火，我弹完一曲，就是救掉一片火，再弹完一曲，又救掉一片……”

“盖房子喽，盖房子喽，快把砖头运进肚子里……”这是吃饭；

“拆房子喽，拆房子喽……”这是大便；

“小贝比回到妈妈肚子里去啦！”这是钻进被子里睡觉；

“闭上眼睛，像蝙蝠那样在黑夜里旋转吧。”这是自我催眠；

斯坦尼斯拉夫斯基说：“没有不好的演员，只有不好的导演。”

我说：“孩子个个都是天才的演员；成人却少有合格的导演。”

罗丹说：“生活从不缺少美，缺少的是发现美的眼睛。”

我说：“生活从不缺少趣味，缺少的是充满趣味的心，成人的心。”

选自：沈以青《孩子早教蓝皮书》

[三] 做幼儿学习活动的“四者”
——支持者、合作者、引导者、学习者

《幼儿园教育指导纲要（试行）》指出：教师在教育过程中应成为幼儿学习活动的支持者、合作者、引导者。

所谓支持者，即在教学过程中，教师要善于观察、分析幼儿的言行，关注幼儿的经验与需要，抓住最佳教育契机，给幼儿适宜的支持，推动幼儿的发展。

所谓合作者，即在教学过程中，教师要放下老师的“架子”，走进幼儿的游戏世界，与幼儿展开合作游戏，成为幼儿的好“搭档”，为幼儿的成长助力。

所谓引导者，即在教学过程中，教师应在尊重幼儿认知水平、发展特点的基础上，给予适宜的引导，让幼儿在自己的最佳起点走得更远、走得更快。

【案例】

我们的空竹小老师——壮壮

为弘扬中华传统文化，让中华技艺在孩童中生根、发芽，我园将抖空竹作为园本的特色课程之一。要开课了，难事出现了。我们班的老师没有一个会抖空竹，这可怎么办？请其他机构专业老师授课，还是放弃这个课程？我们犯难，难以抉择。偶然的一次，壮壮小朋友带来一个空竹。老师很惊讶：“呀，

你会抖空竹啊？”壮壮很兴奋：“当然！”当即壮壮给小朋友们“秀”了一把！哇，不看不知道，看了好惊讶——壮壮抖得有模有样、专业，棒极了！原来，壮壮是和自己的爷爷学的，他爷爷可是个空竹“发烧友”啊！

当仁不让，壮壮小朋友被推选为我园的空竹教练，老师和小朋友成为他的小学生。小朋友们个个热情高涨，纷纷买了价格不菲的空竹，每天一有时间就在壮壮小朋友的指导下练起了空竹！壮壮可不负众望，不光“秀”得漂亮，一招一式，指导也很到位、有模有样！没过多久，老师和小朋友果真学会了抖空竹，虽还比不上空竹教练壮壮那么专业，但也是入门了，我班空竹师资缺乏的问题也迎刃而解！

上述案例启发我们，教师的角色，除了支持者、合作者、引导者以外，还应甘当幼儿的学生。当然，不光是向幼儿学习某些技能，更重要的是走进幼儿的心灵世界，向幼儿学习无拘无束地想象和创造的方法。

[四]“玩”出智慧“玩”出创造

4岁的乐乐是个活泼、可爱的小男孩。他右手拿着一把勺子，左手拿着妈妈的真丝围巾，爬在客厅的地上，口中念念有词：“向左、向左。”接着，右手中的勺子把转向了左边：“前面是什么？地图、地图！”他把左手中的围巾铺在面前，小小的手指认真地在“地图”上指来划去，仿佛是一位身经百战的将军在研究作战计划。突然，乐乐拿起围巾盖在头上：“下雨了，撑伞！”

游戏就是幼儿的生活。儿童是天生的哲学家、思想家，是世界的探索者、“发现”者。在儿童高速运转的大脑中、在儿童“玩”的游戏中，“历史”正在被创造着。心理学家邓斯克认为，小孩子在游戏中的“假装”会大大促进他们的发散思维。乐乐假装自己在开坦克，可坦克是根本不存在的，只是在乐乐的头脑中有一个象征的坦克在；他面前的山以及下雨都是同样的道理，都是乐乐想象出来的，这种发散性的思维是创造力发展的重要因素。要知道，创造力不只与智力发展水平有关。智力发展水平相同的人，创造力不一定相同。创造力，可以说是一种人格特征，是一种乐于探索的精神。

为帮助幼儿“玩”出智慧，“玩”出创造，早教师应该带领幼儿玩一些想象、扮演、创造游戏，引导幼儿在游戏中，在玩乐中，发展想象能力和创造智慧。

神奇的飞毯之旅：和幼儿坐在一块柔软的毯子上，然后问他们想去那里，鼓励幼儿展开想象，思考各种想去的地方。

猜猜是谁：想着一些动物、东西或者我们认识的人，想出和这些相关的提示。比如想着熊熊，说，“我非常柔软，我喜欢让人抱着我。”通过各种提示，引导幼儿去猜。

拼图片游戏：从杂志上撕下一张图片，然后把大的图片撕成大块儿，给每个孩子一人一块儿。每个孩子把拿到的图片粘到一张纸上，然后他们就用蜡笔或彩色笔把图片缺少的地方涂好。等每个人都画完的时候，可引导幼儿来看图编故事。

思考与练习

1. 早教教师应以什么样的态度和方法应对孩子的提问？

2. 什么是戏剧性童话式早教法？早教教师在教育活动中应该如何运用它？

3. 在教学过程中，早教教师如何扮演好“四者”的角色？

4. 怎样引导幼儿通过游戏发展他们的想象力和创造力？

第三节
饮食营养

4～6岁儿童的年龄特点所表现的生理和心理发展决定了对膳食的要求。他们新陈代谢旺盛，活动量增大，消耗能量也多，而且为满足成长，摄入的能量应略大于消耗的能量以支持生长需要，所以愿意进食，食量增大。儿童味觉灵敏、食欲好，消化道功能已适应多种主、副食品，消化能力有所提高并趋于稳定。

学龄前儿童所需的能量及营养素来自食物，只有通过每天摄食不同品种的主副食才能满足这些需要。这就是遵照平衡膳食的原则，既注重食品的摄入量，还要合理搭配这些食品，才能取得较好的增进营养和促进健康的效果。为儿童编制日常食谱是达到实施平衡膳食目的的最好办法。

一、儿童膳食安排

[一] 儿童膳食要求

4～6岁儿童好奇心强，喜欢花样多变的食物，尤其受食物色彩及外形的影响。为此要做好膳食安排：

- 首先要做到食品多样化，一周七天的饭菜花样尽量不重复或少重复。
- 食品的制作方法力求精致讲究，刀法多变、图案整齐一致，如炒三丝、炒三丁等。

- 除蒸、煮、煨、炖外，还可多参用“炒”菜、“烙”饼、“炸”糕、“溜”里脊、“溜”鱼片等多种烹调方法，以激发儿童的食欲。
- 讲解食物对身体的好处，启发、引导儿童主动进食。儿童年龄愈小愈喜欢经常吃的食物和最熟悉的食物。对复杂的拼盘食物感到杂乱，会没兴趣，甚至不敢尝试。儿童年龄愈大愈喜欢多变换的新鲜的面点和菜肴。即使对某种食物不愿吃，经过成人说理引导，认识到该食物对自己健康的功用后，一般也能逐渐改变态度愿意尝试。

在调配食物品种方面，也要注意：

- 少吃甜食。
- 倡导清淡汤、菜。
- 常吃含膳食纤维较多的粗粮、蔬菜和水果，以帮助儿童建立稳定的肠道微生态环境，增进健康并保持每天大便通畅。
- 经常安排一些钙、铁、锌等矿物质含量高的食物。
- 少吃坚硬、难啃的硬果。
- 少用带刺激性的调味品如花椒、姜、辣椒等。

[二] 能量及营养素的供给量

为儿童所提供的膳食应当能满足其对能量及营养素的需要：

4岁、5岁及6岁的儿童每日能量的推荐摄入量：男童分别为1450千卡、1600千卡、1700千卡；女童分别为1400千卡、1500千卡、1600千卡。

膳食能量构成比：以中国营养学会关于三大产能营养素的推荐摄入量为基础，参照中国居民膳食模式及生活习惯，4～6岁儿童膳食能量的构成比分别为蛋白质12%～14%，油脂25%～30%，碳水化合物56%～63%。

一日内餐点的热能分配：早餐30%、午餐40%、午点5%及晚餐25%。

各种食物的参考摄入量：选用应季时令副食菜蔬进行配膳，并观察儿童食用效果。食物参考摄入量，参见下表。

4～6岁每日食物参考摄入量

食物名称	单位	4～6岁
谷类（粗、细粮）	克	150～250
豆类、豆制品*	克	25～35
肉类（禽鱼肉肝血）	克	100～125
蛋类	个	1
奶类	毫升	250～350
豆浆	毫升	250～350
蔬菜	克	150～250
水果	克	50～75
植物油	克	10～15
食盐	克	1.5
食用白砂糖	克	10～15
零食或小糕点	克	15～20

注：*以50克干黄豆为基数，可换成相应豆制品的重量

蔬菜中至少有1/2是绿叶菜、或2/3是橙黄绿色菜。

二、平衡膳食宝塔的应用

为便于理解和应用，我国营养学会将日常膳食中各种类别的食物按其功能不同予以分类呈列，并标明儿童用量范围，用我国传统构型的宝塔形式予以陈述，以便于家长参考应用。建议中的平衡膳食宝塔共分5个部分，各部分分别列出每天所应进食的食物类别。宝塔各部分的位置和体积有所不同，形象地反映出各类食物在膳食中的位置和相应的比例。各类食物的摄食量在成人是相对稳定的，而对于儿童，可因其年龄不同有较大的差别。因而在各部分中所注明的数量是指同类食物可互相换用的相对当量，而不是指某一种具体食品的绝对重量。

宝塔顶端的部分是提供能量的食物，包括糖和油脂类，两者也是人体结构性物质的重要来源。宝塔向下的第二部分及第三部分是提供组成机体各组

织、脏器蛋白质、脂质的来源，是必需氨基酸、必需脂肪酸的来源，是功能性肽类及脂质的来源，也是能量的来源。再向下的第四部分是矿物质和维生素的主要来源，也是完善机体功能的重要生理活性物质的来源。最下部分包含为机体提供能量的最主要的物质，这部分结构也是具有生物活性的功能性物质，并参与机体组织结构的组成。

膳食宝塔示例可参见下图。

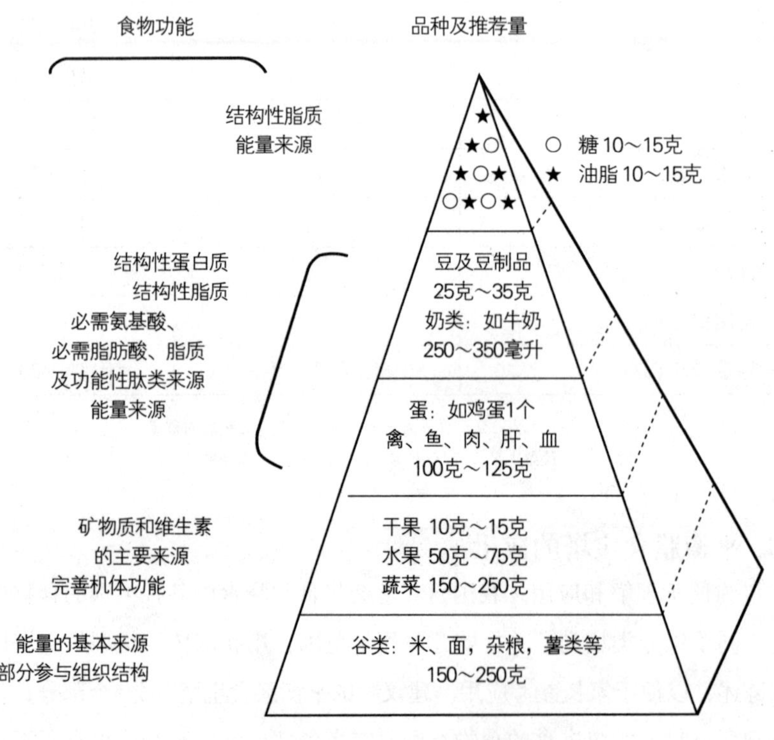

图 4～6岁儿童平衡膳食宝塔图

三、儿童一周食谱举例

学龄前儿童所需的能量及营养素来自食物，只有通过每天摄食不同品种的主副食才能满足这些需要。这就是遵照平衡膳食的原则，既注重食品的摄入量，还要合理搭配这些食品，才能取得较好的增进营养和促进健康的效果。为儿童编制日常食谱是达到实施平衡膳食目的的最好办法。

可结合这个年龄段儿童的需要和家庭的膳食习惯，考虑到当地菜蔬的季节性，结合主副食来变换日常三餐的花样品种，以取得调配儿童食谱的效果。现示例如下，参见下表。

表 4～6岁儿童一周食谱举例

	早 餐	午 餐	午 点	晚 餐
周一	肉末咸菜丁、麻酱甜花卷、大米小米粥	蒸肉丸蛋羹、小萝卜白菜豆腐汤、软饭	牛奶或豆浆250毫升 苹果1个	炒三丁（猪肉、胡萝卜、土豆）、金银糕、菜粥
周二	卤猪肝 三色糕 红枣粥	胡萝卜白菜莴笋丝、炸酱面（瘦肉、香干、虾米酱）	牛奶或豆浆250毫升 橘子1个	番茄炒鸡蛋、千层饼（加果酱）、麻酱小米粥
周三	五香豆腐干 菠菜蛋花面片汤 果丁窝头	腐竹炒芹菜、土豆烧牛肉、小萝卜莴笋汤、大米饭	牛奶或豆浆250毫升 香蕉1只	炒三丝（猪肉丝、鸡蛋、皮丝、绿豆芽）、豆沙包、大米粥
周四	酱豆腐 红枣玉米面粥 开花馒头	水饺（猪肉、芹菜、韭菜、海带、鸡蛋、虾皮）	牛奶或豆浆250毫升 鸭梨1个	肉片炒莴笋、小萝卜虾皮豆腐汤、大米饭
周五	盐水花生米 麻酱糖火烧 小豆红枣粥	素炒油菜、红烧鱼块、莴笋小萝卜骨头汤、大米饭	牛奶或豆浆250毫升 苹果1个	包子（猪肉鸡蛋黑木耳、胡萝卜白菜虾皮）、小米粥
周六	凉拌腐竹、果酱包、挂面（鸡蛋、黄瓜、菠菜）汤	素炒菜花、炖（土豆、海带、番茄）、排骨大米饭	牛奶或豆浆250毫升 葡萄 50克~75克	卤鸡蛋、麻酱馒头片、馄饨汤
周日	豆浆250毫升 酱牛肉 炸油条	肉菜（瘦肉、香肠、油菜、豌豆、莴笋）焖饭、番茄豌豆汤	红豆汤 京白梨1个 小米粥	番茄鸡蛋、豆腐、刺猬麻酱包

注：早餐可外加适量时令新鲜水果或蔬果

思考与练习

1. 4～6岁儿童的膳食有哪些要求？

2. 什么样的膳食才能满足儿童对能量和营养素的需求？

3. 简述4～6岁儿童平衡膳食宝塔图的组成部分。

4. 在日常生活中，如何应用平衡膳食宝塔？

第四节
生活护理

培养儿童有生活自理的能力，使儿童既养成了好的生活习惯，又收获了自信，教孩子“我能行”。

有效洗手，是预防消化道传染病和空气飞沫传染病的重要措施。

从一开始学刷牙，就要用正确的方法。

饮食自护（防烫、防扎、防呛、防噎等），是“吃”的基本功，也是食育的重要内容。

排便水平分三级（初级、中级、高级），有规律地排便为高级。

一、暑天要加固皮肤和肠道屏障

[一] 汗闭，使毒素排出不畅

如今，在夏季，家庭中使用空调的很普遍。孩子在清凉世界中舒适、惬意。然而，久居其中，不需要通过出汗来调节体温，人体自身的“空调”闲置，一旦在户外待的时间长些，就可能发生该出汗时出不来汗的状况，也就是“汗闭”。

人体代谢产生的毒素经三个途径排出体外：尿、粪便、汗。汗闭，导致一部分毒素排出不畅。

别把空调设定得温度过低，早、晚停空调，开窗通风。每天安排1小时左右的户外活动。

[二] 肠道强，抗病能力强

呼吸系统和消化系统似乎是两个互不相干、各自独行的系统。然而，祖国医学中有“肺与大肠相表里”之说，认为肺与大肠通过经络的联系，互为脏腑。肠道强，呼吸道及肺也强。

- 欲使小儿肠道强，暑天要格外注意饮食卫生，把住病从口入这一关。因为一旦得了肠炎、细菌性痢疾等传染病，有害的致病菌会破坏肠道原有的菌群平衡，不仅腹泻会大伤元气，还会因为肠道屏障被破坏，整体的免疫力下降。
- 除了注意饮食卫生，可以通过饮食扶助肠道的有益菌。比如，每天喝杯酸奶，酸奶里有活性乳酸菌。双歧杆菌也是有益菌，它以“水苏糖”为食物。大豆、玉米、芝麻、洋葱、芦笋、全麦面包等含较多的“水苏糖”，让这些食物多在餐桌上露面。暑天，要特别管好孩子的“饮”。早晨起床后、午睡后、两餐之间和户外活动后，要提醒孩子喝水，不要渴极了，暴饮一通。
- 要让大便通畅。古人说，排便似“河道行舟”。行舟要有动力，这动力就是可刺激肠道蠕动的膳食纤维。同样是“菜”，黄瓜、苦瓜、丝瓜、茄子等瓜茄类，膳食纤维不如叶菜类多。“垃圾”能日产日清，可免肠内浊气伤肺。

二、会穿脱衣服、鞋、袜

鼓励并教会儿童自己会穿脱衣服、鞋、袜，是生活护理中的重要环节。方法是反复练习，熟记程序。

[一] 穿脱衣服的程序

1. 举例：穿开襟上衣

分辨里外和前后；双手抓住衣领向后甩，将衣服披在肩头；用手攥住内衣袖子，穿外衣袖子；翻好衣领，将衣服的前襟对齐；系扣子，可自上而下进行；认真检查扣子是否一对一地系好，领子是否翻好，是否平展。

2. 举例：脱开襟上衣

脱开襟上衣应先将扣子解开，然后从背后注意拉掉两只袖子。较小儿童在解开扣子后，可由成人将其袖子脱下。

3. 举例：穿脱套头衣服

穿：将头钻入领口，将衣服正面转到胸前，找到两只袖子，并一一穿上；

脱：先将两只袖子脱掉，再钻脱领口。

4. 举例：穿裤子

辨别前后；双手提住裤腰；先伸进一条腿，再伸进另一条腿；提裤子；将内衣塞进裤子。

冬季应检查是否穿好了，防止儿童将腿伸进外裤和毛裤之间。还应检查男孩是否将裤子的前后穿颠倒了。

[二] 穿袜子的程序

· 分辨袜子的不同部位，如袜尖、袜底、袜跟、袜筒；

· 手持袜筒，袜尖朝前，袜底在下；

· 将袜筒推叠到袜后跟，往脚上穿，先穿脚尖，再穿脚跟，最后提袜筒。

要检查是否将袜跟穿在脚面上了。

[三] 穿鞋的程序

· 分辨左、右鞋，并将左、右鞋放正；

· 两脚分别穿上鞋，用手提鞋跟；

· 系鞋扣或鞋带。

要检查是否穿对了左、右鞋，鞋扣、鞋带是否系好。

三、掌握正确的洗手方法

[一] 洗手是预防传染病的重要措施

手不仅是传播消化道传染病的媒介，也是传播呼吸道传染病的媒介。家长外出回到家，第一换外衣，第二洗手，然后再接触孩子，避免把病毒嫁接到孩子身上。还要教会孩子有效洗手。

另外要纠正孩子吃手的毛病。不靠吓唬、不靠打，要让孩子有的可玩，手不闲着。最为重要的是，为孩子的成长创设一个温馨、安全的环境。孩子吃手，往往是无聊时间用以解闷儿；或受惊吓后，聊以自慰。

[二] 教会孩子有效洗手

1. 知道什么时候该洗手

① 饭前、便后；

② 户外运动、玩耍后；

③ 擤过鼻涕后；

④ 做完扫除后；

⑤ 接触钱币后；

⑥ 乘坐公共交通工具后。

2. 四步洗手法

① 在水龙头下把双手淋湿；

② 在手掌上涂抹肥皂或洗手液，然后反复搓揉双手的手心、手背、手腕、指尖、指头之间的缝隙；

③ 在流动水下将手冲洗干净；

④ 用干净的个人专用毛巾或一次性纸巾擦干双手，也可用自动干手器把湿手烘干或自然风干。

3. 错误的洗手法

① 只用湿毛巾擦手而不洗手；

② 用盆水洗手；

③ 只用清水洗手，不使用肥皂、洗手液等清洁用品；

④ 马马虎虎搓洗双手；

⑤ 和别人共用毛巾擦手。

四、掌握正确的刷牙方法

选用儿童保健牙刷，这种牙刷的刷头小、刷毛较柔软。早晚各刷一次，晚上刷牙后不要再吃东西、喝奶。

[一] 刷牙程序

① 将牙刷在水杯内浸湿；

② 挤上适量牙膏；

③ 用水杯里的水漱口；

④ 先刷门牙，后刷两边。上排牙从上往下刷，下排牙从下往上刷，即竖刷法（切忌横着刷）；里里外外都刷到，大约三分钟；

⑤ 接水漱口；

⑥ 把牙刷冲干净，刷头朝上放入口杯中。

[二] 让孩子爱刷牙

① 培养兴趣。让孩子自己选购他喜欢的卡通漱口杯、儿童牙刷、牙膏；

② 陪刷陪练。大人示范正确的刷牙方法。有家长陪刷，不仅能学到方法，还容易坚持。

③ 不断强化。当孩子不用提醒就主动去刷牙时，给予鼓励，强化好行为，但强化物不选糖果。

孩子对着镜子看到白白的牙齿，是一种自我强化。

五、减少室内噪音

家，应该是充满爱的环境，应该是平等和谐的环境，应该是没有强噪音的环境。

为孩子营造最佳的家庭环境，不仅有益于孩子的身体健康，也有益于孩子的心理健康。

减少家中的噪音，把电视、音响的声音调低些（虽然大人听着音量合适，噪音可达80分贝）；给孩子买的玩具不要有强噪音，电动玩具、发响玩具要选择噪音小的；大人之间莫为小事争吵；批评孩子也不用把噪音提高八度；过节大人在家打麻将、玩扑克，热闹一阵就行了，时间别太长。以上种种看似“小事”，却可以预防噪音对健康的危害。

六、让儿童学会饮食自护

防烫、防呛、防噎、防戳、防扎、防过敏、防中毒，这些都是孩子应该掌握的饮食自护能力，也是安全的“基本功”。

[一] 防烫

喝水前，先用手指轻轻摸摸杯子，不烫手再喝。喝汤，要等汤品的热气下去，用勺舀一点尝尝温度再喝。刚出锅的油炸食品、鸡蛋羹、热豆腐等，吃前先吹吹，小口尝试温度，不要上来就一大口。

[二] 防呛

呛，是指食物误入气管。若边吃边嬉笑打闹，负责在吞咽动作时盖住气管入口的“会厌软骨”就会“失职”，使食物滑入气管。吃就专心吃，不可边吃边玩。

[三] 防噎

噎，是指食物堵在食管里或卡在咽喉处，上不来、下不去。常发生于大口吞食年糕、粽子、果冻、香蕉等黏、滑的食物。一大团东西若卡在食管里，食管的前方是气管，气管受压，呼吸困难，险象顿生。小口、慢咽，可以防噎。

[四] 防戳

吃带钎子的食物，比如羊肉串、糖葫芦等，最怕正吃着，手被碰，戳着嗓子。在人多拥挤的地方，别忙着吃，安全第一。还有一种情况，把筷子放在嘴里叼着，既不雅观又危险。

[五] 防扎

3岁前，鱼去刺、肉去骨、枣去核。3岁以后要教孩子吐刺、吐核、吐骨。嘴里含着饭菜，咽下后再夹鱼。单吃鱼，容易吐刺。

[六] 防过敏

若孩子是过敏体质，要时时叮嘱，不要吃外人给的食物，不要自己买零食吃。如果是对花生过敏，许多糕点、冰糕等都含有花生的成分，要把该“忌口”的食物给孩子说清楚。

[七] 防中毒

不把花花草草叼在嘴里，也别叼铅笔。教会孩子，通过闻、看、摸，辨别食物是否腐败变质。最好学会看食品保质期和出厂日期。即使现在不会看，也知道买食品时看保质期和出厂日期是必需的程序，长大要学会看。

七、让排便水平升级

[一] 排便的初级水平——边吃边拉

婴儿似乎是“直肠子”，上面吃着，下面拉着。这源于两个生理现象：①“胃-结肠反射”，食物入胃，反射性地引起结肠蠕动，把粪便推向直肠；②大脑不能控制肛门括约肌，便至即排。

[二] 排便的中级水平——随意排便

儿童的排便水平已升至中级。粪便到了直肠，有了“便意”，大脑可以决定是开放肛门括约肌（排出），还是收紧肛门括约肌（憋住不排），即“随意”。

处于这种水平，可能出现两种不好的结果：1.因贪玩，有“便意”了还在“忍”，“忍了又忍”，最终饱受便秘之苦；2.由于“忍”的能力有限，会因内急，在不合适的时间、场合，跑厕所。

[三] 排便的高级水平——规律排便

上小学以前，若能提升到这种水平，就不会出现正上着课、正做着操，非要跑厕所的尴尬局面。

让孩子晚上早睡一会儿，早晨早起一会儿，有从容的时间吃好早饭，然后如厕排便（胃-结肠反射虽不及婴儿期强烈，但仍可利用）。关键是，不带玩具、不带画书，两手空空，无可分神之物。没结果，过10分钟左右起身，也算培养感觉。

天天如此，定会把“随意排便”调整为在合适的时间、地点，有规律地排便。

八、培养良好的睡眠习惯

[一] 按时睡眠、按时起床

起居有常，节假日也无例外。培养儿童独立入睡。不蒙头睡、趴卧、跪卧。

[二] 夜间磨牙，寻找诱因

认为“磨牙是因为有蛔虫”，证据不足。经常磨牙应去口腔科检查有无牙齿排列不整齐、上下牙咬合关系不正常等异常。

[三] 提高睡眠质量

孩子做噩梦，常与以下因素有关：临睡前，用“吓唬”的办法让孩子闭眼或给孩子讲恐怖的故事；晚饭太油腻、过饱；熬到很晚才睡，打破了睡眠规律。

思考与练习

1. 什么是汗闭？暑天如何让儿童体内的毒素排出？

2. 暑天如何加固儿童的肠道屏障？

3. 如何让儿童学会穿脱衣服、鞋、袜？

4. 有效洗手的方法是什么？

5. 有效刷牙的方法是什么？如何让儿童养成刷牙的好习惯？

6. 为什么要培养儿童有规律地排大便？

7. 为什么要教会孩子“饮食自护”？

8. 如何培养儿童良好的睡眠习惯？

第五节
身心健康

儿童时期为耳疾的多发年龄段，不能放松对听力的监测。

5岁左右，眼睛的视力由“生理性远视”发育为“正视”，紧接着“预防近视”就提上了日程。

流行性脑脊髓膜炎（简称流脑），早期常被家长认为是感冒。掌握一些要点，有助于早就医。

哮喘被视为顽疾，它与过敏性鼻炎有“缘”。

意外事故并不意外。撑起安全这片天，需要“四根支柱”。

说儿童“口吃”、“偷东西”，常是误判；遗尿不等于遗尿症。

一、听力监测不能放松

[一] 影响听力的常见耳疾

1．“化脓性中耳炎”

“化脓性中耳炎”，俗称闹“耳底子”，只要坚持治、治彻底，一般不会影响听力。关键是治彻底，断断续续用药，由急性病转成慢性病，听力就会受到影响。

2．“非化脓性中耳炎”

“非化脓性中耳炎”又称“卡它性中耳炎”，症状隐蔽却影响听力。病因是耳咽管堵塞了（耳咽管是从鼻咽部通向中耳的管道）。

婴儿时期，耳咽管短且宽，所以鼻咽部的脏东西容易进到耳咽管里（比如，把鼻子全捂上，用力擤鼻），使耳咽管发炎、堵塞。

“非化脓性中耳炎”和“化脓性中耳炎”的最大区别是：不发烧、耳朵不疼、不流脓，却明显影响孩子的听力。孩子比以前“爱打岔”、“常走神”，喜欢重复问话，所答非所问，辨别声源不准确，喜欢把电视的声音开得挺大等等。

3. 感音性聋

① 什么是感音性聋

耳聋，可以分为传导性耳聋（病变主要在中耳，影响了声音的传导）、感音性耳聋（病变主要在内耳，影响了耳蜗的感音功能）；还有混合性耳聋（兼具传导性与感音性聋的特点）。

婴儿是传染病的易感者。一些传染病，如猩红热、腮腺炎、流脑、流感、麻疹等都有可能损伤耳蜗，引起感音性聋。

婴儿抵抗力差，多病，因此用药多，接触到“耳毒性药物”的机会也多。

婴儿的表达能力差，一旦出现听力下降或“耳毒性药物”引起的一些症状，不会表达。往往在听力受损已十分严重时，家长才察觉。

② 预防感音性聋

接种疫苗和预防空气飞沫传染：除了猩红热之外，腮腺炎、麻疹、流感、流脑等传染病都可以通过预防接种来预防。另外，上述传染病有个共同的传播途径：飞沫传播。保持居室空气新鲜，经常通风是阻断飞沫传播的有效措施。

警惕“耳毒性药物”，认识它，远离它。耳毒性药物，一般是指链霉素、庆大霉素、卡那霉素等抗生素。对于婴儿，尤其要慎用庆大霉素。“耳毒性药物”致聋，与个体对这类药物的毒副作用是否敏感有关。对敏感者来说，一两针就能致聋；对不敏感者来说，则可能相安无事。若家族中有人因药物致聋，说明这个家族很可能具有对耳毒性药物的“敏感基因”。带孩子就医时，一定要把“家族史”告诉医生。此外，切忌“重复用药”。孩子生病，大人常常是几天之内带着孩子跑多家医院，存在着重复用药的可能。若接连用了不止一种“耳毒性药物”，对耳蜗的损害就会加重。如果确实有必要换医院，在就诊时要告诉医生，曾用过什么药。

捕捉蛛丝马迹，早就医。比如，耳毒性药物对耳蜗的损害，早期可表现为耳鸣、口唇发麻，继而引起食欲减退、烦躁、睡眠不安等症状。如果孩子说“嘴疼”，并没长口疮，却有过打XX针的病史，应想到很可能是“嘴麻”的原因；情绪烦躁又找不出原因，很可能是耳鸣引起的。出现可疑听力受损害的现象，要求助于医生。

[二] 听力监测伴随婴儿成长

若孩子开口迟，莫信“贵人语迟”，先聋后哑是规律。

遇到孩子生病发高烧、患呼吸道传染病等，更要关注孩子的听力有无变化，如果出现爱打岔，听不见耳语声等变化，早就医。

二、莫把流脑当感冒

冬、春季是流行性脑脊髓膜炎（简称流脑）的多发季节，一旦患上流脑需分秒必争，早就医，早脱离危险。

孩子得的是流脑，却往往被家长认为是感冒，等到孩子抽风不止、昏迷不醒了，才赶紧去医院。为了早发现疾病，家长应该了解流脑的早期症状。

- 突然高烧、寒战，头疼得厉害。缺少流鼻涕、打喷嚏、咳嗽等感冒的症状。
- 吐得厉害，而且是没感到恶心，就一下喷吐出来，吐完也不觉得舒服。感冒是先恶心，待吐出来就舒服了。
- 精神极差，表现为嗜睡，虽然能被叫醒，但很快又迷迷糊糊了。
- 在发烧几个小时以后，在病孩儿的肩、肘、臂等皮肤受压的部位，可以发现一些暗红色的出血点，用手压上去，不会退色。皮肤上有出血点，这是流脑的症状，感冒没有。

预防流脑，最重要的有三点：接种流脑疫苗；少去人多的场所；居室经常通风。

三、远离哮喘

哮喘全称为支气管哮喘，它是一种由过敏源或其他因素引起的慢性过敏性支气管炎症。其特点为发作性胸闷、咳嗽和带哮鸣音的呼气性呼吸困难。有相当多的患者起病于3岁前。发病初期，病变有一定的可逆性，所以防、治哮喘的关键期为婴儿期。

[一]“小喷嚏虫”，要预防发展为哮喘

目前，国际上公认的理论是：过敏性鼻炎与哮喘是同一气道、同一类的疾病。上面的气道（鼻）过敏；可以诱使下面的气道（支气管）也过敏。

据统计资料，哮喘病人，伴有过敏性鼻炎的约占病人的70%左右。

[二]认真查找过敏源

如果孩子是“小喷嚏虫”，要认真查找过敏源。

在花粉浓度高的季节里，孩子在户外玩，喷嚏连连，可能对花粉过敏。在花粉密度大的天气，少外出。

家长在家抽烟，就打喷嚏，那是因为吸入了二手烟。

一挨枕头就打喷嚏，查查枕头的填充物是什么？若是鸭绒的，应该换枕芯。坐在地毯上玩，如果流清鼻涕，八成是尘螨作怪，应该撤去地毯。

有以上症状，最好到医院变态反应科去做相关的检查。除了尽量找出并清除过敏源，还要坚持给“小喷嚏虫”治疗过敏性鼻炎，预防日后并发支气管哮喘，莫让“小病”变“大病”。

四、说儿童“口吃”、“偷东西”，其实常常是错误判断

[一]“发育性口齿不流利”不是“口吃”

举个例子：明明刚1岁多就会说什么“再见”、“喝水”等常用的词了。

一转眼的工夫，明明3岁了。遇到让他兴奋的事、激动的事，嘴张开半天却吐不出一句整话来。坏了，明明口吃了。这边孩子刚一张嘴，家长那边就提醒“别结巴”。从此明明的语言功能发生了质的变化，那就是没开口之前先紧张上了，真正具备了口吃的心理状态。

说明明“口吃”，那可是误诊。随着孩子见多识广，思维有了质的飞跃，想表达的也就多起来。但是，在运用大脑库存已有的词的时候，有时拿不准该用哪个词，这一迟疑，就会出现磕巴。这种现象的正确诊断不是“口吃”，而是“发育性口齿不流利”，用两句话来概括：思维超前，表达滞后；虽然磕巴，但不紧张。

此时，若家长显现出焦虑的表情，语气中流露出担心，甚至训斥，就会导致孩子没开口，就预想“我会磕巴”，这种“心理预期”的出现，是步入真正“口吃”的标志。

[二]“顺手牵羊”，不是“偷”

孩子从儿童园“牵”回了一支彩笔，从小朋友家“牵”回了一个玩具汽车。如果留意一下他们的眼神，那眼神里只有兴奋，没有躲闪。因为在他们的头脑中，还没有“偷”的概念。这些东西好玩，没玩够，拿回家接着玩，就这么简单、单纯。

面对“顺手牵羊”的现象，家长要做的几件事：

- 领着孩子，物归原主，道歉。让孩子知道这种行为不对。
- 耐心地、温和地讲解“所有权”，加深“所属”概念。分清“自己的”和“别人的”。
- 多提供与小朋友交往的机会，从中学会交往的技巧。比如，交换玩具，借用玩具，一起玩，你先玩我后玩等等，既达到了玩的目的，又符合游戏规则。
- 进行“移情教育”，“己所不欲，勿施于人”。自己的玩具丢了会伤心；小朋友的玩具丢了也会伤心。
- 榜样的力量是无穷的。孩子看到的远比听到的印象深刻得多。

· 不要对孩子说“想要这玩具，告诉妈妈，妈妈给你买”。欲望无法填满，何况孩子的心理：自己手里的变形金刚，有时不如别人手里的狗尾巴草好玩。大人永远猜不透。

[三] 精神性尿频不等于遗尿症

一些新入园的小朋友，老觉着“有尿了”，到了厕所尿不出多少，却常常没进厕所已经尿湿了裤腿。

尿频、尿急，但是不发烧，化验尿液也未发现异常，只因精神因素引起，被称为“精神性尿频”。精神性尿频不等于遗尿症。

“遗尿症”是指儿童在5岁或5岁以后，仍不能控制排尿，经常夜间尿床，白天尿裤。“经常”是指，5岁，每月至少有两次遗尿；6岁，每月至少有一次遗尿，且历时半年以上。

“精神性尿频”，白天排尿次数增多，但夜间不尿床。精神不紧张了，尿频的现象也就没有了。

五、撑起“安全”这片天

一些学者通过对“意外伤害”的长期研究后，得出这样的结论：“意外”的发生并不完全是偶然的，大多数“意外”可以找出直接或者间接的原因，进而强调，撑起“安全”这片天，需要四根支柱：“安全意识”、“安全教育”、“安全措施”和“急救知识”。

[一] 第一根支柱——家长的安全意识

据统计，儿童发生意外伤害，最多的还是在家里，家长对潜在的危险熟视无睹，是最大的隐患。

作为家长，要时时处处想着家里有位“探险家”、“摆弄迷”，而且到手的东西都想“尝尝”。要打造一个零风险的家。

[二] 第二根支柱——对孩子进行安全教育

以孩子的眼睛看世界：汽车亮着前灯，那是“汽车伯伯瞪大了眼睛”，既然有那么大的眼睛，当然能看到过马路的小朋友。这就是对车辆不设防的心理。

孩子稚嫩的肌体、幼稚的思维、强烈的好奇心、冲动的行为，都使意外伤害成为悬在他们头上的一把利剑。

家长应该教给孩子种种有关自我保护的知识和技能，平日的点滴积累或“演习”，到关键时刻真能管用。

[三] 第三根支柱——必要的安全措施

年轻的夫妇，不妨坐下来，订一份《家庭安全公约》，另外，努力营造和谐的家庭氛围。

有个公约，相互提醒，随时补充，使安全措施跟得上儿童的身心发展。

[四] 第四根支柱——有备无患的急救知识

红十字会经常举办初级急救员培训班，去学学急救知识，这是不分职业的生存知识。

发生一氧化碳中毒，当务之急是让中毒者吸到新鲜空气，而不是灌醋；

伤者被撞击腰部，抬伤者时要使伤者的腰部保持平直，以免因脊柱受伤再殃及脊髓；

发生烫伤，当即用冷疗——用自来水等清水冲；

在社会大家庭中，多一位“初级急救员”，人们的安全就多一分保障。

思考与练习

1. 为什么不能放松听力监测？

2. 影响儿童听力的常见疾病有哪些？

3. 流脑的症状有哪些？如何预防？

4. 如何正确理解儿童的“发育性口齿不流利”？

5. 为什么预防近视不能等孩子上了小学？

6. 家长应该如何教育“顺手牵羊”的孩子？

7. 撑起“安全”这片天的“四根支柱”是什么？

第六节
潜能开发

人具有发展各种能力的可能性，但发展并不是等速的，有着不同的关键时期。人的智力潜能发展的关键期多处于儿童时期，如语言学习最佳时期在4岁前，学习乐器的关键期在4～5岁，优秀的品德亦应从早期开始熏陶。若能在儿童最佳发展时期进行潜能开发，就会取得好的效果。

一、3～4岁儿童潜能开发

3～4岁儿童游戏活动一览表

类别	月龄	身体潜能开发	智慧潜能开发				人格潜能开发
			语言	精细	认知	艺术	
亲子游戏	37～42	我是“小跳棋”	好宝宝	拼一拼，说一说	神奇的筷子	走路	大萝卜
	43～48	小鸡和小鸭	接龙	圆形添画	蛋怎么浮起来了	我的乐器真好听	我的牙齿
教育活动	37～42	抛接球	梅花鹿的礼物	美丽的秋天	美味苹果	跟着节奏走	玩具商店
	43～48	紧急救助	我的手能做什么	小裁缝	分气球	家具的“舞蹈”	耳聪目明

[一] 身体潜能开发——大运动能力

1. 亲子游戏

活动名称：我是“小跳棋”

适合年龄：37～42个月

活动目标：幼儿：让幼儿体验体育游戏的快乐；家长：鼓励幼儿积极参与游戏。

活动准备：白卡纸（90×90cm），并分为9个小正方形，分别涂上不同的颜色为“棋盘”若干块。胶条，做“小跳棋子”的图形，纸带。录音机、音乐带。

活动时间：20～30分钟

活动过程：

① 教幼儿说儿歌《小白兔》。先欣赏儿歌：“小白兔，白又白，两只耳朵竖起来，爱吃萝卜爱吃菜，蹦蹦跳跳真可爱。”带领幼儿边学说儿歌边模仿做动作激发幼儿学习的情绪。

② 讲解“小跳棋”游戏的玩法。拿出准备好的“棋盘”让幼儿认识棋盘上的不同颜色。介绍玩法：a. 听成人指令双脚跳，依照成人说的颜色幼儿就按成人说的颜色用双脚跳的方法跳进方格中。b. 听成人指令单脚跳，具体玩法同双脚跳。c. 在玩游戏前先听儿歌：“一二三、三二一，棋子跳进X色格里。”

③ 亲子游戏。家长发指令，说某种颜色儿歌后，幼儿就双脚跳进某种颜色的格子里。家长说儿歌发某种颜色指令，幼儿就用单脚跳方法，跳进某种颜色的格子中去。家长同幼儿换位，请幼儿说儿歌发令，请家长用双脚跳或单脚跳进格子里去。

④ 大家围坐在桌旁休息会儿，可欣赏一支好听的儿童歌曲。

⑤ 幼儿在家长带领下将画好的跳棋子上涂上自己喜欢的颜色，并做成“小跳棋”头饰。

⑥ 幼儿戴上“小跳棋”头饰，再继续玩“小跳棋”的体育游戏，让幼儿双脚跳单脚跳以外，还可以鼓励家长和幼儿用其他方法玩游戏，如：可蹲着跳进格子里、家长背着幼儿跳进格子里等，不断提高幼儿的游戏兴趣。

延伸活动：家长多带幼儿到户外活动，享受大自然的阳光、空气，锻炼幼儿的体质。

注意事项：在活动中特别是在户外活动，一定要注意活动场地的安全和幼儿活动的安全。

2. 教育活动

活动名称：抛接球

适合年龄：37～42个月

活动目标：能在1米以内抛、接大皮球。学习和别人合作做游戏。

活动准备：大皮球（直径约20厘米）若干，纸做的小红花若干。

活动时间：20～30分钟

活动过程：

① **示范**。两个老师示范抛接球游戏。两人相距约1米左右，一方将球举起，对方两手伸出，进行抛接游戏。老师同每一个幼儿做抛接球练习，并进行指导。

② **合作游戏**。引导幼儿自愿结合，练习抛接球。鼓励幼儿相互配合，争取球不落地。比一比哪组幼儿抛接球的时间长，球落地的次数少，奖励一朵小红花。

延伸活动：与爸爸妈妈一起玩三人抛接球游戏

注意事项：皮球不宜过大或过硬，在练习时注意幼儿的站姿与抛接球的距离。

[二] 智慧潜能开发

1. 语言能力开发——亲子游戏

活动名称：好宝宝

适合年龄：37～42个月

活动目标：幼儿能根据自己的生活经验创编儿歌，并能大胆说出来。家长用语言提示幼儿，利用生活情景与幼儿共同创编儿歌。

活动准备：录音机、空白磁带、“好宝宝”儿歌录音带、“三字儿歌”磁带。

活动时间：30分钟

活动过程：

① 欣赏儿歌“好宝宝”，可以由成人来朗诵，也可听录音机朗诵儿歌。

② 理解儿歌内容，知道怎样关心家人和客人。分析介绍“好宝宝”儿歌的内容，知道儿歌里的小朋友是怎样用实际行动来关心家人和客人的。引发幼儿联想：自己在实际生活中是怎样做的？又是用什么实际行动关心家人和客人？

③ 创编儿歌，鼓励幼儿大胆创编儿歌，句子长短、多少不限。告诉幼儿，可以把自己想到的家人，如：爸、妈、姨、舅、叔和客人等编到儿歌里，如“妈妈下班回到家，亲亲妈妈快坐下，爸爸出差回到家，忙给爸爸把汗擦”，“叔叔做客来到家，我给叔叔倒杯茶”，“阿姨有事来到家，我给阿姨把糖拿”……在幼儿创编儿歌的过程中，家长要鼓励幼儿结合生活经验大胆创编，如果编的儿歌句子太长，可以同幼儿协商精简字句。让幼儿反复熟悉自己创编的儿歌。将幼儿创编的儿歌分别录下音，再播放出来，让大家欣赏、交流，鼓励幼儿将自己会编儿歌的成功快乐分享给大家。

延伸活动：

① 家长要利用一切条件和机会，引发幼儿热爱生活，感受亲情的爱。

② 在幼儿生活中，家长可以引导幼儿，利用自己喜欢的任何物品、大自然现象来创编儿歌，不断提高幼儿的儿歌创编兴趣和水平。

③ 家长可以用多种方法来引导幼儿创编儿歌，例如：可以用“替换法”，替换儿歌中的人物名称；“情景法”，启发幼儿见景生情，看到什么就编什么。在幼儿创编儿歌的过程中，家长要多鼓励，也可以引导、帮助，但一定不要替代幼儿的创造性思维，或者家长编好后教幼儿去说。

注意事项：

① 在幼儿创编儿歌过程中，要注意不断地丰富幼儿的词汇、准确使用词汇。

② 在幼儿朗诵儿歌时，要及时纠正幼儿的不正确发音。

2. 语言能力开发——教育活动

活动名称：梅花鹿的礼物

适合年龄：37～42个月

活动目标：培养专注听故事的习惯，并能复述故事的主要情节（能听懂故事，在老师启发下说出故事的主要内容，说出故事中的人物）。鼓励幼儿能在集体场合勇敢地大声说话。培养关心他人的意识。

活动准备：《梅花鹿的礼物》的故事图片；手偶、木偶（梅花鹿、小猴、小兔）

活动时间：30分钟

活动过程：

① 讲故事。利用手偶或木偶以木偶剧的形式讲故事，或看图讲故事。必要时适当停顿，启发幼儿想一想、说一说："刚才讲到的故事发生在什么地方？""接下来会怎么样？"回忆故事情节。提问："哪三个小动物是好朋友？""它们遇到了什么困难？""梅花鹿给好朋友送来了什么？""梅花鹿、小猴子和小白兔都说了什么？""后来发生了什么事？"

② 复述故事。引导幼儿复述故事的主要情节

③ 谈话。"为什么说梅花鹿是小猴子、小白兔的好朋友？""你向梅花鹿学什么？""你打算怎样向梅花鹿学习？"

延伸活动：木偶剧表演《梅花鹿的礼物》

注意事项：幼儿复述故事时可根据故事的主要情节复述，开始教师可给予幼儿适当提示，避免批评幼儿影响幼儿的积极性。

附故事：《梅花鹿的礼物》

在一座山林中，住着三个好朋友，它们是梅花鹿、小猴子和小白兔。冬天到了，大雪给山林穿上了洁白的衣服。小白兔和小猴子很着急，它们想："我们到哪里找吃的呢？"正在这时，梅花鹿给小白兔送来了白菜，给小猴子送来胡萝卜，它说："这是我送给你们的礼物。"小白兔和小猴子很惊奇："太感谢你了，梅花鹿。可是这么冷的天气，你是从哪里找到这些好

吃的东西的呢？”梅花鹿说：“这是我在塑料棚里种的。”小白兔和小猴子说：“那你也教我们种吧。”

第二年夏天，三个好朋友都在塑料棚里种了菜，冬天也就有很多好吃的东西了。

活动名称：我的手能做什么

适合年龄：43～48个月

活动目标：指导幼儿学看图画讲述一件事情。激发自信心。

活动准备：图片若干，分别为浇花、扫地、用电脑打字、拍球；各种颜料；白色图画纸若干张。

活动时间：20～30分钟

活动过程：

① 看图讲述。a.出示图片1，引导幼儿观察图片，说出图片的主要内容。b.引导幼儿讲出与这张图片相关的内容。c.引导幼儿讲述这张图片所表达的内容。d.出示图片2、3、4、5……方法同上。

② 谈话。谈一谈我们的手能做哪些事情?

③ 我的手会做……老师同幼儿一起，将讲述过的图片一一贴在墙上。在每一张图片下面粘贴上一张白色图画纸。老师带幼儿逐张看图片。

引导幼儿分别说一说，每张图片上的事，你的手能不能做。能做的幼儿可以在这张图片下面的白纸上，印上自己的小手指印。

④ 幼儿能做的事，如果图片上没有，老师可以画出，再让幼儿印手指印。

延伸活动：灵活的小手，幼儿学做指操。

注意事项：在操作活动之前要引导幼儿知道小手的用途大，并拓展思维，想一想除图片上的事情你还会做什么。

3. 精细动作能力开发——亲子游戏

活动名称：拼一拼，说一说

适合年龄：37～42个月

活动目标：能大胆使用几何图形拼图画，并能编讲拼图故事。利用简单的几何图形，培养幼儿学习图形拼画的技能。应积极引导幼儿发挥想象力，勇于创新，提高幼儿讲述的能力。

活动准备：用彩色卡纸分别剪成圆形（d=3厘米）、等边三角形（a=4厘米）、长方形（5×0.5厘米，3×0.5厘米），图画纸、彩笔、胶水。

活动时间：20～30分钟

活动过程：

① **图形的特征及象形**。引导幼儿分别说出几何图形像什么。如“圆形”像太阳、气球、人的头等；“三角形”像山、滑梯等；“细长方形”像树干、小棍、绳子等。

② **游戏活动：引导幼儿创造性拼图**。a. 出示一个范例，引起幼儿学习拼图的兴趣，如：（雪人），问幼儿这幅拼图都是用什么图形拼成的。b. 每人一份几何图形（包括1个大圆形、1个小圆形、1个三角形、1根长方形、1根短长方形）鼓励幼儿自己拼摆。如：可以拼成气球、镜子、抱球小人、踢球小人、电风扇、一朵花、戴帽子小人、举气球小人等。c. 引导幼儿自己边拼图边说说自己拼的是什么。

③ **拼故事、画故事、讲故事**。发挥幼儿的想象，鼓励幼儿用几何图形拼故事图画，可以拼一组图画，也可拼几组图画。引导幼儿把拼好的图画粘贴在一张白纸上。鼓励幼儿将粘贴或画好的图画编成简单的故事讲出来。例如：“有一天，小明抱着妈妈给他买的新皮球，他很高兴，小明边走边踢着皮球玩”，或者说“有两个小朋友，一个小朋友抱着皮球看另一个小朋友踢球”。如图：

延伸活动：平时家长要培养幼儿养成看图书、讲故事的好习惯，不断提高幼儿的想象能力和讲述能力。在日常生活中，多引导幼儿认识各种物体的象形特征。例如：电视是方形的，钟表是圆形的，糖三角是三角形的，汽车是长方形的。车轮是圆形的……

注意事项：在幼儿拼图和讲述故事过程中，家长应适时纠正幼儿的不连贯语言和不正确的词语及发音。

4. 精细动作能力开发——教育活动

活动名称：美丽的秋天

适合年龄：37～42个月

活动目标：鼓励幼儿大胆选用颜色。学习用树叶贴画、用手掌蘸颜料印画的技能。喜欢动手表现秋天的树、秋天的花，表现秋天的美丽景色。

活动准备：捡来完整的树叶清洗干净，晒干、压平。用较大的泡沫塑料或硬纸板刻剪成“大树”的模型。彩色笔、儿童专用剪刀、认识过的秋天的花卉图片。

活动过程：

① 秋天的树。引导幼儿在“大树”模型上用树叶贴画，用手掌蘸颜料在“大树”模型上印画。指导幼儿使用颜料的方法。

② 秋天的花。老师与幼儿一起回忆前面活动中所认识过的秋天花卉。出示花卉图片，帮助幼儿回忆。鼓励幼儿画出秋天的花。让幼儿自由想象，自己创作、绘画，老师给予适当的指导。

③ 欣赏。老师与幼儿一起欣赏幼儿的作品。请幼儿讲一讲自己画的是什么。

延伸活动：学说儿歌《秋天》：秋天到了天气凉，菊花开了树叶黄。水果多得压满枝，农田里面丰收忙。

注意事项：注意颜料的摆放和使用，使用后一定要洗干净手。

5. 认知能力开发——亲子游戏

活动名称：神奇的筷子

适合年龄：37～42个月

活动目标：能说出筷子五种以上的用途和三种利用筷子做的玩具。激发幼儿利用生活经验解决实际问题的能力。要不断鼓励幼儿的创作才能，增加幼儿动手制作玩具的自信心。

活动准备：不同材料的筷子（木、竹、金属、塑料、一次性、长、短……）、彩色纸（20×20厘米）5张、儿童用剪刀、胶水、线头、曲别针、胶泥、大头针等等

活动时间：20～30分钟

活动过程：

① 认识筷子的种类和用处。出示各种不同材料制作的筷子，让幼儿看一看，摸一摸，引起兴趣。鼓励幼儿说说筷子的用途。

② 引导幼儿发散思维，说说筷子除了吃饭用以外，还能有什么用，引发幼儿说出筷子的其他用途。（用小棍做旗子、做灯笼把、做风车把、穿糖葫芦、拼各种图形、搭建"楼房"、当尺子、鼓槌……）

③ 操作活动，鼓励幼儿多动手操作。请家长引导幼儿利用一次性筷子拼摆图形、搭建物体等操作活动。利用彩色纸、剪子、胶水、线头等材料，鼓励幼儿创作喜欢的玩具，如灯笼、小旗、风车、钓鱼竿等等。

④ 亲子讨论。引导、发挥幼儿的想象：如果筷子变得很长有什么用？如果筷子变得很粗有什么用？如果筷子变得很短有什么用？如果筷子变得很细有什么用？

延伸活动：继续引导幼儿想象筷子的多种用途；充分利用废旧筷子做玩具，进行环保教育；启发引导幼儿能充分利用其他废旧材料制作玩具，如用可乐瓶、饮料瓶盒做娃娃、做家具、汽车等等。

注意事项：一定要给孩子卫生的筷子游戏，而且要注意安全；如果制作玩具时要把筷子截断或劈开，要注意使用安全，以防扎手。

6. 认知能力开发——教育活动

活动名称：美味苹果

适合年龄：37～42个月

活动目标：观察苹果的特征，品尝其味道。学习用形容词描绘物体特征（光滑、硬、红红的、香喷喷、甜甜的、酸甜的等），知道吃苹果要讲卫

生，养成不乱扔果皮和果核的良好习惯。

活动准备：苹果若干（保证每2～3名幼儿1个）、餐刀、纸碟

活动时间：20～30分钟

活动过程：

① 观察。分组观察整个苹果。鼓励幼儿拿在手中摸、看、闻等。说说苹果的外形特征。出示半个苹果，引导幼儿观察，说出苹果里面是什么样的。

② 看一看、尝一尝。老师、幼儿洗手。保育员对苹果消毒、清洗。老师切开苹果（1/2），请幼儿拿在手中看一看、闻一闻。请幼儿把苹果核用手抠出，观察苹果核长在苹果的什么位置，说一说苹果核是什么样子的，然后放到老师面前的纸碟中。老师演示削苹果皮并将苹果切成小块。幼儿品尝苹果，说说苹果的味道以及口感。（脆脆的）

延伸活动：学习儿歌《大苹果》：我是一个大苹果，小朋友们都爱我，请你先去洗洗手，要是手脏别碰我。

注意事项：注意饮食安全，苹果在品尝前要洗干净，桌面和盘子事先要消毒。

7. 艺术能力开发——亲子游戏

活动名称：走路

适合年龄：37～42个月

活动目标：幼儿在编新的歌曲内容过程中，能进一步了解和模仿动物的外形动作特征。通过“走路”的歌曲内容引导幼儿重新创编歌词。要不断引导和鼓励幼儿利用生活常识大胆创编模仿动物外形动作特征的儿歌。

活动准备：各种动物的图片，例如：大象、小羊、小鸡、小狗等等；歌曲“走路”的录音带、录音机。

活动时间：20～30分钟

活动过程：

① 学习歌曲，表演“走路”。欣赏歌曲“走路”，让幼儿了解歌曲的内容。学唱歌曲“走路”进一步让幼儿了解歌曲内容。学习表演“走路”让幼儿巩固歌曲内容，并模仿小动物走路的样子。

② 亲子活动——歌曲创编。先引导幼儿认识和模仿其他的动物的外形动作特征。如：大象走的动作、小青蛙跳的动作、小鸡吃虫的动作等等，要鼓励幼儿自由想象自己编动作。创编歌曲内容：充分发挥幼儿的创造力，可以采用“替换法”，也就是将原歌曲的歌词内容如动物名称及动作，替换其他动物名称及动作。例如：原来歌曲第一句是“小兔走路，蹦蹦蹦蹦跳”，可以改编为“青蛙走路，蹦蹦蹦蹦跳”；也可以重新创编为“大象走路，鼻子甩呀甩”、“小鸡吃虫，唧唧唧唧叫”、“小羊走路，咩咩叫妈妈”等等。将幼儿编好的歌词用原来的歌曲、曲谱鼓励幼儿唱出来，在编唱歌曲过程中，如果歌词唱出不协调或不顺口，还可以鼓励幼儿再想一想，创编出更适合的歌词来，并反复练习唱歌。

延伸活动：利用带幼儿参观动物园和看电视《动物世界》等的机会，家长要多引导幼儿观察各种动物的外形特征。鼓励幼儿同家长一起模仿动物的动作特征，增加幼儿的生活乐趣。在生活中，可以鼓励幼儿学唱歌曲，培养他们自己创编歌曲的兴趣。

注意事项：要不断激励幼儿创编歌曲的兴趣和积极性，家长要引导而不要替代。

附：歌曲《走路》

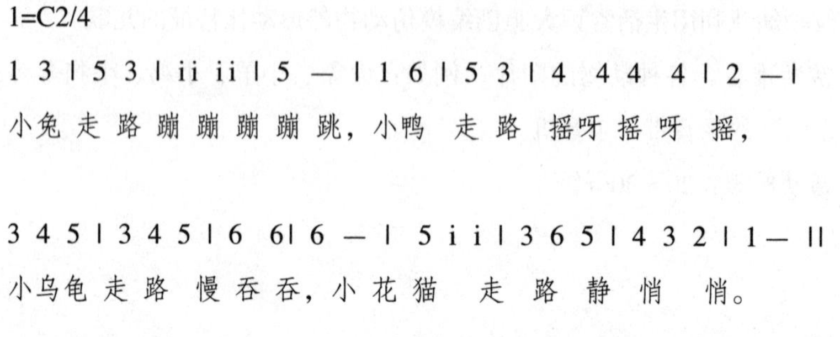

1=C2/4

1 3 | 5 3 | i i i i | 5 — | 1 6 | 5 3 | 4 4 4 4 | 2 — |

小兔 走 路 蹦 蹦 蹦 蹦 跳，小鸭 走 路 摇呀 摇 呀 摇，

3 4 5 | 3 4 5 | 6 6 | 6 — | 5 i i | 3 6 5 | 4 3 2 | 1 — ||

小乌龟 走 路 慢 吞 吞，小 花 猫 走 路 静 悄 悄。

[三] 人格潜能开发

1. 亲子游戏

活动名称：大萝卜

适合年龄：37～42个月

活动目标：让幼儿发挥才智、懂得人多力量大的道理。通过故事老师要引发幼儿创造性思维，培养幼儿动手的意识和能力。家长要充分激发幼儿的想象以及解决问题的能力。

活动准备：录音机、配音故事“拔萝卜”、磁带、用大皮球做成的“大萝卜”若干、小筐（只能装一个大萝卜）、塑料袋（能装两个大萝卜）

活动时间：20～30分钟

活动过程：

① 放录音故事“拔萝卜”，还可以让幼儿表演，让幼儿从故事中懂得人多力量大的道理。也让幼儿思考人少是否也能同样做人多的事情。引导幼儿回忆“拔萝卜”故事中的人物名称（老奶奶、爷爷、孙女……），他们在干什么？为什么开始萝卜拔不起来，后来为什么萝卜又拔起来了？（人少拔不动萝卜，人多力量大）人多还能做什么事情？

② 培养幼儿创造性思维。“如果人少或者就你自己一个人在拔萝卜，拔不动时你会想出哪些办法，把大萝卜拔起来？”（请大人帮助，用绳子套上拉，用汽车拉，老吊车，铲子，用刀切开萝卜请小鼹鼠松土等……）

③ 亲子游戏活动：“抱大萝卜”。让幼儿懂得“人多力量大”，人少开动脑筋想办法，也能把事情做得快又好。布置好场地：在起点处放好用大筐装好若干个皮球做的“大萝卜”以及辅助材料，如小筐、塑料袋等，在距离5米远外放一个空筐。引导幼儿想办法，怎么抱萝卜往返跑到终点又快、萝卜又多？游戏：开始可以按幼儿想的各种办法分别去实践，计时来计萝卜的数，如可以一个一个抱，可以两个、三个抱，可以一手拿小筐装，另一手拿塑料袋装，也可以双手都用塑料袋装。

延伸活动：在生活中，家长要培养随时幼儿的劳动意识，能让孩子做的事情尽量让孩子去做。抓住机会创设培养幼儿自己动手解决问题的条件，例如：一箱苹果、纸箱破了，撒一地，让幼儿想办法解决（如把纸箱修好、把苹果一个一个捡起放到另一个纸箱里、两个两个捡起用塑料筐装满了再放另一个箱子里……），鼓励幼儿想更多解决问题的办法，还可以让幼儿自己总结出哪几种办法又快又好。

注意事项：家长要培养幼儿动手的意识和能力，并养成良好的习惯，不能替代幼儿解决问题。

2. 教育活动

活动名称：玩具商店

适合年龄：37～42个月

活动目标：引导幼儿认识班里的玩具，知道其名称和玩法。培养规则意识，如"从哪里拿的玩具应放回到哪里"，"不争不抢"等。

活动准备：玩具柜，盛放玩具的器物；名称标签，玩具；"小红花"剪纸若干。

活动时间：20～30分钟

活动过程：

① 玩具商店。在玩具柜前，老师扮演商店"售货员"，幼儿扮演"顾客"来买玩具。要求"顾客"说出自己要买的玩具名称及玩法。"顾客"说对了，"售货员"才从玩具柜上拿下这个玩具来。说对一种玩法，奖励一朵小红花。

② 我会玩。幼儿自愿分组玩玩具，老师观察幼儿玩玩具的情况。幼儿会玩一种玩法，老师奖励一朵小红花。鼓励幼儿变换多种玩法。

③ 我会整理玩具。引导幼儿用规范的方法整理玩具。

延伸活动：指导并检查幼儿玩具整理情况，还可请小值日生协助检查。

注意事项：玩具的安全合理性。

二、4～5岁幼儿潜能开发

4～5岁幼儿游戏活动一览表

类别	月龄	身体潜能开发	智慧潜能开发				人格潜能开发
			语言	精细	认知	艺术	
亲子游戏	49～54	好玩的圈	说相反	种子画	沉与浮	浸染画	你认识它吗
	55～60	降落伞	巧用量词	巧巧手	怪怪的风	动物音乐游戏	特殊的电话号码
教育活动	49～54	蚂蚁搬豆	春天的秘密	做花灯	给数字找朋友	祖国大家庭	美好心愿卡
	55～60	小昆虫传花粉	三只小猪	画硬币	宇航员登上月球	圆圈舞	安全防火

[一] 身体潜能开发——大运动能力

1. 亲子游戏

活动名称：好玩的圈

适合年龄：49～54个月

活动目标：幼儿：教幼儿学会多种玩法，锻炼抛、接、跳、钻、跑等能力。家长：配合鼓励幼儿在游戏活动中大胆想象，积极参与游戏。

活动准备：每人一个圈、玩具、洋娃娃、气球等。

活动时间：30分钟

活动过程：

① 开火车：幼儿把圈套在自己腰间，双手拉住幼儿的圈，幼儿手叉腰，父母不套圈，成一队，游戏时提醒幼儿控制行进速度，家长也可当火车头。

② 父母表演：跳圈、钻圈、站圈、抛接圈给幼儿想象玩法一个参考。

③ 亲子游戏套圈：把玩具、洋娃娃、气球等东西放在2～3米处，家长与幼儿一起套圈。

④ 家长与幼儿一起收圈，做放松运动。

延伸活动：在家常与幼儿玩游戏，锻炼幼儿大运动的能力；积极引导幼儿想出各种玩、器具的多种玩法。

注意事项：大运动能力比较弱的幼儿，家长在指导时切忌说“你怎么这么笨呀”之类的话刺激伤害幼儿的自尊心。多鼓励幼儿想象，切记别扼杀幼儿的想象力及创造力。

2. 教育活动

活动名称：蚂蚁搬豆

适合年龄：49～54个月

活动目标：鼓励幼儿学会创造性解决问题，培养幼儿互相合作的精神。

活动准备：海洋球、大皮球，小皮球若干，塑胶垫若干，小纸板、蚂蚁头饰。

活动时间：30分钟

活动过程：

① 老师说：“今天请小蚂蚁帮忙把丰收的豆子搬回家。小蚂蚁要想个好办法。回家路上要过树林，爬过山坡，还要过小河，想想怎样过河呢？”

② 与老师玩“蚂蚁搬豆”游戏。

③ 老师鼓励幼儿多动脑筋想好办法。

④ 放音乐，整理收捡玩具。

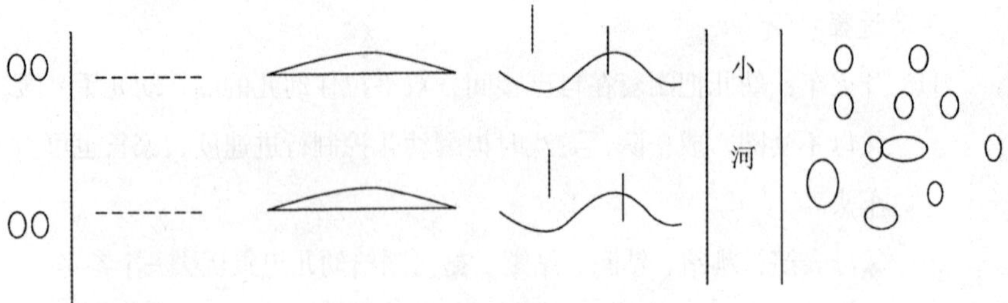

延伸活动：可组织幼儿进行爬行比赛。

注意事项：提醒幼儿在爬行时的安全，注意清除场地的物品及安全隐患。

[二] 智慧潜能开发

1. 语言能力开发——亲子游戏

活动名称：说相反

适合年龄：49～54个月

活动目标：培养幼儿有对人、事、物鲜明相反特征的感知辨别能力，并能用反义词进行描述。引导幼儿用一对反义词看图说一句完整的话。指导幼儿注意听，认真做，大胆清楚地说。

活动准备：反义词对比图一张（具有相反外部形态的人物一对）；提示幼儿用反义词说话的图片一张；幼儿运用反义词的看图说话卡若干。

活动时间：30分钟

活动过程：

① 区别感知人物的相反外部形态：高矮、胖瘦、男女、大小，要求家长配合；出示反义词对比图，引导幼儿观察；引导幼儿用反义词说出其他相反的外部形态。

② 游戏：相反歌。幼儿看图与家长对答儿歌（儿歌：胖子胖—瘦子瘦，胖子矮—瘦子高等）

③ 游戏：看看做做说说。拍手对相反：我说多，我说少；我说左，我说右；冷、热；甜、苦；饱、饿等。说相反，做相反。启发幼儿与家长做相反动作，说相反话，如：我指上，我指下；我关门，我开门等。选用恰当反义词，看图说一句完整的话，如：大象鼻子长，兔子尾巴短。幼儿看卡与家长一起用反义词按图片内容说一句完整的话，家长鼓励幼儿将自己卡片上的内容大声清楚地讲给在场所有人听，培养表达、表现能力。

延伸活动：引导幼儿说出多组反义词，并组成一句完整的话，与他比赛看谁说得多。培养幼儿大胆与同伴、父母、成人交往的能力。

注意事项：家长应给幼儿多提供与人交往的机会，首先家长应起好模范带头作用。较小、内向的幼儿，家长不可着急和包办代替，应给孩子创设一个发展空间，鼓励孩子勇敢大胆地说话。

2. 语言能力开发——教育活动

活动名称：春天的秘密

适合年龄：49～54个月

活动目标：感知春天的特征。春天，发展幼儿的语言能力。欣赏诗歌，激发幼儿热爱大自然的情感。

活动准备：选择幼儿园的院子或附近的绿地开展活动，准备小水壶，灌上自来水。

活动时间：30分钟

活动过程：

① 对幼儿说："春天来了，春天是什么样子？今天老师和你们一起到院子里去寻找春天。请你们仔细观察寻找，看谁能发现春天的秘密。"

② 观察和讨论，感知春天的特征。观察树木；观察小草；观察院子里开放的花朵；感受春风、阳光；引导幼儿为花草树木浇水，教育幼儿要爱护它们。

③ 欣赏诗歌《春天的秘密》，激发幼儿对大自然的热爱。欣赏诗歌，了解诗歌内容。组织幼儿围绕诗歌内容，结合自己的观察，讲讲春天的见闻。

延伸活动：可根据儿歌内容进行想象和连环画创作。

注意事项：老师在朗诵儿歌时候要有语气，给幼儿无穷的想象空间。

附诗歌：

诗名：《春天的秘密》

春天的秘密

春天来了，小河里的冰融化了，河水丁冬丁冬地流着。

春天来了，垂柳换上了嫩绿的新装，在微风中轻轻地飘扬。

春天来了，桃花红着脸，抿着小嘴，微笑着说："春天在这儿，春天在这儿。"

春天来了，燕子飞翔在蔚蓝的天空中，嘀啾嘀啾地叫着。

春天来了，绿茵茵的麦苗，使劲儿从泥土里往上钻。

春天来了，拖拉机轰隆轰隆地嚷："春天在这儿，春天在这儿！"哈哈，春天真的来了！春天真的来了！

3.精细动作能力开发——亲子游戏

活动名称：种子画

适合年龄：49-54个月

活动目标：幼儿在制作"豆子树"的过程中，可感受种子的多种功能和价值。通过活动使幼儿了解豆子种类，会根据颜色、形状、大小来区分豆子。

活动准备：多种豆子（红豆、绿豆、黄豆、芸豆、黑豆、蚕豆、花生豆），各种果实（栗子、枣、瓜子、玉米、葫芦、辣椒、大料等），各种胶水、泡沫板、三合板、竹棍、麻绳。

活动时间：30分钟

活动过程：

① 请幼儿讨论：我们能用这些种子做点什么？在做的过程中比较豆子的异同；区分哪些是种子、哪些是果实。

② 为幼儿提供各种胶水，让幼儿自由选择，用豆子做粘贴画，在操作中了解"胶"性质。

③ 在作画和制作的过程中指导孩子先把画摆好再粘，不要乱粘，乱贴。种子画展览，请幼儿介绍自己的作品，并请家长介绍在做的过程中有哪些问题，如何解决的。

延伸活动：孩子在日常生活中收集各种果实和种子。

注意事项：种子和胶水不要让孩子随意吞服。

4.认知能力开发——亲子游戏

活动名称：沉与浮

适合年龄：49～54个月

活动目标：幼儿观察比较物体在水中的沉浮现象，尝试发现调节物体沉浮的方法。引导幼儿观察和探索周围事物。家长能与孩子共同进行实验，遇到困难时以启发为主。

活动准备：主体材料：皮球、鸡蛋、水球、橡皮泥、玩具船、土豆、塑料泡沫板、木片。辅助材料：盐

活动时间：30分钟

活动过程：

① 让幼儿观察所有的材料，猜猜哪些东西会浮在水面上，哪些会沉下去。

② 将各种材料逐一放入水中，报告自己所发现的沉或浮的物品，并在家长的指导下做记录。

③ 帮助幼儿按物品沉浮的情况进行归类。

④ 想一想为什么有的会沉有的却浮，同一材料改变形状会怎样？

⑤ 试一试，日常生活中还有哪些东西在水中会沉下去？哪些东西会浮上来呢？

⑥ 把沉下去的东西放到咸咸的盐水中会产生什么现象？用熟鸡蛋试一试？

⑦ 把水球放入水中，是会沉下去还是浮起来呢？过一段时间之后，又会有什么变化呢？

⑧ 谈谈今天的活动中最有意思的收获是什么？展示记录表。

延伸活动：在家中可把日常用品给孩子做实验，并做好记录。

注意事项：家长注意不要让幼儿把危险的物品放入水中，做好安全教育。

5. 认知能力开发——教育活动

活动名称：给数字找朋友

适合年龄：49～54个月

活动目标：学习6以内数字的相邻数。知道大和小，与某数的比较关系。

活动准备：1～6的数字卡片多份，鼓1个，花1朵。

活动时间：30分钟

活动过程：

① 请幼儿每人拿一张数字卡，并按数字的大小顺序排坐好。

② 教师举起某数字卡，请幼儿举比它小1的数字卡或比它大1的数字卡，例如比5大1就是6，比5小1就是4

③ “击鼓传花”游戏：鼓停，花传到谁谁就站起报告“我是几”，然后说“我请我的大朋友快站起来”，“我请我的小朋友快站起来”。

④ 游戏：铃鼓响幼儿快走，鼓声停教师举起某数，例如3，拿着数卡2、3、4的幼儿就拉手；教师举起5，4、5、6就拉手。教师不停变换，幼儿不停地组合。

延伸活动：教师播放音乐《我的朋友在哪里》，音乐停，请一名幼儿举数，其他人组合。

注意事项：注意观察在游戏中谁对谁错。

6.艺术能力开发——亲子游戏

活动名称：浸染画

适合年龄：49～54个月

活动目标：培养幼儿对浸染画感兴趣，并能创造性地完成浸染作品。培养幼儿的动手操作能力和对美的鉴赏能力。引导幼儿乐意尝试新材料，体验成功的乐趣。

活动准备：布置供幼儿观赏的浸染范画。幼儿操作用的各色颜料水、宣纸、棉签、印章、水彩笔、画纸、毛巾等。

活动时间：30分钟

活动过程：

① 以实物激趣法引出活动内容，激发幼儿活动的兴趣。以增设了新材料的游戏口吻激发幼儿参与活动区的愿望，以学习新本领，引入活

动内容。

② 幼儿与家长一起观察浸染范画，父母设问："这些图画漂亮吗？"大家一起试试看，能不能做出这样漂亮的图画？到底是怎样的方法做出这样美丽的画呢？

③ 让幼儿与家长一起选择材料并一起操作，尝试浸染的方法，设问：这些方法又快又好吗？

④ 引导幼儿观察范画的特征：左右对称，上下对称。得出结论：将纸反复对折，再进行浸染的方法又快又好。

⑤ 家长协助幼儿按正确的方法尝试制作浸染画。

⑥ 以"比一比，看谁收得快又好"的游戏引导幼儿在家长指导下认真地收放材料。

延伸活动：幼儿在家玩玩具或做作业时家长一定督促幼儿收好东西。激发幼儿想出多种方法浸染画。

注意事项：家长在幼儿收玩具时不应包办代替，应让幼儿自己动手。在活动中应注意别把颜料弄身上。

6. 艺术能力开发——教育活动

活动名称：祖国大家庭

适合年龄：49～54个月

活动目标：学习用轻型打击乐器为歌曲伴奏。培养幼儿对音乐的兴趣。

活动准备：铃鼓、撞钟、三角铁、手铃、双响筒及磁带

活动时间：30分钟

活动过程：

① 父母播放音乐，鼓励幼儿根据音乐旋律的变化用不同的动作表示出来，如早晨太阳出来，小鸟睡醒飞出来，来到大森林遇到小兔、大熊、小松鼠等。

② 学唱歌曲《国旗红红的哩》。先欣赏，然后讨论这首歌表达什么情绪，应该怎样唱。可以分组唱，个人唱，也可以一部分人唱，一部分人即兴加伴奏。

③ 展示节奏谱，请幼儿辨认。

// . . . //. . . V V V V

鼓 响板　　撞钟或三角铁

// . . . ———— // . . .

沙锤或响铃

④ 听音乐，收拾乐器，活动结束。

延伸活动：学唱《娃哈哈》歌曲，也可边跳边唱。

注意事项：注意乐器的收放与使用规则。

[三] 人格潜能开发（情绪与社会性发展）

1. 亲子游戏

活动名称：你认识它吗

适合年龄：49～54个月

活动目标：调动幼儿参加游戏的兴趣和愿望。引导幼儿遵守游戏规则，懂得看标志做动作。进一步帮助幼儿理解各种标志的含义。

活动准备：标志图教具一套，包括交通标志：禁止鸣笛、禁止驶入、连续弯路、停车场、人行道；安全标志：有毒危险品、禁止吸烟、小心触电、安全出口；公共场所标志：邮局、公厕、理发店、医院、银行等。

活动时间：30分钟

活动过程：

① 玩游戏击鼓传标志，调动幼儿参加游戏的愿望，要求家长与幼儿一起玩此游戏。

② 遵守游戏规则，懂得看标志做动作。幼儿自由组队，猜猜对方是什么标志，并做动作；幼儿与家长组队，猜标志。

③ 亲子游戏。家长带领幼儿制作各种标志并要求幼儿说出所做标志的含义。

延伸活动：双休日或日常生活中家长见到标志时应多提醒或直接让幼儿认标志。

注意事项：家长见到标志自己应会认，才能教孩子。

三、5～6岁幼儿潜能开发

5～6岁幼儿游戏活动一览表

类别	月龄	身体潜能开发	智慧潜能开发				人格潜能开发
			语言	精细	认知	艺术	
亲子游戏	61～66	怎样过小溪	秋天的童话	添一添，变一变	感官感觉来帮忙	我是演奏家	垃圾分类
	67～72	跳房子	看图续编儿歌	响筒 双面人	容积守恒	对号入座	个性日历
教育活动	61～66	小记者上前线	春天的脚印	做标志	食物旅行	大鼓和小铃	地球是我们共同的家
	67～72	“贴彩石”	人生美最童年	做风筝	这是谁的服装	玩具进行曲	动物与人

[一] 身体潜能开发——大运动能力

1. 亲子游戏

活动名称：怎样过小溪

适合年龄：61～66个月

活动目标：启发幼儿开动脑筋，独立解决问题。培养幼儿爱动脑筋、善于想办法，创造性地解决问题。鼓励幼儿大胆发言。

活动准备：小溪图片或幻灯

活动时间：30～40分钟

活动过程：

① 放幻灯或出示图片：小松鼠采果子路上遇见一条小溪，小松鼠怎样过去呢？请小朋友帮助小松鼠想想办法。

② 讨论，共同找出办法，幼儿也可以自己想出与别人不同的办法。

③ 介绍自己想的办法。

④ 鼓励幼儿想办法，并要奖励最有创意的。

⑤ 游戏：过小河。二人一组商量选择材料：木板、砖头、轮胎、树枝。自己想办法怎样过去，看谁过得快。

⑥ 调换材料，再次比赛。

⑦ 说一说哪组过得快，哪种方法又好又最便捷。

延伸活动：家长与小朋友一起想一个过河的好办法，而且是小朋友未想到的办法，至少说出1～2个。

注意事项：鼓励幼儿把游戏材料放回筐里。

2. 教育活动

活动名称：小记者上前线

适合年龄：61～66个月

活动目标：引导幼儿知道记者的工作很辛苦，也很光荣。提高幼儿的绘画技能。增强幼儿的体能训练。

活动准备：户外游戏器械（垫子、钻爬筒等）、三轮车、二轮车

活动时间：30～40分钟

活动过程：

① 结合当前形势给“小记者”布置采访任务。

② 老师阐明采访内容，采访过程。

③ 幼儿分组比赛，爬过垫子、钻爬筒等骑上三轮车上前线采访。

④ 小记者采访、记录比赛结果。

延伸活动：让幼儿将自己的体验、感受用绘画的形式表达出来。让幼儿介绍自己作品的内容和意义。

注意事项：注意场地的布置以及三轮车安全

[二] 智慧潜能开发

1. 语言能力开发——亲子游戏

活动名称：秋天的童话

适合年龄：61～66个月

活动目标：通过说秋天启发幼儿无尽的想象。培养幼儿自如地表达自己

的感想。通过讲述秋天的美，培养幼儿热爱大自然的情感。

活动准备：幻灯、录像、秋季水果、歌曲秋天、模具树若干。

活动时间：30～40分钟

活动过程：

① 请幼儿听一首关于秋天的歌曲。

② 提问：你知道刚才歌曲里唱的是什么吗？引出秋天的话题。

③ 你看到的秋天是什么样的？用一句话来表示。

亲子活动：妈妈可以和孩子商量，用什么词来表达秋天的美。

例：A. 秋天的太阳金光闪闪。

B. 秋天的树叶有的变黄了。

C. 秋风吹来树叶一片一片地飘落下来，像蝴蝶舞蹈。

D. 秋风吹来田里的麦子掀起层层波浪。

E. 秋天果园里苹果丰收了，人们正忙着摘果子。

F. 入秋后天空是蓝蓝的，朵朵白云飘在天上。

G. 秋天枫树叶红了，把山染成了红色。

H. 秋风吹来了的时候，所有的花都凋谢了，只有菊花在尽情开放。

I. 柿子黄了，像一个一个小灯笼挂在树上。

K. 大雁排成一行行的，飞向遥远的南方。人们穿上了厚些的衣服。

④ 音乐活动：感谢大树妈妈。方法：家长手持一棵大树坐好。老师音乐起，大树随音乐摇晃，小朋友头戴小树叶四散飞舞，听到音乐在高音区就举手踮脚碎步跑，在中音区，就慢一些跑，在低音区就落地（蹲下）。当音乐结束时树叶要飞到妈妈那里搂着大树，一起摇晃表示亲吻大树妈妈感谢大树妈妈。老师还可以变换音乐，如出现小兔跳的音乐，小松鼠跳的音乐，也可以让大树妈妈慢慢移动位置，丰富延伸活动内容。

播放《小兔与蘑菇》的音乐，小朋友手拿小筐跑着跳着把散在地上的小蘑菇捡起来放在小筐中。

延伸活动：可以让幼儿分辨哪些是秋天的衣物，秋天到户外捡秋日落叶，洗净、压平，做成美丽的书签。如银杏叶、枫叶。

注意事项：随时记录幼儿表达秋天的词语。

2. 语言能力开发——教育活动

活动名称：春天的脚印

适合年龄：61～66个月

活动目标：学会观察自然景色的变化，了解春季的特征。学习创编儿歌，发展幼儿语言表达能力。

活动时间：30～40分钟

活动过程：

① 引导幼儿讲一讲春天景物的变化。老师提示：小草怎么样、树怎么样、天气怎么样、小鸟怎么样、小朋友怎么样，等等。

② 学习儿歌《春天的脚印》

春天的脚印

春天来了！春天来了！
走过草地，留下绿色的脚印。
走过小河，留下透明的脚印。
摸一下桃树，留下粉色的脚印。
摸一下梨树，留下白色的脚印。
燕子知道了，从泥洞里钻出来。
春天来了！春天来了！
带来美丽的脚印。

启发幼儿朗诵诗歌，边朗诵边表演。

延伸活动：看图编春天的儿歌。老师可做示范和引导。

注意事项：让幼儿自由发挥，不要受字数和韵脚的限制。

3. 精细动作能力开发——亲子游戏

活动名称：添一添，变一变

适合年龄：61～66个月

活动目标：培养幼儿联想能力及创造能力。指导幼儿画各种直线、曲线并组合成图案。鼓励幼儿大胆想象。

活动准备：笔、纸、黑板

活动时间：30～40分钟

活动过程：

① 放音乐《丁丁说他是小画家》，小朋友和家长随音乐和老师一起做动作进入场地。

② 提问：你知道刚才歌曲里唱的是谁呀？

③ 今天我们都来做小画家。

④ 在前面的白纸上面画一竖线引导幼儿观察，并提问幼儿：你看它像什么？家长可帮助幼儿想象，提示幼儿像什么，如像筷子、树干、笔等。

⑤ 添几笔，请小朋友看它有什么变化。说一说。

⑥ 再画一横线，让小朋友来添画。老师再画一圆，让小朋友来添画。

⑦ 发给每个家庭一张纸，让妈妈引导小朋友一边画一边添，妈妈一笔，小朋友一笔，看谁添画变得最多。

延伸活动：可让幼儿每日画一张直线或曲线的图画，一开始可简单，以后可组织复杂画面，比如把直线和圆结合起来作画。

注意事项：激发最有创意的小画家。

4. 精细动作能力开发——教育活动

活动名称：做标志

适合年龄：61～66个月

活动目标：在认识各种标志符号的基础上，激发幼儿动脑筋自己设计标志的兴趣。发展幼儿想象力、创造力和动手能力。

活动准备：各种通用标志、图表、纸、彩色笔及废旧材料等。

活动时间：30～40分钟

活动过程：

① 老师出示各种标志图形，复习巩固其名称和意义。

② 让幼儿自己设计标志，扩展幼儿思路，引发幼儿的设计灵感。

③ 幼儿画出标志小图样，分小组互相交流自己的设计方案及想法，达到互相启迪的效果。

④ 引导幼儿将做好的标志粘贴在相应的地方，老师或相应部门的人应给予鼓励，让幼儿获得成功的喜悦。

延伸活动：生活中的标志分类。如安全提示类、交通类等。

注意事项：要幼儿注意设计标志的合理性。

5. 认知能力开发——亲子游戏

活动名称：感官感觉来帮忙

适合年龄：61～66个月

活动目标：培养幼儿的观察能力与动手动脑的操作能力。教师通过实验提高幼儿的比较、对比、观察能力。家长鼓励幼儿勇于实践，帮助幼儿分析事物。

活动准备：水、糖水、盐水、蜜、黄醋、苹果汁、咖啡、可乐、酱油。9个透明、带盖的塑料杯、纸杯。

活动时间：30～40分钟

活动过程：

① 听相声《五官争功》（可删选，约至3分钟），启发大家讨论思考：这个相声节目主要说了什么事情呀？

② 幼儿介绍实验：桌上有三个装有不同液体（苹果汁、矿泉水、可乐）的瓶子，你能不能分辨出哪一个瓶子里装的是自己最喜欢的饮料？眼睛可以从颜色上分辨。鼻子可以从味道上分辨。嘴可以尝一尝。

③ 讨论：你是用哪种方法来区别的？

④ 再请幼儿观察一组：蜜、黄醋、苹果汁。

这些饮料仅用眼睛来看是不够的，要想一想其他方法，想出来后试一试，然后告诉其他小朋友，看看他们和你想的一样吗？在实验时，最好把每个容器贴上号码1、2、3……9。

⑤ 出示9种饮料，把它们放进9个杯子里。

提问：要区分这9种饮料，有没有一个简单、快捷的方法？先要引导小朋友总结一下眼、鼻、舌的功能，再来讨论试验过程。

⑥ 请幼儿介绍自己的想法和结论。

延伸活动：厨房中的固体调料如何分辨呢？如：碱、糖、盐、淀粉，芥末粉、胡椒粉、咖喱粉、辣椒粉等。

注意事项：在有监护人的指导下，不能喝未知饮料。

6.认知能力开发——教育活动

活动名称：食物旅行

适合年龄：61～66个月

活动目标：引导幼儿初步了解食物在人体内的消化过程，重点是牙齿的作用与护理。丰富“咀嚼”、“唾液”、“蠕动”等词汇。

活动准备：人体消化系统图

活动时间：30～40分钟

活动过程：

① 猜谜语（牙齿）：两排小兵门口站，谁想进来先咬断。

认真嚼来仔细磨，消化食物第一关。

② 提问：牙齿的作用是什么？食物进入口腔后怎样才能进入食管和消化道（生活经验）？

③ 幼儿分小组自由讨论食物是怎样被消化的。老师鼓励幼儿讲述。

④ 老师出示“人体消化系统图”，简单讲解食物的消化过程。食物进入口腔内第一步就是“牙”对它的加工，充分咀嚼后，使食物变细变碎，便于消化（咀嚼肌发达还有利于保持良好的视力）。食物和唾液

接触和拌匀后进入胃肠。充分咀嚼还可以刺激食欲，诱导胃肠加快蠕动。讲述中简单介绍“十二指肠”、“大肠”、“小肠”对食物消化的作用。通过消化系统的活动，把食物中的淀粉、蛋白质、脂肪等营养成分供给全身，我们才长胖长高，健康成长。

⑤ 老师和幼儿一起做“小馒头旅行”的游戏，模拟消化过程，复习有关知识。

方法：

教师：小馒头走到哪儿啦？

幼儿：小馒头进嘴啦！

教师：小馒头怎么变碎呀？

幼儿：牙把它切碎磨细。

教师：小馒头怎么咽下食道？

幼儿：舌头用唾液把它弄湿拌匀，咽下食道。

也可由幼儿自由结伴玩游戏。

延伸活动：游戏中可结合良好的饮食卫生习惯做问答。（如：饭后漱口、刷牙、细嚼慢咽、睡觉前不吃甜食或饼干等）

注意事项：“人体消化系统”概念要正确。

7.艺术能力开发——亲子游戏

活动名称：我是演奏家

适合年龄：61～66个月

活动目标：培养幼儿用各种方法演奏，提高对音乐的表现力。培养幼儿对音乐的理解与兴趣爱好。

活动准备：瓶、杯、饼干、铁盒、蛋糕盒、铅笔盒、易拉罐、筷子、勺、碗、豆、米等等，军队进行曲磁带。

活动时间：30～40分钟

活动过程：

① 提问：器乐演奏都有什么器乐？大号、小号、鼓、小鼓、锣、提琴、

黑管、萨克斯管。请小朋友每人表演一种乐器。

② 播放军队进行曲，幼儿模仿器乐伴奏同时可随意走动。

③ 现在有一些特殊器乐请小朋友看一看，它们可不可以伴奏，出示瓶子敲一敲请小朋友听一听，并将瓶子装进不同的水，会出现高低不同的音。

④ 提问：还有什么可以做打击乐器？

⑤ 选一个乐器（纸盒、筷子、勺、碗、一拉罐）。

⑥ 播放音乐土耳其进行曲：给每种乐器作介绍并分配打法。例：大纸盒当鼓打重音，筷子作响板，碗勺作撞钟。

延伸活动：培养幼儿利用一切可利用的手边的东西做乐器节奏训练。家长播放节奏感强的音乐，鼓励幼儿用自制的小打击乐器随意伴奏。

注意事项：注意乐器敲出来的节奏准确，声音响亮好听。

8. 艺术能力开发——教育活动

活动名称：大鼓和小铃

适合年龄：61～66个月

活动目标：搜索大鼓和碰铃的奏法。

活动准备：大鼓、碰铃若干，歌曲节拍图。

活动时间：30～40分钟

活动过程：

① 出示大鼓和碰铃，让幼儿尝试敲打后，比较声音的差异。

② 启发幼儿用自己的声音模仿这两种乐器的声音。

③ 出示歌曲节拍图，让幼儿尝试用动作来表现节拍节奏。

④ 用歌曲规定的力度及歌曲的旋律带着幼儿慢慢击出它的节奏，并可用合适的动作表现音乐。

⑤ 在练习节奏的同时，学会唱这首歌。

延伸活动：幼儿独立演奏，并根据音乐力度做出动作反应。

注意事项：注意使用乐器的常规。

附歌曲：

大鼓和小铃

1=C4/4

f　　　　　　　　　　　　　　　　p
3 3 3　1 1　5 5 | 3 3 3　1 1　5 5　5 |
敲 起 了　大 鼓　咚 咚，敲 起 了　小 铃　叮 叮　叮。

f　　　　　　p　　　　　　f　　p
6 5 5　3 3　5 3 3　2 2 | 5 5　1 1　1 ‖
敲 起 了　大 鼓　敲 起 了　小 铃　咚 咚　叮 叮　叮。

[三] 人格潜能开发（情绪与社会性发展）

1. 亲子游戏

活动名称：垃圾分类

适合年龄：61～66个月

活动目标：幼儿认识垃圾分类箱，学会给生活废物分类。在垃圾分类的活动中建立幼儿的环保意识。以身作则，生活中时时注意环保，以影响幼儿。

活动准备：垃圾纸篓、小区分类垃圾筒、录像片或事先摄好的录像、手纸一卷、皮鞋一双、可乐瓶一个、果皮、纸屑、电池、小图卡。

活动时间：30～40分钟

活动过程：

① 请小朋友看一段事先摄好的录像，小区景色及垃圾分类箱。看后老师总结美好的家园是需要保护的，有些资源可以再利用。

② 提问：a. 你刚才看到的是什么？（垃圾分类箱）b. 说一说垃圾为什么要分类？可以分几类？（一种可回收的，一种不可回收的，一种易污染的）

③ 提问：什么是可回收的？小朋友和妈妈还有其他家庭一块讨论一下。尽量让小朋友想。（纸板、塑料、金属）

④ 家长与幼儿互动：妈妈走到大的垃圾箱中拿一物让小朋友回答是可回收还是不可回收的，妈妈把垃圾交到幼儿手中，请幼儿把垃圾放在老师制作的分类垃圾箱中。

⑤ 请小朋友帮助老师把收集起来的垃圾分类装在垃圾箱中。当小朋友不知怎样分类时，妈妈可提示幼儿应怎样分类放入。

⑥ 提问：纸张应放在什么颜色的箱子中？电池应放在什么颜色的箱子中？电池属于哪一种垃圾？（污染不应乱放）

⑦ 游戏：妈妈和小朋友用卡片玩游戏。妈妈手拿一沓卡片，抽出一张让孩子回答是属于哪一种垃圾，应放在哪种分类垃圾箱中。

⑧ 游戏：抢答赛（各种废旧垃圾物）。老师出题：妈妈和小朋友手拿捏响玩具抢答，也可以是家长捏响玩具幼儿抢答。用小玩具奖励抢答优胜者或参与游戏的幼儿。

延伸活动：家长带幼儿外出时可随时观察哪里有垃圾分类箱，让幼儿在家中把不要的垃圾分类装入塑料袋，再扔到垃圾分类箱里。

注意事项：注意幼儿垃圾进行分类时的卫生。

2. 教育活动

活动名称：地球是我们共同的家

适合年龄：67～72个月

活动目标：了解地球上生物的多样性。

活动准备：地界地图

活动时间：30～40分钟

活动过程：

① 出示地图，让幼儿仔细观察，提问：蓝颜色的地方是什么？绿颜色的地方是什么？黄颜色的地方是什么？

② 让幼儿在地图上找找，中国在哪里？北京在哪里？我们的家乡在哪里？

③ 请幼儿说说陆地上的动植物种类，海洋中的生物，看谁说得又多又准。

延伸活动：让幼儿观察人种图片，老师提问："黄种人、白种人、黑种人主要生活在哪里？"

注意事项：活动准备图片要大，地图要正确，给幼儿正确的知识概念。

思考与练习

1. 如何通过游戏提高儿童的大动作技能？

2. 哪些玩具可以帮助开发4～6岁儿童的认知能力？

3. 哪些游戏可以开发4～6岁儿童的艺术能力？

4. 哪些游戏可以促进4～6岁儿童的情绪与社会性发展？

第七节
环境创设

环境创设是促进4～6岁儿童安全健康成长的基础。环境既是儿童生活、游戏和学习的场所，也是重要的教育资源。环境创设包括物质环境和心理环境两部分。创设良好的心理环境和安全卫生的物质环境同样重要，可以培养儿童对他人的信任感，促进儿童社会性和情感的健康发展。创设良好的环境是儿童全面健康发展的基础。

一、大运动能力发展区环境创设

[一] 功能区划分及功能

1. 感统训练营

感觉统合是指人脑将身体各种感觉器官传来的信息进行分析、加工、整合，进而指挥人体做出适当反应，使整个机体和谐有效地运作的过程和机能。人类的各种感觉是大脑和身体相互协调的学习过程，几乎有80%的学习是在婴幼儿时期进行的。因为感觉统合学习的最关键期是7岁以前，在这期间，婴幼儿的大脑发展特别快。感统训练营是婴幼儿大脑和身体得到相互协调发展的感统训练区域，通过各种游戏使孩子在快乐中接受大量刺激信息，建立正确的反射，婴幼儿很愿意参与，从而获得肯定的成长经验。

2. 翻斗乐

翻斗乐为婴幼儿提供了坐、爬、走、跑、跳、攀爬等调节肢体活动的方便，增强了安全系数。活动空间布局合理，顺应婴幼儿发展需求，能保证婴幼儿充实活动，使婴幼儿充分活动身体，提高了婴幼儿全身运动的协调性及综合素质。

3. 自由选择活动器械区

此区采用的运动器械全部选用民间体育器材，因为民间体育器械内容广泛，包罗万象：抽陀螺、滚铁环、打沙包等，这些器械可以发展婴幼儿的走、跑、跳、平衡、躲闪等大肌肉动作。游戏时，婴幼儿可以集体参加，也可分组活动。丰富的内容给孩子开拓了广阔的游戏天地。此外民间体育器械一物可多玩，可以创造出多种玩法，比如：踢毽子，可以自己独自踢，可以两两踢，可以很多人一起踢，踢的花样还可以自己创编。而且民间体育游戏的玩具及材料，一般都来自日常生活中的废旧物品，或自然材料及半成品，如废弃的：绳子、布、铁、木头等，婴幼儿在游戏中可以自由选择材料，自由开展游戏。

4. 集体活动区

集体活动区主要为婴幼儿提供集体体育活动、集体操（器械操、竹竿操）、集体舞（拉丁舞、肚皮舞、瑜伽、街舞、现代舞、踢踏舞）、各种体育游戏的场所。该区的地面要平整宽敞，地面上可以用点、花朵等做出记号，便于婴幼儿集体活动时整队和锻炼时列队及变化队形。

[二] 功能区材料配备

1. 感统训练营

① **攀爬区**：在攀爬区可提供攀爬墙等运动器械。

② **平衡区**：在平衡区可提供大滑板、踩高跷、多功能魔术圈、独轮推车、虫型滑板车、扶手旋转盘、晃动平衡木等运动器械。

③ **跳跃区**：在跳跃区可提供数字跳袋、跳跳球、过河石与山顶等运动器械。

④ **投掷训练场**：在推拉区可提供墙壁投靶器、大象套圈等运动器械。

⑤ **球类区**：在球类区可提供篮球、足球、保龄球、中型篮球架、足球门等运动材料和器械。

2. 翻斗乐（综合运动区）

可提供40平方米左右的大型游乐玩具翻斗乐。

3. 自由选择活动器械区

在自由选择活动器械区可提供民间体育游戏材料供婴幼儿挑选参与活动，如毽子、沙袋、铁环、飞盘、抖空竹等材料。

4. 集体活动区

在集体活动区可提供适合集体操、舞蹈练习的CD、器械操用具（如健身有声体操环、健身体操舞蹈铃、有声体操棒等）等材料。

二、精细运动能力发展区环境创设

[一] 功能区划分及功能

1. 桌面操作区

桌面操作区是高于地面的立体操作空间，幼儿可以在桌面上进行各种精细动作的练习。

2. 地面操作区

这个操作区中的用品选择，更注重动手操作能力的锻炼。提倡幼儿自己制作玩教具。不仅可以寓教于乐，更能够激发幼儿动手的乐趣。即将一部分玩具的制作交由幼儿或者与家长的亲子互动中进行。节约资源的同时，又能丰富玩教具的类别。

3. 综合游戏区

设计原则与1～3岁大致雷同，但高于1～3岁的难易程度。如在一组玩教具的使用中，能够锻炼多种能力，以及各种能力间的相互配合。

4. 用品收纳区

在本区中，放置较大的操作工具。在操作前，请婴幼儿从此处将工具取走，操作结束后，将工具归位。可以请幼儿参与到收纳区物品的归类及划分中。让幼儿充分与环境互动。

5. 我们的创意角

保留了1～3岁物品配备的同时，更加注重互动及协作性。在锻炼精细能力的同时，增强幼儿的社交能力。

[二] 功能区材料配备

- **桌面操作区：**S型拼装小桌、塑料制椅、桌面玩具等。
- **地面操作区：**穿珠、穿线、穿线板、自制发声玩具、螺丝组合、螺丝积木、系带工具组、放置玩教具的整理柜等。
- **综合游戏区：**手偶、套装积木、智力椅子（组）、套蛋（或者套娃）、叠叠高、连环扣、组合拼插玩具（雪花片类别）、皮影、砌搭玩具等。
- **用品收纳区：**地毯、地毯架等。
- **我们的创意角：**婴幼儿安全剪刀、花边剪刀、胶棒、橡皮泥等、布匹、手绢、画笔、各种彩色纸张等。

三、语言能力发展区环境创设

[一] 功能区划分及功能

1. 快乐读书吧

通过为婴幼儿创造一个整洁有序、自由宽松的阅读和语言交往环境，支持、鼓励、吸引婴幼儿与早教教师和同伴共同阅读以及自己独立阅读，体验读书和语言交流的乐趣，让婴幼儿在丰富的阅读环境中充分感受书面语言，潜移默化地接受有关的语言知识，获得主动探索、发现的成功体验。

2. 儿童剧院

为婴幼儿打造一个理想、宽松的表演环境，为婴幼儿准备种类丰富的道具，让婴幼儿在表演天地中自由地享受文学作品的魅力，体验多彩人生，深化婴幼儿对阅读内容的深层次理解，体验创造和表达的乐趣与成就感，发展与同伴合作的意识和能力，进一步激发阅读的兴趣，提高阅读、讲述、表达和表演的能力。

3. 视听中心

投入投影、电脑、音响等视听设备，让婴幼儿从看到的、听到的故事、电影、电视中体验各种情感，增进他们的想象力，提高他们的语言技巧。培养婴幼儿聆听的兴趣和习惯，提高婴幼儿对声音的敏感性、对文学作品的敏感性，以及在语言方面的感受、表达、交流、创作等综合素质。

4. 语言工作室

婴幼儿的语言能力是通过对周围环境的互动和模仿而获得的，语言工作室通过为婴幼儿创设多渠道的区角活动及环境，积极引导婴幼儿在与活动及环境的交互作用，体验语言的美丽和学习语言的快乐的基础上，实现与认知、艺术、社会等领域的同步发展。语言工作室分为：小小作家（包含故事续编、儿歌诗歌改编等等）、拼图讲述角、制作图书角等区角。

[二] 功能区材料配备

- **快乐读书吧**：在快乐读书吧可提供快乐阅读椅、靠垫、儿童书架、各类儿童书籍等材料。
- **儿童剧院**：在儿童剧院可提供电脑、音响设备、CD机、儿童剧演出台、各种人物、动物角色的服装、道具等，经典故事、童话剧目CD盘等材料。
- **视听中心**：在视听中心可提供视听材料（如优秀儿童动画片、电影、电视晚会节目、木偶剧、童话剧、舞台剧等）、挂式试听机、投影机、电脑等。
- **语言工作室**：在语言工作室可提供适合创编改编的优秀文学作品书籍、各种适合图书制作的绘画颜料、笔、纸张、儿童剪刀等等。

注：所有供阅读、观赏的音像制品，图书、电子读物等都要定期更换，最好6个月一更换。

四、认知能力发展区环境创设

[一] 功能区划分及功能

1. 构区

这是根据婴幼儿的水平、兴趣和需要来投放材料进行个别或小组的操作搭建，从而培养幼儿的自信心、成功感和满足感，创造力、想象力和解决问题的能力的环境场所。

在建构区中婴幼儿中互相学习、互相帮助、互相合作，共同坚持完成某一项工作或任务，培养幼儿空间建构能力及坚持性，还能培养幼儿的合作精神、团结意识。

2. 数学思维区

通过多种材料及玩具引导幼儿对周围环境中的数、量、形、时间和空间等现象产生兴趣，建构初步的数概念。本区域发展幼儿思维能力。

促进幼儿从生活和游戏中感受事物的数量关系并体验到数学的重要和有趣，习惯用简单的数学方法解决生活和游戏中某些简单问题。培养幼儿对数学活动的兴趣，使他们愿意并喜欢参与数学活动。

3. 科学探索区

以科学知识为主题的区域设计，把一些能够培养幼儿科学素质的玩具材料放在科学区内，并定期更换，以启发婴幼儿对科学探索的兴趣。

科学探索区可以划分两块区域：即“展示区”和“实验区”，展区主要由图片和实物组成，如“宇宙星系”、“海底探宝”、“恐龙世界”等。“实验区”是幼儿动手操作的实验材料，放有水箱、木块、小木船、磁铁、蜡烛、塑料袋、小瓶子等不同材料，供幼儿在活动中自由选择、自主观察、自由操作，如“小灯泡亮了”、“摩擦生电”、“好玩的磁铁”、“植物长高了”。幼儿可以利用这些材料进行不同的探索，以了解科学的奥秘，培养对科学的兴趣。

4. 棋类区

投放不同的棋类，在自由、放松的活动环境中开展不同形式的下棋活动，是益智怡情的娱乐教育活动场所。创设提供适宜的下棋环境，使其在下棋活动中相互学习、交流、分享，感受民主与公正，并且从活动中体会输与赢、得与失，从而学会内省，勇于挑战，勇于进取。

下棋还可促进幼儿思维品质的发展，使其学会统观全局，攻守兼备，三思而行，而且还可以培养幼儿坚强、勇敢、不怕困难、不怕输等意志品质。

[二] 各子功能区材料配备

· **建构区：**亲子软地垫、实心木质积木、积木车、大型柔丽砖等。

· **数学思维区：**时钟计算架、数学棒、数字卡片、幼儿计算插板等。

· **科学探索区：**凸面镜、凹面镜、小量杯五件套、幼儿实验器具箱、托盘天平、磁性综合实验箱等。

· **棋类区：**中国象棋、斗兽棋、飞行棋、精品五子棋等。

五、社交能力发展区环境创设

[一] 功能区划分及功能

1. 角色扮演游戏区

这里是一个模拟的城市，警察局、消防局、旅行社、保险公司、银行、美容院、医院、法院、飞机场、政府、联合国……应有尽有，孩子们可以选择自己喜爱的职业体验，可以挣到工资，可以把自己挣到的工资存在银行里，也可以去花掉。

这里提供各种幼儿熟悉的职业场景和相关道具，如超市、医院、邮局、理发店、银行等，儿童可以模拟、体验各种社会职业生活。通过寓教于乐的形式，让幼儿尽情地玩角色扮演游戏，使儿童接触体验真实社会行为，培养、提高婴幼儿的生活技能、科技兴趣与自信心，引导、灌输正确的劳动价值观念，提高学习模仿和实践动手能力，增进家庭成员间互动交流，增进感情、亲情，使儿童身心和情感健康发展。

2. 情绪发泄空间

这是一个相对隐蔽的空间，可以提供一些沙袋、海绵玩具、废报纸、涂鸦墙等发泄工具，当幼儿不开心或者有想不通的事情时，允许幼儿在这里宣泄自己的心情，让幼儿有释放心情的机会和条件。这个空间可以有助于幼儿正确理解并合理宣泄自己的情绪，帮助幼儿形成健康人格。

[二] 各功能区材料配备

· **角色扮演游戏区：**医院、商店、邮局、银行等各种职业体验小屋。

· **情绪发泄空间：**沙袋、海绵玩具、废报纸、涂鸦墙等。

六、艺术能力发展区环境创设

[一] 功能区划分及功能

1. 材料区

在材料区中，教师有目的地设置并投放原始材料或工具，让婴幼儿对材料、工具进行认知，了解其功能、使用方法，并在会使用材料的基础上，可以用单一材料、工具进行复合性创作

2. 创作区

① **平面创作区**：同1～3岁。

② **立体创作区**：在立体创作区中，婴幼儿可以体会不同的创作方式。没有椅子，只有地垫，任何动作都在许可范围内。

③ **集体创作区**：在室内的任何一个角落里，都可以进行集体创作，在此区中，增进幼儿与幼儿之间的社会性行为，体会与同伴协作的乐趣。

3. 作品展示区

除了囊括了1～3岁的平面展示区之外，可以增设立体作品展示区。婴幼儿创作出来的立体作品，将在这个展示台上进行展示。

4. 废旧物品回收厂

婴幼儿越来越喜欢自由、宽松的活动空间，喜欢在放松的环境中进行自主创作。材料成了不可或缺的物质媒介，这对于材料的选择提出了较高的要求。为丰富材料以及建立环保意识，引导幼儿进行废旧物品的回收。增强幼儿的环保意识，以及激发幼儿的创作灵感。

5. 玩沙区

沙区融汇了沙坑、沙画桌等。沙子来自大自然，无固定形状，符合婴幼儿没有固定性及随心所欲的个性，通过创作，给无定性的沙子以生命力，幼儿在操作出成品之后获得了自我的一种满足。在整个艺术创作中心，每一处都是婴幼儿的创意空间。在这里，婴幼儿可以随心所欲地展示自己喜好。

[二] 功能区材料配备

材料区：

- **纸张**：彩色包装纸、皱纹纸等

- **线绳**：粗细毛线、彩带等
- **布制品**：白布、花布
- **球类**：玻璃球、弹球
- **管类**：吸管、滴管
- **棉织品**：海绵块、棉棒
- **粘合工具**：胶水、透明胶带、胶棒
- **绘画笔**：彩色铅笔、油画棒、毛笔
- **颜料**：广告色、水粉、水彩
- **刷类**：滚刷、油漆刷
- **调色工具**：塑料瓶、调色盘
- **剪切工具**：剪刀、花边剪
- **画架**

创作区：

- **平面创作区**：S型拼装小桌、坐椅
- **立体创作区**：软体地垫

作品展示区：

- **平面展示区**：KT板（做些许装饰）
- **立体展示区**：立体展示台
- **废旧物品回收厂**：大号整理箱、废旧瓶罐、纸箱、纸张、布匹、废旧轮胎等
- **玩沙区**：沙池、沙画台、小铲、小碗及小桶等定型器皿

七、音乐能力发展区环境创设

[一] 功能区划分及功能

1. 器乐区

4～6岁的幼儿对节奏有一定的感知和模仿能力，在乐器方面可以选择更多样化和操作性更强的乐器。并且充分调动幼儿的积极性，准备一些小瓶、

小桶、皮筋等物品，鼓励他们亲手制作简单乐器。

2. 欣赏区

让婴幼儿充分体验不同的节奏类型，感受不同风格、不同民族的乃至世界各地的音乐类型。以故事的形式，或与其他区角的组合形式来了解音符背后的声音。从生理、心理、能力、思维、认知、社会生活经验、自然等多方面来感受，注重设备、环境、氛围、教师引导对婴幼儿音乐欣赏的作用。通过听觉信息发现音乐中类似以往听过的自然声的音乐元素和让他们感到新奇的声音，并和影像相结合，使婴幼儿产生表现、发挥和创作的欲望，并以肢体语言展现。

3. 动作舞蹈表演区

音乐永远不单是音乐本身，它是同动作、舞蹈、语言、表演联系在一起的，孩子不单单是作为听众，而是要切实地作为合作者、合奏者、参与者融入音乐中去。本区域利用舞台、背景、表演服饰、头饰、手偶等为婴幼儿提供更为亲近音乐的微环境，使音乐、舞蹈、语言、动作、表演等融为一体。

[二] 各功能区材料配备

- **器乐区**：三角铁、响桶、打棒、竖笛、铝板琴、木琴等。
- **欣赏区**：音乐光碟、面包机、音乐图示等。
- **动作舞蹈表演区**：舞台、自制服装、梳妆台、衣柜等 。

第八节
发展测评与指导

"戏剧性童话式"早教法是以戏剧性的童话式的方法，使早期教育成为走进孩子心灵的时空通道，沿着这条通道我们玩吃饭、玩学习、玩艺术、玩有礼貌、玩守纪律、玩改正错误、玩心理角色转换，甚至玩睡觉。一直"玩"到，在不知不觉中构建起一个阳光灿烂的人格雏形。

一、4～6岁幼儿身体发育阶段测评

体重：4～6岁，男童体重年平均增加2.57千克；女童体重增加2.36千克；

身长：4～6岁，男童身长年平均增加7.0厘米，女童身高增加7.0厘米；

4岁半、5岁、5岁半和6岁是婴幼儿身心发展的4个重要年龄，其生理发育的主要指标如下表：

表　世界卫生组织母乳喂养4岁～5岁儿童体格发育参考值

年龄组	男　童		女　童	
	体重（kg）	身高（cm）	体重（kg）	身高（cm）
4岁0月～	16.35 ± 0.13	103.3 ± 4.2	16.07 ± 0.14	102.7 ± 4.3
4岁1月～	16.52 ± 0.13	103.9 ± 4.2	16.25 ± 0.14	103.3 ± 4.3
4岁2月～	16.68 ± 0.13	104.4 ± 4.3	16.43 ± 0.14	103.9 ± 4.4
4岁3月～	16.85 ± 0.13	105.0 ± 4.3	16.61 ± 0.14	104.5 ± 4.4
4岁4月～	17.01 ± 0.13	105.6 ± 4.3	16.79 ± 0.14	105.0 ± 4.5

4岁5月～	17.18 ± 0.13	106.1 ± 4.4	16.97 ± 0.14	105.6 ± 4.5
4岁6月～	17.35 ± 0.13	106.7 ± 4.4	17.16 ± 0.14	106.2 ± 4.5
4岁7月～	17.51 ± 0.13	107.2 ± 4.5	17.33 ± 0.14	106.7 ± 4.6
4岁8月～	17.68 ± 0.13	107.8 ± 4.5	17.51 ± 0.15	107.3 ± 4.6
4岁9月～	17.84 ± 0.13	108.3 ± 4.5	17.69 ± 0.15	107.8 ± 4.6
4岁10月～	18.01 ± 0.13	108.9 ± 4.6	17.87 ± 0.15	108.4 ± 4.7
4岁11月～	18.17 ± 0.13	109.4 ± 4.6	18.04 ± 0.15	108.9 ± 4.7
5岁0月～	18.34 ± 0.13	110.0 ± 4.6	18.22 ± 0.15	109.4 ± 4.8

注：身高与体重数据参考自梅建、王延礼、王书栓、张英编译《儿童体格发育与营养评价》

二、4～6岁幼儿智能发展测评

4～6岁儿童在上述年龄的大运动、精细动作、言语、认知能力以及情绪与社会行为方面的平均发展水平如下表：

表7 4～6岁婴幼儿智能发展的主要指标

领域	4岁半	5岁	5岁半	6岁
大运动	足尖对足跟向后走4步	手接弹至胸前的网球	跳高过20厘米	砂包投进2米远小盆内
精动动作	画人像3个部位	会剪画好的三角	画人像10个部位	会系解鞋带
言语	知桌、鞋、房子是什么做的	说清详细住址	复述14个字的句子	倒述238、479、695
认知能力	知道两手十个指头	会5以内加减法	分清左右	知鸟、蝶、蝇相同点
情绪与社会行为	帮助受伤的人或小动物	公共场所有礼貌	区分上、下午	遵守下棋规则

三、个案指导（高级）

“戏剧性童话式”家庭早教法

——微环境教育行为案例

把平淡的琐事戏剧化，因为孩子是天生的艺术家；

把现实的生活童话式，因为儿童用童话来理解现实，成人用现实来创造童话。

对于孩子来说，一切都是“戏剧性童话式”。他们就是用“戏剧性童话式”来理解生活的。不是吗？在他们的眼里，一根棍子就是一匹马；头上落了一滴水就是倾盆大雨；随地撒了一泡尿就指着说“黑龙江”；早上睁开眼睛“汪汪！小狗起床啦！”——他们的童话剧就这样开幕了；一直要到睡觉闭上眼睛“妈妈给我讲故事”——大幕这才不情愿地落下。

“戏剧性童话式”早教法是以戏剧性的童话式的方法，使早期教育成为走进孩子心灵的时空通道，沿着这条通道我们玩吃饭、玩学习、玩艺术、玩有礼貌、玩守纪律、玩改正错误、玩心理角色转换，甚至玩睡觉。一直“玩”到，在不知不觉中构建起一个阳光灿烂的人格雏形。

“戏剧式童话式”早教法已经成为程淮教授《微环境教育行为技术学》的组成部分。

【案例】

“痛苦”钢琴如何变为“快乐”钢琴

比如让孩子们最最恐惧的练琴吧，每次，妈妈都会想出许许多多的戏剧性情节：

“哎呀，妈妈肚子里有小宝宝了，宝宝要听音乐呢。”于是你就兴奋了，不停地弹啊、弹啊……

“哎呀，对面楼顶上有那么多的麻雀，在看咱家的小姑娘练琴呢，它们说，从来没见过这么漂亮的小姑娘琴弹得这么好。”于是，你就精神抖擞，百练不厌……

练习《新大陆交响曲》吗？

“啊！天鹅说，新大陆太美了，它要飞回去把小伙伴们都接过来，可是天鹅有那么多的小伙伴，它一次只能带一个，该怎么办呢？”

“没关系，妈妈，天鹅的身体非常强壮，它可以来来回回一趟趟地飞呀。”于是，弹钢琴就成了天鹅飞向《新大陆》。遇到弹得不够好的地方妈妈就喊：

“啊呀！不好啦！瞧这天鹅的翅膀（手形）歪歪斜斜的，把小猴子掉进大海里去啦！”“妈妈，你放心，天鹅会游泳的，它马上改正错误，把小猴子救上来。”

伴随着童话想象，我们的好孩子一遍又一遍地弹奏，直到把你所有的动物玩偶全部“完美地”接到“新大陆”。你一扭头，“妈妈，天鹅飞得很轻松，它一点都不累。”

现在练习《班卓琴手》：

妈妈抢着说：“我是小蜜蜂，我要当琴手，我是‘蜜蜂琴手’。”

你不甘示弱：“我是天线宝宝，我要当‘天线宝宝琴手’。”

“我是小企鹅……”

“我是流氓兔……”

“我是……”

最后，只好用“剪刀、石头、布”来决定哪个小动物先入选。接下来，你反反复复练习，让一个个小动物都成为合格的“琴手”。

练习《火车》，“我是火车司机，大家上车吧，一共有多少乘客呢……”每弹奏一遍，就是上一个乘客；

练《侏儒舞曲》，“小矮人走不动啦，让我们把他们一个一个地背回家吧。”每弹奏一遍，就是背回去一个“小矮人”；

练《公主舞曲》，“不好啦，不好啦，小公主迷路啦，让我们帮她一家一家地找爸爸妈妈吧。”每弹奏一遍，就是找一户人家。

如此练琴，世上绝无仅有。

（程淮　编写）

思考与练习

1. 4~6岁幼儿身体发育的主要指标有哪些？

2. 4~6岁幼儿智能发展的主要指标有哪些？

3. 高级早教师如何指导家长应用“戏剧性童话式”家庭早教法？

问题与讨论

1. 如果遇到“打破沙锅问到底”的孩子，早教师该如何应对？

2. 早教师如何在有效的时间内让幼儿的各种潜能均得到一定的发展？

附录一
早期教育课程理论与实践

"如果一个人从来没有感受过人性光辉的沐浴，从来没有走进一个丰富而又美好的精神世界，如果一个人从来没有一个令其激动不已、乐此不疲的活动领域，从来没有一次刻骨铭心的经历和体验，如果一个人从来没有对自然界的多样和谐产生过敬畏，对人类创造的灿烂文化发出过由衷的赞叹……那么他就没有受到过良好的教育。"

一、课程的基本内涵

[一] 课程的内涵

"课程"（Curriculum）是指根据教育的目标，为指导学习者的学习活动，有计划的编制的教育内容的整体计划。广义的课程，是学校为学生提供的全部经验。

"课程"一词在我国最早大约出现于唐宋年间。唐代孔颖达在《五经正义》里为《诗经 · 小雅 · 巧言》的"奕奕寝庙，君子作之"句注疏时，首次使用了"课程"一词。他写道："教护课程，必君子监之，乃得依法制也。"这是我国历史上迄今为止所能见到的课程一词的最早使用。宋代朱熹在《朱子全书 · 论学》中亦多处使用课程一词，如"宽着限期，紧着课程"，"小立课程，大作工夫"等，其意思是指所分担的工作程度和学习内容的范围、时限和进程。朱熹的用法已与我们现在许多人对课程的理解基本相似。

在西方，“课程”一词最早在英国教育家斯宾塞的《什么知识最有价值？》（1859 年）一文中出现，他把课程理解为知识或学科。它是从拉丁语“currere”一词派生而来的，意为“跑道”（race-course），意指“学习的进程”（course of study）或“学习的路线”，即“学程”，既可以指一门学程，也可以指学校提供的所有学程。

1949年，美国现代课程论的先驱者泰勒出版了《课程与教学的基本原理》一书，奠定了现代课程研究领域的理论构架。泰勒的课程论是围绕着以下四个基本问题展开论述的：

· 学校应该达到哪些教育目标？

· 提供哪些教育经验才能实现这些目标？

· 怎样才能有效地组织这些教育经验？

· 我们怎样才能确定这些目标正在得到实现？

这可以概括为“目标、内容、方法、评价”四方面，确定了课程的核心问题。正是这一研究，开拓了课程论研究领域，构成课程与教学的基本原理。

[二] 早教课程的内涵

早期教育课程和其他教育阶段的课程不同。首先，在0～6岁这个阶段，儿童的发展速度非常快，同时儿童的学习能力和活动能力在很大程度上取决于他们的发展水平。所以，早期教育课程的决策必须考虑每一个儿童的发展水平。其次，在早期教育阶段，课程中更多地使用具体的材料和采取具体的活动，课程的组织更多的是根据活动来进行而非班级授课。

美国早期教育协会（NAECY）定义“课程是一种有组织的框架，这个框架勾画出儿童应该学习的内容，儿童实现既定课程目标的过程，教师在帮助儿童实现这些目标中的任务，以及教学与学习得以发生的环境”。【National Association for the Education of Young Children and National Association of Early Childhood Specialists in State Departments of Education（NAECY & NAECS/SDE）（1991）. Guidelines for Appropriate Curriculum Content and Assessment in Programs Serving Children Ages 3 through 8. Young Children, Vol. 46, Iss. 3, p. 21.】卡根在《早期教育课程》中指出课程“可以是

一系列实现既定目的或目标的特殊活动，可以是一个为材料的选择和活动的设计提供指导的框架，也可以是促进儿童全面和谐发展的综合方式或取向”【Carton, C. E., & Allen, J.（1999）. Early Childhood Curriculum-A Creative Play Model. NJ：Prentice Hall, Inc., pp. 4-5.】。简单来说，早教课程是实现教育目的的手段，它把早期教育中的若干要素，按照早期教育的规律与需要加以科学合理地组织，并转化为各种类型的教育活动。

早期教育课程最突出的特点表现在生活化和游戏化。让婴幼儿在自身的成长环境中自然地受到自然环境、社会环境、教师有目的有计划地创设的环境的影响。在操作探索游戏中获得现实生活经验，教育生活化并不是简单的生活技能训练,也不是与生活的全部等同。生活化是让孩子用自己的眼睛看世界，按照自己的想法去行动，生活化是对婴幼儿认识世界的方法独特性的认同，是对生命发展阶段性规律的尊重。生活化的教育不在于追求知识学习量的积累，不在于以成人期待的所谓成果为教育的目标，游戏化也要在顺应婴幼儿兴趣爱好的基础上拓展幼儿的经验，提炼婴幼儿的操作经验，再引导婴幼儿将这些经验应用到日常生活中。不应仅仅以社会对人的要求来设计课程，而要更多地考虑到婴幼儿的发展特点，关注婴幼儿的发展需要，将社会要求、个性发展需要与生活紧密结合在一起，更加注重现实经验的主动建构。

二、课程的理论基础

所谓课程的基础是指影响课程内容、课程目标、课程实施、课程评价的一些基本领域。考察课程的基础，实际上是要确定课程领域的外部界线，确定与课程最有关和最有效的信息来源，也就是说，要确定课程的基础学科有哪些。 课程研究通常以某一理论作为基础，形成研究的基本方法和课程的基本观点，由此形成包括知识观、教学观在内的课程理论体系。

早教课程由于其对象的特殊性，其理论基础至少包括以下三个方面：

一是儿童。课程设计首先必须满足儿童的发展需要。我们常说，儿童决定课程，或者是儿童发展决定我们给儿童设计使用什么样的课程。课程设计还必须满足不同儿童发展的需要。

二是社会。课程设计还必须考虑社会对人才培养的需求。社会需求尤其是未来社会可预见的对人才素质的需求，决定了我们课程的设置。

三是学科。课程的设计还必须满足具体学科的教学需要。各学科中安排什么样的知识内容，要遵循科学性和时代性的原则。

以儿童发展、社会需要、学科知识为基点的课程设计，反映了课程设计的不同属性——人本属性、社会属性和文化属性。这些属性之间的关系既不是并列关系，也不是主次关系，更不是对立关系，而是相互联系、相互作用、辩证统一的关系。处理好这些关系，才能产生科学而均衡的课程。

关于课程内容的选择，我们提出了一个“漏斗法则”。在知识爆炸、信息爆炸的年代，到底选择什么教育经验给我们的孩子？到底什么是关键知识点、能力点？任何教育内容，无论它在传统教育中是根深蒂固的还是史无前例的，都不能自动纳入我们的教学计划，而是要通过这个“漏斗”来筛选。筛选的标准即上面的三大理论基础：儿童、社会、学科。课程内容既要适合儿童发展的身心特点，贴近孩子的生活，适合组织教育经验的要求，又要秉承传统文化、吸纳现代文明，能对孩子的未来产生重要影响。

三、课程模式与课程类型

[一] 课程模式

《兰登书屋韦氏大学词典》（*Random House College Dictionary*）将“模式”定义为一种用于模仿或比较的标准或实例，是一种展示某样事物结构或者复制某样事物的表征（representation）。关于早期教育课程模式的概念，不同的学者给出了不同的定义。伯纳德·斯波德科（Spodek, B.）认为“课程模式是理想化的课程方案，在不同的环境中可以被复制或者仿效”。美国早期教育的课程研究专家斯泰斯·戈芬（Goffin, S.）则认为“课程模式是一个思维框架（conceptual framework）和一种组织结构，它是教育中需要优先考虑的问题、管理政策、教学方法和评价标准的运用模板。尽管课程模式根本的前提条件不同，但是它们为方案的执行和评价提供指导”【Goffin, S. G.. The Role of Curriculum Models in Early Childhood Education. ERIC Digest. http：//www.ericdigests.org/2001-2/curriculum.html, 20079.17.】。也就是说，课程模式是一个集理论、管理和教学一体的理论框架和实践模板。

早期教育课程的发展，主要存在以下几种课程模式：

1. 目标模式与过程模式

目标模式是以目标为课程设计的基础和核心，围绕课程目标的确定及其实现、评价而进行课程设计的模式。目标模式是20世纪初开始的课程开发科学化运动的产物。因此，目标模式被看做课程开发、课程设计的传统、经典模式，其主代表是被尊为“现代课程理论之父”的拉尔夫·泰勒（R.Tyler）所创立的“泰勒模式”。

泰勒指出，任何课程设计都必须回答以下四个问题：为什么教（或学）？教（或学）什么？怎么教（或学）？如何评价教（或）的效果？这四个问题构成了著名的“目标”、“内容”、“组织”和“评价”，成为课程开发与设计的永恒范畴，也被认为是课程设计的步骤。目标模式有其他一些类型，但它们都没有超出泰勒的这四个问题，往往被认为是对泰勒模式的补充。

在实际的运作中，目标模式被细化为以下七步，以便于操作，即诊断需要—形成具体的目标—选择内容—组织内容—选择教学活动—组织教学活动—评价。

目标模式有两个显著特征：一是以明确而且具体的行为目标作为课程设计的核心，目标是课程设计的起点，也是教育活动的终点，这里的行为往往是那些显而易见的外在行为；二是这种设计模式意在控制，追求效率。

这种设计模式的优点在于条理清晰，具体的行为目标非常便于操作和评价。这种设计模式的不足是：课程目标用行为来表示，再将这些行为目标层层分解，就彻底肢解了课程与幼儿学习的整体性，使幼儿的课程经验支离破碎；行为不仅包括外显的行为，而且包括内隐的行为（如幼儿对课程的体验、幼儿的自我意识等），而后者往往比前者重要，但是这种课程设计模式就将内隐行为排除在外，舍本逐末；再者，这种设计模式对知识作简单化的理解，无视知识产生的过程以及知识与社会的关系，对知识作线性理解，直接导致教学过程就是一种按照图纸施工的过程，教师的主体性及创造性比较缺乏。可以说，这种模式的使用范围有限，只能适用于外在的行为，如技能技巧的培养，而对一些高级心理机能（如创造性）的培养，则比较困难。

针对目标模式的不足，一种新的设计模式应运而生，这就是过程模式。所谓过程模式是以过程或程序，而不以目标或内容为焦点。它不预先指定目标，而是详细说明内容和过程中的各种原理。换句话说，这种模式主张：课程开发应从那些具有价值的知识中挑选出能够体现这些知识的内容，这些选择出来的内容，能够代表这种知识当中最重要的过程、最关键的概念和该知识中固有的那些标准。学生所取得的最终结果不是按照行为事先确定的，而是在事后借助那些建立在该知识形式中的标准来加以评价。1975年，英国课程理论家斯坦豪斯在出版的《课程研究与开发导论》（*An Introduction to Curriculum Research and Development*）中，对目标模式的课程理论进行了分析批判，以此为基础，提出了过程模式的课程理论。他是倡导一种“生成性”目标取向的课程，即“不应以事先规定好了的结果为中心，而要以过程为中心”的课程。这种课程认为学生的行为结果是无法预测的，教育应当“引导人去探索知识”，“变得更自由，更有创造力”，高度关注学生兴趣的变化、能力的形成和个性的发展等。

为了更清楚地认识这两种课程模式，下面将两者作一简单的比较：

比较点	目标模式	过程模式
教育观	教育是实现既定目标	教育使人更自由、更有创造性
知识观	知识是固定的让人接受的信息	知识是思维的载体
课程目标特点	精细、终极状态	宽泛、动态变化
课程目标来源	分解和对应教育目标	过程中学生的兴趣
课程目标的作用	控制、束缚	引导
课程关注点	目标达成、结果	过程、学生的满足
教学方法	讲授、传递	讨论、探究
教师角色	课程的执行者	参与者、讨论主持人
教师要求	技能性强，短期培训	观念和能力要求高，长期学习

学生角色	接受者	建构者、探索者
教学调控手段	目标控制，易操作	过程中的教育原则，难把握
课程效果	明显、快速、满足度低	不明显、长远、满足度高
课程评价	指标明确，评价简易	较模糊，评价较难

综合分析目标模式和过程模式，可以看出，目标模式强调目标导向，课程目标明确、具体，便于教师和学生清楚意识到自己要达到的目标，操作性强。但是这种模式过分注重学习结果和目标达成，导致生动的探究性教育变成了控制性的“加工”，是工业化社会的产物。而过程模式在一定程度上弥补了目标模式的局限性，否定了目标模式关于确立和表述课程目标的行为主义和机械主义偏向，肯定课程研究的重要性以及课程内容的内在价值，并强调学习者的主动参与和探究学习，重视学生思考能力和创造性的培养，使课程开发更趋于成熟和完善。但过程模式最大的弊端是不容易掌控，对于教育实践工作者来说操作性差。因此，一种优秀的课程模式应取二者之长，既应充分关注幼儿的兴趣和能力，也要最大程度地促进幼儿发展。

2. 分科课程模式与综合课程模式

分科课程模式是一种以学科或知识为中心编制课程的模式。其特点是有由学者、教师预先精心编制的固定的、现成的教材，并按教材进行教学。20世纪50年代时，《幼儿园暂行教学纲要》就具体规定了幼儿在生活卫生习惯、体育活动、思想品德、语言、常识、计算、音乐、美术等八个方面应该掌握的基本技能和基本知识，并组织编写了统一的早教机构课程。

分科课程模式注重知识的系统性，便于知识的传授和教授的组织管理，可以使幼儿在较短的时间内获得大量的间接经验。分科课程模式有其缺点：其一，它忽视学科之间的横向联系，造成教育内容相互割裂，不利于幼儿的全面发展；其二，它注重系统的知识教学，精心提炼的抽象知识和各种符号系统，脱离幼儿的生活，不符合幼儿的思维特点，难以引起幼儿的兴趣，不易为幼儿理解和把握；其三，它强调知识的教授和教师的作用，忽视幼儿的主动性、自动性和创造力的发挥。

综合课程模式则根据现代社会的需要，打破原有的学科界限，用全新的课程观将有关学科的内容、结构和功能进行有机整合，编排而成的一门课程。我国早教机构目前使用的大都是综合课程模式。新《纲要》强调“早教机构的教育内容是全面的、启蒙性的，可以相对划分为健康、语言、社会、科学、艺术等五个领域，也可作其他不同的划分。各领域的内容相互渗透，从不同的角度促进幼儿情感、态度、能力、知识、技能等方面的发展”。这从高层面上确定早教机构课程的综合性取向。

综合课程模式能够从整体上考虑社会、自然和人类的可持续发展，使幼儿建立综合性的知识结构，避免单科突进所造成的相近学科相互分割的问题。但由于综合课程以社会发展的需要为主线来编排课本的内容和顺序，因而存在着在知识的前后衔接上不如分科课程那么严密有序的问题。

[二] 课程类型

对于课程，从不同角度可以对其作不同分类，这里着重介绍常见的几种分类：

1. 隐性课程与显性课程

隐性课程，也称潜在课程，其概念产生于20世纪六七十年代，自提出后，引起了课程研究者的极大兴趣，并迅速为人们所接受。80年代中期，我国开始有意识地研究隐性课程。至今，隐性课程不仅成了课程理论探讨的一个重要课题，而且在教育实践中也引起了广泛的注意。

所谓隐性课程，即不通过正式的教学进行，对幼儿的知识、情感、信念、意志、行为、价值观等方面潜移默化的进行影响课程模式。如在室内安静活动、幼儿自由玩玩具、进行手工绘画时，教师可以小音量地放轻柔的背景音乐；在自由活动时段，教师可以大音量地播放欢快的背景音乐。这就是隐性课程在教育实践中的体现。

所谓显性课程，则是通过正式的教学，对幼儿进行直接教育的课程模式。如一日课程表中呈现出来的各种游戏和活动。由此可以看出，相对于显性课程来说，隐性课程实际上是“非计划的学习活动”，“是学生在教学计划所规定的课程外所受的教育”，是以幼儿没有意识到的方式来施教的。

隐性课程与显性课程从三个方面相区别：一是在学生学习的结果上，学生在隐性课程中得到的主要是非学术性知识，而在显性课程中获得的主要是学术性知识；二是在计划性上，隐性课程是无计划的学习活动，学生在学习过程中大多是无意接受隐含于其中的经验的，而显性课程则是有计划、有组织的学习活动，学生有意参与的成分很大；三是在学习环境上，隐性课程是通过学校的自然环境和社会环境进行的，而显性课程则主要是通过课堂教学的知识传递进行的。

虽然二者有区别，但是二者对于幼儿发展的影响则是同样重要的。尤其是隐性课程，它对幼儿的身心发展有着重大的影响。在一定程度上可以说，不重视隐性课程的教育是不成功的教育，甚至是无效或负效的教育。因此，早教教师在开展教育过程中，一定要注意隐性课程的渗透作用，以期更好地促进幼儿的全面和谐发展

2. 分科课程与活动课程

分科课程是根据各级幼儿发展目标和科学发展水平，从各门科学中选择出适合幼儿发展水平的知识，组成各种不同的教学科目。这种课程是预先安排的，如早教机构五大领域中的语言课程、社会课程、艺术课程、科学课程等则可称之为分科课程。

可以说，分科课程既是学校的产物，也是科技发展的产物，是以传授知识为己任的学校与知识类别间相互作用的结果。它之所以在学校教育中始终受人青睐，既源于学校特定的任务与要求，也源于人们长久以来形成的知识观，同时也源于它的便利与简单，而这些正是活动课程提出非议之处。

活动课程与分科课程相对，它是打破学科逻辑组织的界限，以学生的兴趣、需要和能力为基础，通过学生自己组织的一系列活动而实施的课程，它也常常被称之为“儿童中心课程”、“经验课程”。

一般地说，活动课程起源于19世纪末20世纪初欧美的“新教育运动”和“进步教育活动”，其发展历史较分科课程要迟若干年。如果我们再溯其根源，也只不过是卢梭的“自然教育”思想、裴斯泰洛齐的教育适应自然的原

则和福禄贝尔的儿童自动发展的思想，尤以卢梭影响更甚。在活动课程的发展历史中，杜威常被认为是代表人物之一。

分科课程与活动课程是学校教育中的两种基本的课程类型，我们可以把两者看做是一种相互补充而非相互替代的关系。分科课程将科学知识加以系统组织，使教材依一定的逻辑顺序排列，学生在学习中可以掌握一定的基础知识、基本技能，但是，由于分科过细，只关注学科的逻辑体系，容易脱离学生生活实际，不易调动学生学习的积极性；而活动课程则可以在一定程度上补救这一缺失。但与此同时，由于活动课程自身往往依学生兴趣、需要而定，缺乏严格的计划，不易使学生系统掌握科学知识。一正一反，利弊兼具。任何一者在张扬其特长的同时，也就将其短处暴露无遗。所以，两类课程在学校教育中都不可缺少。至于进步教育以活动课程为代价牺牲分科课程，而传统分科课程忽视活动课程，都已由史实证之为不切。

四、课程目标的制订

课程目标是早教机构课程的指南针，它既是课程设计的起点，也是课程设计的终点；既是选择课程内容、课程组织方式和教学策略的依据，也是课程评价的标准。

早教机构课程目标应该如何制订？依据是什么？这些都是教师非常关注的问题。一般认为，儿童发展、社会生活和人类的知识是制订课程目标的依据，同时也是课程目标的来源。因此，要科学地制订早教机构课程目标，就必须研究儿童，研究社会，研究人类的知识。

早教机构课程是为支持、引导、帮助幼儿学习，促进幼儿身心全面发展而设置的，课程目标是对幼儿在一定期限内学习效果的预期。为了使这种预期更为科学合理，就必须研究幼儿，了解他们身心发展的规律，关注他们的发展需要。

[一] 研究幼儿的发展需要

一方面要了解儿童发展心理学的研究所揭示的幼儿应该和可能达到的理想状态；另一方面，要了解幼儿的现实发展状况。这就需要实际观察研究幼儿，通过他们的行为表现来判断他们的发展水平与特点，然后把实际的发展水平与理想的发展状态做比较，明确幼儿的发展潜力。这样一来，对幼儿应该建立什么样的期望才算适宜也就清楚了。

[二] 研究社会发展需求

早教机构课程的基本职能之一，是让幼儿在度过快乐而有意义的童年的同时，为幼儿积极适应未来社会生活做准备。因此，在考虑早教机构课程目标时，必须研究社会对幼儿成长的期望和要求。

社会对儿童成长的期望，既反映在政府制定的政策法规和相关文件中，也反映在家庭生活中，同时体现在社会政治、文化、经济生活中。早教机构和教师要理解各种政策法规，尊重家长的合理要求，把握社会生活的发展变化，以此作为基础来制定早教机构课程目标，提高早教机构教育对社会的适应性，这样才能培养出既能适应社会的要求，又能主动学习、和谐发展的人。在研究社会对幼儿提出的期望的同时，还应当关注社会生活对幼儿实际产生的影响和可能产生的影响。在社会生活日益复杂的今天，社会对儿童的期望与社会生活为儿童提供的生活经验往往不能协调一致。比如现代社会要求其成员善于交往、善于合作，但是高度封闭的住宅、电视等媒介渗入人们的生活，使得儿童从小就缺乏学习合作的机会。在这种情况下，就更应该加强对社会生活的研究，找出社会需要与所提供的学习经验之间的不匹配之处，确定课程应该关注的地方。

[三] 研究学科知识发展

知识能够帮助幼儿更好地认识自然、认识社会、认识自己，因此知识是课程不可缺少的组成部分。儿童应该学习什么，学习这些内容有哪些意义，往往也取决于这些知识自身的结构、表现形式、抽象程度以及蕴含的教育价值等。换句话说，人类知识也是课程目标的依据和来源。

从上述三类研究中可以获得大量关于课程目标的信息，但是这些信息不一定就是适宜的课程目标，要确定它们是否适宜，还需要经过筛选甄别。

筛选大致可以分为两步进行：

第一步是进行可能性筛选。主要任务是把从单个来源获得的信息加以综合整理，将那些相互矛盾的、重叠的、不适合幼儿年龄特征和社会需要的内容，或删除，或合并，或修正，这样就构成一个可能的课程目标体系。当然，这种筛选还是初步的筛选，可以与寻找目标信息的工作同步进行。比如，在研究幼儿生活中的目标信息时，同时要考虑幼儿的特点；研究幼儿发展需要中蕴含的目标时，也要首先选择那些符合社会需要的内容。在这里，社会学、心理学和知识论是判断和选择的依据。

第二步是进行价值筛选。这是非常重要的一步，它将决定课程目标的教育价值取向。这里用来筛选的工具是教育哲学和学习心理学。例如，心理学的研究表明，幼儿期图像知觉发展迅速，而汉字是一种象形文字，比抽象的拼音符号更适合幼儿的知觉特点，因此只要方法得当，幼儿就可以学习文字。而且不少家长为了不使自己的孩子输在起跑线上，也希望早教机构教孩子识字。对幼儿学习特点的研究表明，尽管幼儿可以识字，但是汉字不仅是“图形” 和“声音”，更重要的是“意义”，理解文字的意义则需要相关的经验。另外，幼儿识字会消耗大量的时间和精力，这会影响幼儿其他方面的发展。很明显，识字对于幼儿来讲，尽管可为，但不应强求而为，因为识字并不是最基础最重要的课程目标。

五、课程内容的选择与组织

“教育要为社会主义现代化建设服务，要与经济发展相适应”，我们的教育方针为早期教育指明了方向，那么，什么样的教育才能适应明天的人才培养要求呢？我们要思考两个问题：“教育如何适应儿童的年龄特点呢？”“是不是只有生成性的活动才是好的活动呢？”这是现代教育必须回答的问题。

早教机构的教育是对儿童的进行启蒙教育的摇篮，是通过多种形式的教育活动来完成的，是教师根据早期教育目标，有目的地选择教育内容，创设教育环境，提供工具材料，有计划、有组织地开展的教育活动。既可以是全体幼儿都参加的，也可以是部分幼儿参加的；既可以以集体的形式进行，也可以是小组或个别的多种形式并存；既可以是一次活动也可能是系列活动，要根据教育的目标、内容和幼儿的认识特点灵活掌握。

教育教什么？这是我们首先面对的问题。教育内容的选择要切合教育目标，兼顾全体与个别幼儿需要；内容容量适当，难易适度，避免内容不足，无效重复或者内容超载；同时内容具有科学性、趣味性，与幼儿实际生活相联系；内容应有利于幼儿情感和综合能力的培养，克服只重视知识概念，忽视获得知识的过程的现象。

[一] 幼儿的兴趣与经验是确定内容的前提条件

早期教育的对象是幼儿，教育的内容要反映幼儿周围生活的现象，结合幼儿的生活经验。遇物而思，遇思而诲，在选择教育活动的主题时，要注意贴近幼儿的实际生活经验，选择幼儿感兴趣的、新奇的，不能只追求形式的新颖，脱离幼儿的年龄特点。例如，“怎样使杯中的水更快的冷却”、“怎样辨别生熟鸡蛋”、“生活中的网”、“不可缺少的手机”、“钥匙和锁”等。

[二] 教育内容要选择常见的幼儿能理解的经验

教育的内容广泛，幼儿的兴趣爱好更是多种多样，但是，主题必须是最基本的、有多种探索可能的、有代表性的。例如，“生活中有弹性的物体”、“怎样让物体转起来”、“生活中的工具”、“阳光下的影子”等。

[三] 要选择适宜幼儿群体探究的学习内容

早教机构的教育是有目的、有计划的教育活动，多为集体或小组幼儿参加，要选择适合教师组织开展的、绝大多数幼儿感兴趣的、适宜集体或小组幼儿共同探索的、有经验共享价值的活动。有些内容虽然很有价值，但不适宜集体探究，就要建议家长在家进行。例如，“我们的工具”中电灯开关为什么能控制灯的开与关？为什么有的开关控制一盏灯，有的控制很多灯？早教机构只能制作模拟的开关，但幼儿真正感兴趣的是房间里的灯。还有幼儿喜欢每天晚上观察星空，即使是寄宿早教机构也不能每天做到，但可以让这名幼儿将他画的“春、夏、秋、冬”星空的变化贴在班里，和大家分享。

六、课程实施与评价

日本著名教育家井深大说过："假如我们抛弃如此僵化的教育方法，采用一种充满人情味与生命力的方法，这就好比农民知道改变土壤，把盐碱地改为肥沃的土地，那么所有的孩子都能成为栋梁之才。"

[一] 课程的实施

什么是正确的教育方法呢？也许很难有一个全面的描述。但"如果一个人从来没有感受过人性光辉的沐浴，从来没有走进一个丰富而又美好的精神世界，如果一个人从来没有一个令其激动不已、乐此不疲的活动领域，从来没有一次刻骨铭心的经历和体验，如果一个人从来没有对自然界的多样和谐产生过敬畏，对人类创造的灿烂文化发出过由衷的赞叹……那么他就没有受到过良好的教育"。教育方法犹如七彩光环，各色鲜明，变幻无穷，你中有我，我中有你。教育能够改变幼儿的内心世界，也能够改变幼儿未来的生活质量。教育方法直接影响着早期教育水平的高低。在教育过程中，教师应调动幼儿的学习兴趣，引发幼儿的探究动机，适当提出挑战性任务，再结合各学科的教育因素发挥环境的教育作用，就会发挥最大的效能，既丰富了幼儿的知识，又培养了幼儿的探究能力和幼儿的态度，可谓"鱼和熊掌"兼得。

1. 兴趣——引领幼儿走上自主发展之路

兴趣是人对某种事物、对象的渴求和认识欲望，它是人产生学习行为的原动力和产生快乐的源泉。幼儿天生好奇好问，喜欢用各种感官去探索周围世界。因此最重要的是提供大量直接经验，满足其好奇心，亲身去体验、挖掘答案。幼儿的兴趣往往是不稳定的，教师必须艺术地抓住幼儿的兴趣，激发幼儿延伸兴趣，投入到学习活动中去。

① **随机性活动中抓住幼儿兴趣**　直接观察雨从房檐上落下；楼顶平台上的出气孔；下雨前小动物的变化；立交桥是怎样长长的；下水道的水哪里去了……这种即时的兴趣有时比刻意设计的活动更能发展幼儿的探究能力，因为它产生于幼儿的内在需要。例如，在中午起床后梳头时，一名幼儿在梳子上蒙上一张纸，用嘴轻触梳子发出

"呜"声，梳子发出一种奇怪的共鸣声，用梳子能吹出好听的乐曲（见亲子互动篇的游戏）。很多幼儿被吸引过来，他们也模仿起来，幼儿发现，梳子齿的疏密与声音的高低有关，纸的薄厚与声音的共鸣效果有关，梳子的质地与声音的音色有关。第二天，很多幼儿从家里带来烫发用的金属梳子，宽齿木制梳子，大家自发地用梳子琴表演了一首歌。园长被梳子琴声吸引来了，大家又表演了一首歌，园长非常感动，她说，要在早教机构大事记上写上这个伟大的发明，是大班小朋友发明了梳子琴，后来幼儿在"六一"儿童节会演中表演了梳子琴乐曲，全班幼儿深受鼓舞。这次偶然的发现，激起了幼儿更多的思考与探索……

② **生成性活动中延伸幼儿兴趣** 尽量在现象发生的现场进行。生成活动是顺应幼儿的兴趣设计成单个的或系列的活动。如，一天下过雨后，小朋友来到早教机构，他们发现活动室的地板上有许多小脚印。老师没有擦掉脚印，而是带领幼儿观察脚印，大家发现，每一个脚印都是不同的，过一会儿又发现皮鞋的很相似，运动鞋底的花纹很深。连续几天幼儿都在收集鞋子上的花纹，他们渐渐发现，有的鞋子上的花纹是为了美观，有的是为了走路不滑，每种鞋子上的花纹都不同。通过花纹，他们认识了各种各样的鞋子，有雨鞋、冰鞋、救火鞋、减肥鞋……按说，活动也就到此为止了，但教师继续将幼儿的兴趣引向纵深，引导幼儿看看生活中还有什么地方有花纹，幼儿又发现，鼠标垫下面有花纹，人的皮肤有花纹，昆虫的脚上有花纹，汽车轮胎有花纹等等。于是研究花纹的兴趣又被点燃了。幼儿观察早教机构的车，小区的车，他们发现，越是拉货物的大车，轮胎越多，花纹越深，有的幼儿还从网上查到，下雪时，有的国家为了防滑还将汽车轮胎上装上铁链子，防止汽车打滑，大家都很感慨，原来花纹的作用这么大呀！生成性活动的特点是抓住幼儿即时产生的兴趣，引发幼儿的探究活动，对教师的观察与判断能力要求较高，什么样的兴趣是个别幼儿感兴趣的，需要个别指导，什么样的兴趣是群体幼儿都感兴趣的，需要

引起大家的关注，教师的心中要迅速建立起一个可能的主题网，只有这样才能有效地拓展幼儿的认识，发展幼儿的探究能力。如上例：鞋印（个别人的兴趣）——鞋印都有什么样的？（引导部分幼儿观察）——鞋印有什么作用？（群体幼儿收集资料，共同研究）——还有什么地方有花纹（扩大认识范围）——花纹和我们的生活有什么关系？（拓展思维）教师有目的地将幼儿的认识升华，逐步加深认识的内容。

③ **预成性活动中顺应幼儿兴趣** 根据幼儿生活经验刻意计划的活动。例如：种子发芽、磁铁的吸引力、脸上有什么、奇妙的蛋壳、水中的沉浮、我们的小脚丫、各种各样的工具等主题活动。预成性主题不是无端产生的，是建立在教育学、心理学基础上的对幼儿本年龄段群体的共同兴趣的预测。例如，小班幼儿普遍喜欢小动物，中班幼儿普遍喜欢汽车，大班幼儿普遍喜欢恐龙、外星人等。预成性主题在早教机构教育中占主题地位，但在实施过程中要考虑幼儿的兴趣爱好进行必要的调整。

2. 问题——激励幼儿打开主动探索的大门

童年的同义语就是“问题”，童年是一个充满问题的年龄，“探索的愿望来自于问题，打开一切科学奥秘的金钥匙是问号”。幼儿的探究行为来自于自身的好奇心，迫切地想弄清楚自己不懂的问题。但一项调查表明，早教机构的孩子从小班到大班，主动提问题的越来越少。是什么原因使他们放弃了提问题的积极性呢？前面谈过，成人对于幼儿提问的反应影响着幼儿提问的频率，如果自己提出的问题总是被忽视，如果自己的提问总是得不到答案，那么幼儿就不会再问了。是幼儿没有问题吗？不是，就像“直线和曲线哪个长”那个例子一样，幼儿有问题，不明白但也不再追问，因为违背事实的答案已经得到了老师的表扬，久而久之，幼儿就会变得对待自己的问题不愿多问，不愿多想。他们好奇好问的幼芽慢慢枯萎……

成人要敏锐地抓住幼儿的问题，有些问题可能连幼儿自己也没有意识到，成人要引导幼儿在问题的驱使下去一步步探究，不断解决旧问题面对新问题。儿童的问题可谓天文地理无奇不有，“天上下的雨是哪里来的？”“人为什么不长尾巴？”“暖气为什么都在窗户下面？”“黑人洗澡的水会不会是黑颜色的？”“爸爸为什么不会生小孩？”“漂洋过海”是怎么回事？每天发生的随机经验对幼儿而言是最自然、最有意义、最具体、最容易了解的，也是最不容易忘怀的。但如果不加以引导，也是会成为过眼烟云，不会产生任何学习效果。例如，春天来了，幼儿发现空中飞着许多柳絮，教师和大家一起玩捉柳絮的游戏后引导幼儿思考“柳絮从那里来的？”“它到底是什么东西？”“有哪些好处？”“有什么不好？”“怎样避免让它破坏环境，你能给国家出个主意吗？”

还有很多可以作为随机经验的内容：“垃圾到哪里去了？”“什么东西在冒烟？”“为什么夏天的雪糕会冒出凉气？”等等。教师要注意聆听幼儿的问题，尊重幼儿的好奇心，满足幼儿的求知欲，抓住机会，运用一些问题让幼儿推理、思考，和儿童一起解决问题。一个个问题会将幼儿领进探索的大门，在将他们引向纵深。

总之，没有愚蠢的问题，只有愚蠢的回答。

3. 创新——走向人生成功的灵魂

我们什么时候能够进入早期教育先进国家的行列呢？近年来，交流的畅通、政策的宽松都使我们的教育改革步伐越走越快，那么，我们的教育缺陷到底在哪里呢？其实答案很简单，那就是：创造力的培养和人的品格的培养。创新能力是创造性人才的核心能力，开发幼儿的创造潜能是幼儿阶段的重要培养目标，也是人一生的培养方向。幼儿的知识是在活动中主动建构起来的。主动建构依赖于不断的摸索，依赖于幼儿不断爆发的思维火花，在失败中总结经验，在经验的积累中产生灵感，产生顿悟，产生无限的创造力。人的品格的培养与创造力培养相伴相生，相互影响，二者同等重要，不可偏废。

① **让每一个孩子都知道自己是最棒的——有自信才能有创新。**“一个人如果在年幼时被摧毁了信心，其行为由害怕而驱动，就是成功了也难有幸福。”幼儿的自信心是推动学习兴趣的动力。教师要在活动中及时鼓励幼儿相信自己的能力，使幼儿感受到自己的意见是受到重视

的。教师不会偏爱某个幼儿，但应让每一个幼儿都感觉到自己是最受重视的。有这样一个例子，一名教师拿着一个盒子对幼儿说："你们中间谁是最聪明的孩子，我就把他的照片放在了这个盒子里，一会儿大家可以来看看，但不能说出来。"幼儿一个个走近盒子，许多孩子看后都满足地忍住笑，也有的孩子表情很兴奋，有的很严肃。老师对大家说："这个是我心里的秘密。我相信我的眼睛不会看错。"其实，教师的纸盒中放了一面镜子，每一个人看到的都是自己的脸。但这对幼儿来说确是有效的鼓励，使幼儿在面对问题时产生勇往直前的动力。

教师在培养幼儿自信的过程中，不打断幼儿的思路，不能过早纠正幼儿的错误想法，在幼儿遇到困难时做迟到的帮助者，这比先知先决更能促进幼儿的自信。"失败是成功之母"，但对于儿童来说，成功才是成功之母。

② **创新的前提——观察，也是最基本的探究学习能力**。不要低估儿童的观察能力。在早教机构生活中，是幼儿发现成熟丝瓜的下面都有一个小洞，丝瓜籽就是从小洞里落下来的；是幼儿发现鱼嘴的上面有两个小坑，从而提出"鱼有没有鼻子"的问题；是幼儿发现在下小雨的时候昆虫都躲在了植物叶子的背面。一次电视大赛节目中有一个问题："一元人民币纸币的背面是什么图案？"现场内外的大人很少有人能说出答案，而在一旁玩耍的5岁儿子漫不经心地回答："长城呗。"他答对了。儿童的观察比成人更细致，有独特的视角，很多被成人忽略的或习以为常的问题点在幼儿眼里都是重要的事情，都引起他们好奇的探究。雨后，地上出现很多蚯蚓，教师引导幼儿仔细观察了蚯蚓的样子，爬行的方法，老师认为儿童的需要得到了满足。然而，孩子们又提出了新问题："老师，没下雨时蚯蚓在什么地方啊？""一会儿他们怎么回去呀？""我怎么找了半天也没看见地上有洞啊？"

观察是探究的前提，教师应鼓励幼儿用多种感官去感知尝试新事物，视幼儿的情况提出焦点问题引导幼儿观察。如："小猫的眼睛与别的动物有什么不一样？”“脚趾一样长吗？”“青蛙的皮肤与蚯蚓有什么不同？为什么？”等等。教师要注意鼓励幼儿对将要发生的事情进行预测，对目前现象提出形成之原因，预想未来的状态，根据观察的现象试着提出合理的解释，这样可以将幼儿的各种经验整合起来，帮助幼儿超越从“发生了什么事”到“这是怎么来的”这一思维进展过程。

③ **异想天开——创新思维带来创造能力**。缺乏想象的民族是痛苦的，没有想象的童年是悲哀的。爱因斯坦说过“想象力比知识更重要”。想象力是人一生的财富，也是创造能力的基础。《教育时报》登过这样一则消息：在美国有一场奇异的官司。

1968年，美国内华达州一个叫伊迪丝的3岁小女孩在放学后告诉妈妈，她认识礼品盒上的字母“O”。这位妈妈非常吃惊，问她怎么认识的。她说：“薇拉小姐教的。”

这位母亲在表扬了女儿之后，一纸诉状把薇拉小姐所在的劳拉三世早教机构告上了法庭，理由是早教机构剥夺了伊迪丝的想象力。她说她的女儿在认识“O”以前，能把“O”说成苹果、太阳、皮球、鸡蛋之类的东西，然而自从她认识了26个英文字母之后，就失去了这种能力。伊迪丝的妈妈要求早教机构赔偿伊迪丝的精神伤残费1000万美元。

在法庭辩护时，她的妈妈讲了一个动人的故事，这个故事感动了所有在场的陪审员。她说：“我曾到东方某个国家旅行，在一家公园里见过这么两只天鹅，一只被剪去左边的翅膀，一只完好无损。被剪去翅膀的一只放养在一片较大的水塘里，翅膀完好的一只被放养在较小的水塘里。管理人员说，这样能防止它们逃跑。被剪去一边翅膀的那只天鹅无法保持身体的平衡，因此无法起飞；放养在小水塘里的那只天鹅，虽然没有被剪去翅膀，但起飞时会因为没有必要的滑翔路程，而只能老老实实地待在水里，同样飞不起来。今天，我感到变成了劳拉三世早教机构里的一只天鹅。他们剪掉了伊迪丝想象的翅膀，早早地把它投进了那片小水塘，那片只有“ABC”的小水塘。这段辩护后来成了内华达州修改《公民教育保护法》的依据，在后来，美国

《公民权法》也规定了幼儿在学校拥有想象力的权利。

听了这个例子，有人可能不以为然，觉得美国人也太小题大做了，我们在这里姑且不讨论这件事本身的是与非，仅从这件事就能看出美国的家长和社会是多么重视孩子童年的想象，大家注意到事情发生的时间了吗？那可是1968年，60年代的美国就用法律规定幼儿拥有想象的权利，美国教育能在全世界领先的原因也就不言而喻了。

有一位美国小学生写了一篇科学幻想作文，内容大致是这样的：一天，他在草坪上看到一个蛋。是什么蛋呢？他也不知道。于是，他把蛋带回家放到微波炉里去孵，孵呀孵，孵出一看，哎呀，原来是布什总统！他的作文受到大家的关注，人们认为他很有想象力，电视台采访他，布什总统还把他接到白宫去玩。从这个例子我们看出经济发达的美国人非常关注创造性思维的培养，他们极为重视少年儿童的创造潜能的开发。我们的一位教师听了这个例子后说："这要是在中国，一个蛋里敢孵出国家主席，这样的作文早被打入冷宫了。"有人可能不服气："干吗老说美国呀，是不是有崇洋媚外的嫌疑呀！"我们不是崇洋媚外，是把自己的教育方法和发达国家做比较。一个能够实事求是地看到自己的差距，客观地承认自己落后的民族才能够从此崛起。

那么，是我们的儿童缺乏想象吗？是我们的儿童没有创造能力吗？都不是。当一位小朋友把自己设计的几张"外星钱币"拿给大人看时，大人说："你整天净想这些乱七八糟的东西。"并告诉他不准再乱画。一名男孩说："老师，咱们班的蜗牛也许不是死掉了，可能是小鸟把它接走了（因为前几天笼中的小鸟跑了）。"老师说："不可能，大家说，他的话对吗？"全班幼儿齐声回答："不对！"男孩满脸通红，我想，他今后就是有想法也不会再说了。更何况，当时全班幼儿都在游戏，多数人根本没有听见男孩的话就顺着老师的意思否定了同伴的意见。

儿童的想象与生俱来，我们不要让儿童的想象因为得不到滋养而毁掉。我们的教育不排斥想象，想象为儿童的探究能力插上了翅膀。教师可以经常带领幼儿做一些想象思维训练，包括再造想象和创造想象。例如：恐龙为什么灭绝了？天上的云彩像什么？外星人长得什么样子？教师可以经常和幼儿玩这样的游戏：发大水了会怎样？（幼儿：我们可以划着船上早教机构了，大家都成两栖动物了，鱼儿要报仇了，谁让人们老钓它们。）面包烤糊了怎么办？（我们可以拿它当画笔。）太阳永远不落山会发生什么事？（发电厂的工人永远不用上班了，猫头鹰饿死了，因为它夜里吃东西。汽车不丢了，小偷白天不敢偷。人再也看不到月亮了。）教师不要打破幼儿的想象与幻想。一名幼儿坚持认为自己属孔雀，教师没有纠正，一名幼儿认为地球那一边肯定有一个动物世界，从地上掏一个洞就能到达地球另一边。教师还可以带领幼儿玩这样的游戏：20年以后再相见。在玩这个游戏时，有的幼儿学着老人的样子走来，其他幼儿立刻反对："不对不对，到那时已经有了长生不老药了，人不会老。""对，80岁了，也得说'我还小呢'。"这样的游戏是幼儿的头脑体操，让儿童在现实与幻想世界之间遨游，不要让幼儿失去在现实世界与幻想世界之间遨游的权利。

在培养幼儿思维与创造能力时，要尊重幼儿的想法与做法，不要仅凭成人的判断就否定幼儿的意见。一个小朋友吃完芒果想把芒果核种下来，让它长成树结芒果。家长说："不可能，芒果是南方植物，在北方根本活不了，种了也白种。"结果拗不过孩子还是种下了。没想到，过了一段时间，芒果核的嫩芽竟然长出来了，再过几天又长了叶子，一直长到半米高。孩子高兴极了，大人也很惊奇。事物是发展变化的，昨天的事实不见得是今天的真理，成人的认识也不一定完全正确。

幼儿的想象纯真、稚拙，但却有着独特的视角，有时成人也不得不望尘莫及。在石头制作活动中幼儿用石头当螃蟹身子，用儿童剪子当螃蟹钳子，还有的幼儿用光盘盒当恐龙的身体，用弹簧粘上小珠子当外星人抖动的眼睛……在一次制作汽车的主题活动中，有一辆小汽车做得非常漂亮，尤其是车灯很精致。我问教师车灯上的防雨灯罩是用什么做的。老师说，这是一个小男孩用了很多天做成的。他观察汽车非常细致，把车门把手、雨刮器都做好了，就是找不到合适的东西当灯罩。在家时他发现妈妈的小拇指指甲很长，还涂着指甲油，做灯罩再合适不过了，他就想办法求妈妈把小指甲剪下来，用橡皮泥固定在车灯上方。我赞叹孩子的联想能力，也钦佩这位妈妈的支持。令我想不到的是，孩子坚持让老师把妈妈的名字也写在制作者的卡片上。我不解地找到那个小朋友问为什么，小男孩理直气壮地说："我妈妈养指甲用了好长时间，可不容易了。剪掉这两个别的手指的指甲也得剪掉，留着也不好看了。"看着男孩惋惜的样子我明白了，他非常了解妈妈的心，知道在这件事上妈妈是做出了牺牲的。这正是现代教育所追求的人性观，幼儿在此过程中学会了对他人付出的认定（写妈妈的名字），对他人情感的领会（体会妈妈的心情）。

有两样东西比死记硬背的知识更重要：第一是他知道哪里能找来自己所需要的，另一个是他能够综合运用这些知识进行新的创造。

4. 推理——幼儿实践活动中的重要环节。

有人说：小孩子懂什么推理？关于儿童的预测推理在本文一开始时已经举过"聪聪"的例子，这里不想赘述。在小班，幼儿的行为计划性不是很明显，但幼儿的推理与预测是伴随着探究行为过程展开的。例如，某教师让小班幼儿选择将纸片、布片、木片、塑料片看看谁先将他们装在兜里（这些东西都像一本书那样大，不折叠根本放不进去。教师想通过这个游戏让幼儿理解不同材料的性质），结果，没有一名幼儿选择木片与塑料片，大家都知道这两样东西不能折叠变小。他们根据自己的经验实现做了预测。

我讲一个故事给你听吧。儿子刚上小学一年级时，学校的饮水桶经常在第三节课就没有水了。头两天，我建议儿子带大一点的水壶，第二节课后多接点。结果儿子说接水的人多，等的时间长，有时接上水了就没时间上厕所了，上厕所的人也多，也得等。我让他跟老师说说，又多给他带上一瓶矿泉水。过两天，他回来说："妈妈，不用多带水了，我们有办法了。""什么办法？"我问。他说："我和XXX（他的好朋友）商量好，第二节课后上操回来，我拿着我们两人的水壶去接水，他往厕所跑，他跑得快（厕所在学校另一角）。不管大便、小便他都要蹲着上，上完不起来，等我接完水，放下水壶就往厕所跑去接坑，他回来喝水。然后我再回来喝水，我们接的水能坚持到中午呢。我们两个都上了厕所、喝了水，还能玩特长时间呢！"他先将时间进行了推算，并预计跑得快的同伴应该去蹲着"占坑"，因为他个子大，又是蹲着，所以即使是高年级同学也没有人敢欺负他。还从时间的分配上推出喝水与如厕的时间安排方式。儿子的话让我很心疼这些孩子，但我也为他们的智慧而骄傲，至少在这件事上他们的判断和推理都是准确的，他们也许不懂系统控制论，但却很好地用恰当的方法解决了自己的难题。是啊，老师和家长不能随时随地陪伴幼儿，帮他们出主意，指导他们想办法，很多时候要靠孩子自己运用智慧，解决问题。

幼儿的推理能力有时让成人也吃惊。教师在讲完《卖火柴的小女孩》这个童话后，让幼儿想一想自己打算怎样帮助卖火柴的小女孩。幼儿有的说给她食物，有的说给她衣服，一个小女孩说："我要把我家所有的吃的、玩的、用的都给她。"一个男孩立刻反对："不行！不能都给，那样你又成了什么都没有的人了，我们还得帮助你。"幼儿经过了一个很有意思的推理过程：卖火柴的小女孩什么都没有，得有人救他——如果把什么都给了别人你就变得什么都没有了，又得有人救你了。幼儿经过推理学会了在处理问题前权衡与比较。教师讲完"鲁班发明锯的故事"后请幼儿说说鲁班是怎样发明锯的，老师总结说鲁班是一个爱动脑筋的聪明人。突然，一个一直没发言的幼儿说："老师，鲁班不是发明家，应该把他抓起来！"老师和孩子都愣住了，他接着说："就是他发明了锯，才把树砍光了，原来人砍树慢，有锯就快了。"教师让大家充分发表自己的看法，引导幼儿辩证地看问题。培养幼儿的推理能力使他们在面对困难时能主动想办法应对，这样的能力会使他们受益终生。

[二] 课程的评价

评价在教育中的作用已为人们所熟悉，评价的价值不仅在于促进教师的成长，更能影响幼儿的主动建构能力。评价不是为了得到教与学的质量等级标准，也不是为了评判教师与幼儿能力的优劣，而是为了使探究过程发挥更大的效能，促进教师与幼儿的成长。教师和幼儿自身既是评价者又是被评价者。教师、幼儿和环境好比是发动机的齿轮，评价好比发动机上的润滑剂，在教师与幼儿、幼儿与幼儿、幼儿与环境的咬合中监测运行状况，起到调节与协调作用，增加和谐动力，去除无效功力。评价为教师的"教"和幼儿的

“学”提供支持，让孩子和教师得到进步的信息，明确下一步的前进方向。评价贯穿整个教育过程中，教师不但要进行自我评价，还应引导幼儿的自我评价，使幼儿有意识地评判自己的学习现状，产生新的探究目标。教师永远戴着有色眼镜看幼儿，这副眼镜只能看见孩子的优点，教师对幼儿的评价只能是“鼓励”。

1. 在教育活动的不同阶段，评价任务不同

① ***活动前——深思熟虑***

- 活动的主题是绝大多数幼儿感兴趣的吗？众多的兴趣中哪一个对儿童发展的价值更大？这个兴趣能否激励幼儿的主动探索？
- 儿童的兴趣能生成什么样的教育内容？知识系统的网络怎样建构，儿童活动的网络怎样搭建？网络线索应该怎样发展？哪些对全体儿童更有价值，哪些应略去？哪些适合集体探究，哪些适合小组或个别探究？
- 活动的准备充分吗？活动的内容注意到调动幼儿的已有经验了吗？除了物质材料的准备还做了知识经验的储备吗？哪些准备工作需要教师和幼儿一起做？哪些准备需要家长和幼儿一起做？哪些需要集体探究和交流？
- 活动开始以前应该提一些怎样的问题激发幼儿的个别探究？怎样帮助儿童梳理个性经验？
- 活动形式能体现幼儿主体吗？体现了最佳效益原则了吗？有幼儿小组与个别学习的机会吗？
- 活动中可能出现什么问题？如果过高或过低估计了幼儿的能力水平怎么办？幼儿可能遇到哪些困难？哪些地方幼儿可以自己解决，哪些老师要提供必要的帮助？
- 所有可能的资源都得到利用了吗？体现资源运用的最高效能了吗？

② ***活动中——启思质疑***

环境与材料：

- 环境是和儿童一起创设的吗？有利于幼儿的主动学习吗？幼儿是否有驾驭环境的感受？

- 提供的材料体现幼儿的个体差异了吗？能激发幼儿的主动探索吗？能满足幼儿的特殊需要吗？

儿童主体性发挥：

- 孩子们是积极地在探究吗？他们不必担心教师的评判吗？他们得到了他们想要的机会了吗？能够使用提供的材料解决问题、检验自己的观念吗？
- 每个孩子都有自信吗？都有成功的机会吗？孩子们的情绪愉快吗？

教师与儿童的互动：

- 教师能对儿童的表现做出适宜的赞赏吗？经常用积极的态度鼓励和引导幼儿的主动探索吗？能宽容幼儿的建构性错误吗？能在必要时提供有效的帮助吗？
- 教师能积极地回应孩子的话题吗？注意启发孩子的自发探究吗？能给予孩子们积极的鼓励吗？孩子们是在积极地与教师交流吗？每一个人都不存在交流障碍吗？

教师的指导作用：

- 注意给儿童创造合作学习的机会吗？鼓励幼儿表达与表现自己的体验与看法吗？能发现儿童学习中的矛盾和冲突，及时地引发争论吗？
- 为幼儿的认识做了必要的提升吗？在发散思维的前提下，是否注意了归纳总结呢？活动可以向什么方向拓展？

③ ***活动后——反思自省***

- 活动中幼儿的表现与教师的预想一致吗？如果不一致，差距在哪里呢？
- 哪些地方与计划不同，所做的改变合理吗？
- 幼儿的经验有提升吗？这种活动形式的优劣是什么？什么问题应该在计划中调节？如果再遇到相关问题能做什么样的调整？
- 教师的行为有哪些地方欠妥？哪些应该当时调节，哪些今后应吸取教训？
- 针对幼儿的状况，下一步的研究方向是什么？

2. 在评价中引导幼儿积极的自我认识

一位老师认为自己的教育是民主的，一次她心血来潮，对小朋友说："请班里最聪明的孩子站起来。"六位小朋友站了起来，有两个还是犹犹豫豫的。老师很吃惊，没想到只有六位小朋友认为自己聪明。她接着说："请班里不聪明的小朋友站起来。"结果，多半个班的小朋友都站起来了。老师问大家："你们为什么说自己不聪明？"有的幼儿说因为老师挑演节目的人时没挑自己；有人说老师让回答问题时老是先叫XXX、XXX和XXX，后叫自己；有的说爸爸说自己整天瞎闹，大了也好不了；还有的说自己跳绳跳不了几下。老师震惊了，她没有想到老师家长的话对幼儿有如此大的影响，没有想到幼儿把老师挑选演员的事（其实只是向早教机构推荐几个人参加团体操表演）与个人的评价联系在一起，甚至连回答问题的先后幼儿都如此敏感。老师不知道该怎么办了。这位老师自认为自己喜欢表扬鼓励幼儿，但看了老师的半日活动发现，老师对幼儿的评价与幼儿自身与同伴的认识有距离，老师不注意引导幼儿去发现解决问题，例如，早晨点名，老师说："都在原地别动。"然后就开始边点人数，边看谁没来。幼儿系鞋带来找老师，老师一边蹲着帮幼儿系，一边提醒大家户外活动的要求。也就是说在半天时间里，幼儿自己能做的事多数由老师包办了，幼儿也习惯只关注自己的玩具，不关心班里的事物和同伴的困难。好像一切都与自己无关。幼儿没有获得成功、形成积极自我评价的机会。老师欠缺的只是后面的半句话，如，点名时说："怎样能马上知道咱们班来了多少人，谁没来？"（可以点名，按照分好的组来坐，相邻的小朋友会立刻知道谁没来，不必麻烦大家，只要看看谁的水碗水被喝完，水碗扣过来了就知道了等。）应该让谁去参加体操表演，把这件事告诉幼儿让大家自荐、评选，使每一个人都有发表意见的机会，幼儿就会感到自己是班里的主人，自己是有能力的。

教师在实践中要观察、判断幼儿的探索行为，鼓励、肯定幼儿的创造性想法与行为，思考如何人人施教，提高指导的针对性、有效性。教师的评价可以从以下几方面进行：

· 探究兴趣：对新事物感到好奇，经常提出问题，有自己动手探究的愿望。

· 思考能力：有自己的想法，不迷信权威，敢于依据证据改变自己的想法。
· 创造能力：能主动寻找解决问题的方法，善于用实验证明道理。
· 意志力：能长时间关注感兴趣的问题。在同伴已经取得成功后依然坚持研究。失败后能调整情绪，重新开始。
· 交流能力：倾听接受同伴的合理建议，关注同伴的做法，主动交流，愿意与别人分享经验。

3. 怎样引导幼儿自我评价

· 注重与幼儿的个别交谈，经常针对幼儿身边发生的事进行询问，例如："今天下大雪了，你是怎样来幼儿园的？和平时有什么不同？""刚从寒冷的室外进到室内你的身体有什么感觉？"使幼儿明确自己已知和未知的问题。但并不是所有的问题都与探究思考有关，有时仅仅是沟通感情，使孩子老师比较关注自己，从而产生自信，愿意与人交流。
· 在活动中帮幼儿明确自己解决问题的计划，了解周围能利用的环境与材料。有时教师很注意在活动前的动机调动，也给幼儿表达愿望的机会。但幼儿的想象力与表现力之间有距离，往往目的明确但不知如何做计划。需要老师参与幼儿制定计划的过程。
· 引导幼儿合作探究，关注同伴的探究行为，了解别人与自己的不同，向同伴和教师讲述自己的想法和做法。幼儿有计划但合作能力还需要培养，经常看到假合作的现象。一个人操作，另一个人只是在旁观看或递东西。教师也要和儿童一起谈论是否需要合作，合作的方式怎样更有效。
· 谈论自己的观点和技能有了哪些改变，谈论是什么促成了这些改变。教师应引导幼儿总结自己的观点、做法和结论，回想探究的过程，从中总结经验。

教师应经常和幼儿交谈，了解幼儿的发现和内心感受，关键是倾听，不要对幼儿的不合理想法加以否定，鼓励幼儿用实验证明观点。

教师是评价者，又是幼儿学习的榜样，教师要在和幼儿的互动中让幼儿感受到平等、民主、客观、公正的评价态度。

思考与练习

1. 简述早教课程的基本内涵。

2. 目前我国的课程模式与课程类型主要有哪些？

3. 早期教育的目标是什么？

4. 如何选择与组织早教课程内容？

5. 你认为早教课程实施与评价的标准是什么？如何实施与评价能使早教课程更有效？

6. 简要分析国内外主要的早教课程。

附录二
早期教育基本技能

创设与教育相适应的丰富和良好环境，为幼儿提供身心健康发展的机会与条件，促进每个幼儿在不同水平上得到发展，是早期教育的基本任务。

“早教机构要以游戏为基本活动。”

“早教机构教育活动的组织应注重综合性、生活性、趣味性”，要求 “教师应成为幼儿学习活动的支持者、合作者、引导者”。

一、游戏活动设计与组织

游戏能够促进幼儿主动、和谐、全面的发展已成为幼教工作者的共识。国家学前教育法规《幼儿园工作规程》规定：“幼儿园要以游戏为基本活动”，进一步明确了游戏在早期教育工作的地位，游戏已经成为早教机构的基本课程模式。游戏环境创设是影响早教质量的重要因素之一，游戏环境的创设直接决定早教机构“以游戏为基本活动”原则的贯彻与实施，影响着幼儿的全面发展。

本研究旨在探索早教机构区域游戏环境创设与幼儿游戏行为的内在联系，从空间环境设置、游戏材料投放等方面研究幼儿积极的游戏行为产生的条件，建立游戏环境与幼儿游戏行为的高相关，强化指导的有效性，提高早教机构的游戏质量，促进幼儿主动发展。

[一] 幼儿游戏行为特点

3～4岁幼儿的游戏特点是平行游戏，也可以说是同伴无意识模仿游戏。他们的行为受到周围同伴的影响，别人做什么他也做什么，一个孩子玩打桩床（一种将木棒或者球敲击进洞的玩具），另一个孩子也在那里用力敲打，实际上他的洞口并没有放什么东西，只是单纯的对敲击的动作感兴趣，模仿同伴的活动。

4～5岁幼儿的游戏特点是联合游戏。他们已经有了共同游戏的影子，从一开始的松散关系，逐渐变得有了相同的游戏目的，只不过这种目的是随时变化的。例如，一会儿说咱们一起搭房子吧，一会儿又会被一根长条积木所吸引，把它当做长枪去玩模拟打枪的游戏了。

5～6岁的幼儿游戏特点是合作游戏。他们有了和同伴一起共同游戏的愿望，在游戏前有了明确的目的，事先进行游戏任务的分工，追求游戏的结果，克服困难完成游戏任务。例如，他们会一起搭建一个游乐园，有的孩子明明想搭建高楼，也会遵从游戏分工的安排完成用小插片连接搭建花坛的枯燥任务。他们有了一定的坚持性，会在几天内为一个任务而持续选择一个区域，持续完成任务。

[二] 教师指导的策略

在不同的游戏阶段教师观察指导、创设环境、投放材料的关注因素也不同，实班教师一致认为可以将游戏分为游戏前、游戏中和游戏后三个阶段：

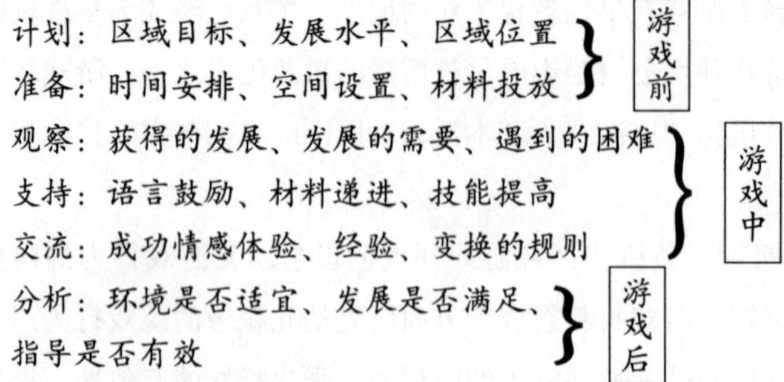

不同早教机构定期制造混龄儿童的共同游戏机会，可以使大年龄与小年

龄儿童的游戏水平都得到提高。

实验园领导发现，每班老师特长不同，可以平行班定期换老师，同时注意男女老师的搭配，使幼儿得到不同风格教师的指导。也可以整班换场地，幼儿到了新环境更加积极地投入游戏。

幼儿是在与环境材料的交互作用过程中成长发展起来的，区域环境设置与材料投放方式直接影响幼儿的探索兴趣与创造欲望，必须遵循幼儿的发展特点加强目的性与计划性并顺应幼儿的发展需要不断调整。

二、教育活动设计与实施

《纲要》对于早教机构教育活动的要求是“早教机构教育活动的组织应注重综合性、生活性、趣味性”，要求 “教师应成为幼儿学习活动的支持者、合作者、引导者”。规定教育活动的原则是：既符合幼儿的兴趣和现有经验，又有助于形成符合教育目标的新经验； 既贴近幼儿的生活，又有助于拓展幼儿的经验；既体现内容的丰富性、时代性，又注重幼儿学习的必要性、适宜性；既注重教师的引领提升，又保证幼儿的主动探索需要。

早教机构的一切活动都是教育活动，本标题的教育活动指狭义的教育活动，即集体教育活动。

[一] 设计实施教育活动应处理的几种关系

1. 生成与预成的关系

有的早教机构都不再备课了，就顺着孩子的兴趣爱好先上，都是生成活动，之后再回想再来补备，经过这一段的实践，发现仅仅有生成活动是不够的，过于随意不系统，事实上预成性活动还是占主要地位，生成性是有益的补充，每一个生成活动又成为下一个年龄段的预成性活动，每天去想，去生成，就会出现难度倒置，经验分散的现象。我们纯靠生成，如果不计划的话，老师就不好掌控，预成活动并不是完全都是老师去设定，而是在过程中我们就像树的枝杈一样，有小的生成，还要处理好随即与系统的关系。非常好的价值点能够被我们的生成所忽略。

2. 同伴互动的双边关系

早教机构经常有大带小的活动，一般都是大孩子把小孩子当成道具，比如小班看大班表演自己的小话剧，大班的幼儿在上面表演，小班弟弟妹妹完全被当做一个工具，上面演环保剧，下面的人说没看懂，小班孩子也不鼓掌，老师就说快鼓掌。小班的问好是老师教育下的齐声问好，不是主动的。

[二] 教育活动设计的融合

1. 教育观念的融合

合理地吸纳价值观、哲学观、儿童观等各个教育流派的内容，教师要有一个哲学的观点去设计。比如单元内容有“说我在长大”、“蝌蚪变成青蛙”，还有“四季的变化”，统整到一个总的主题是“一切都在变”。人在长大，动物在繁殖，树木黄绿交替，四季在轮回，孩子们潜移默化地感受一切都在变的哲学道理。

2. 活动目标的融合

每个活动都要有“认知的目标、情感的目标、技能的目标、行为习惯的目标”，避免老师只注意知识技能的目标，而要注重兴趣、能力、习惯目标的融合。

活动的内容五大领域的融合和三个方面的融合，我们应避免上那种“拼盘”活动。例如，认识汽车主题，就画一个汽车、说一个的儿歌、跳一个开汽车的舞蹈、唱一个汽车的歌曲，每一个主题都要以某一个领域为主同时渗透其他领域的目标。还以刚才那节车的活动为例，首先请家长带孩子看看，来园离园的路上都有哪些车。有车的家庭请家长和孩子一起观察汽车外观都有什么，孩子会看到光车灯就有七种，有转向灯、大灯、雾灯、指示灯，车外面还有油箱盖、钥匙孔等等，孩子们有许多新发现，他们会从中养成观察事物、提出问题、寻找答案、记录信息、交流感受的习惯。

3. 教育资源方面的融合

包括人力资源、物力资源。教育方法手段的融合，有游戏、运动、生活、区域内容的融合，有集体、小组、个体、亲子多种方法的融合。

4. 案例分析：《神奇的石头》

“神奇的石头”活动案例，就是以科学活动“认识石头”为重点，引导幼儿通过对日常生活中熟知的石头的感知、认识、创作与思维拓展，培养幼儿对周围事物的探究兴趣与创造、表现能力。

它的活动目标是以科学认识为重点，渗透美育、社会、语言等方面教育因素。

活动总目标：

① 激发幼儿对石头的探究兴趣，在找找、看看、想想、讲讲中感知了解石头的特性与用途——探究兴趣。

② 引导幼儿主动收集有关石头的信息，积累个性化材料，运用已有经验创造性地进行石头创作活动——能力与技能。

③ 培养幼儿对周围事物的探究兴趣，关心、发现事物的变化，尝试亲自创造美的事物，体验创造性活动带来的快乐 ——情感、态度与价值观。

这个主题的每一个系列活动都围绕对石头的认识，挖掘多种教育因素，让幼儿的多种感官参与，各方面能力都有应用的机会。

活动1：引发兴趣（小组活动）

在区域活动中，通过儿童观察石头工艺品，成人石头作品，引起部分幼儿对石头装饰活动的兴趣。

活动2：收集资料（小组与个别活动）

引导幼儿带着问题和老师、家长一起收集石头。

收集文字、照片、音像资料（百科全书、网上资料、明信片、光盘等），讨论我的石头像什么，引导幼儿充分发挥想象。

收集教师制作的石头作品与石头制作图书。

活动3：实地考察（集体或小组）

引导幼儿感知了解石头在生活中的作用。带领幼儿寻找生活环境中什么地方有石头。

活动4：表现与创造（集体或小组）

活动目标

·引导幼儿根据自己的计划与设想，选择适宜的材料与方法制作石头作品。

·鼓励幼儿大胆想象与创作，合理使用工具材料。

·引导幼儿相互学习，克服困难。

·培养幼儿的动手操作能力，体会创造活动的快乐。

活动准备

活动前准备：活动前事先向幼儿交代任务，幼儿制定自己的制作计划，请幼儿和家长一起收集制作材料。

物质准备

·各种各样的石头

·辅助材料：

①连接材料：乳胶、双面胶、胶带、面泥、乳胶等；

②展示材料：木板、扁纸盒或硬纸板等；

③制作辅材（教师准备）：面泥、各种彩纸、废旧纸盒、瓶子、瓶盖、牙签、毛线、铁丝、豆子等。

活动过程

·引起创造动机

通过故事“大象伯伯的礼物”引导幼儿进入故事情境。

在这一环节中，设计以下几个问题：大象伯伯会带来什么礼物呢？小动物们希望得到什么礼物呢？让幼儿自由推测，并用语言表达自己的猜想。在幼儿们充分表述后，老师揭示谜底：原来是一块石头。

让幼儿对“变”产生极大的兴趣。使幼儿关注石头的颜色、形状，进一步产生积极的联想，满足他们爱探究的天性。

·集结、调动幼儿已有经验，引发联想与想象

“我们能用石头变成什么？”“怎样选石头？”“用哪些辅助材料？怎样连接？”引导幼儿学习他人经验并向他人提建议。

·幼儿制作

发现与鼓励幼儿的创造性做法，提升幼儿的能力与技能。

·展示与交流

引导先做完的幼儿分类展示自己的作品，自发评价同伴作品，视幼儿制作情况决定集体参观交流时间。

幼儿制作活动结束后将作品摆放到大厅，请全园幼儿与家长参观。

活动5：认识拓展（集体、小组、个体）

根据幼儿兴趣介绍以下内容：

·讲有关石头的传说："女娲补天的故事"。

·有关石头的世界之谜："复活节岛上的石头"、"埃及金字塔"。

·石头与人类的发现："发声的石头"、"石头与煤"、"石头与石油"等等。

·介绍月亮上的石头，火星探索的信息。

·介绍化石、矿石、云母、陨石等知识，了解石头可以供科学家研究发现，化石可以入药，恒星与石头等许多新的知识。引起幼儿更广泛的探究与思考……

还有很多活动，如不同国家的人、有趣的磁铁、比较污水和自来水、滑轮的作用等，也都能够给幼儿综合能力提高的机会。

[三] 明确教育任务——教育活动的具体目标怎样定

每一个活动目标是教育总目标的具体化，目标的确定既要考虑早期教育纲要对幼儿发展的总要求，又要兼顾幼儿的兴趣爱好；既要考虑幼儿相关经验的调动，又要能够发展幼儿的认识与思维水平，提升幼儿的能力；既要考虑幼儿的能力和技能发展，又要兼顾幼儿的情感、态度、价值观，以培养幼儿的兴趣、探索欲望、操作能力为出发点。

1. 目标明确，能体现学习后达到的效果

指向一次预成性活动的目标要能够体现学习后达到的效果，能够通过幼儿的外在行为表现对目标达成度加以测量。例如，认识沙漠动物的主题，目标不同，程度也不同。浅层目标“认识常见沙漠动物的明显外形特征”，中层目标“认识了解沙漠动物的外形特征与生活习性，培养幼儿对沙漠动物的兴趣”，深层目标“培养幼儿对其他沙漠动物的探究兴趣，认识沙漠动物的特有特点与环境之间的关系”。

2. 内容有所侧重

早期教育的总目标是满足幼儿的探索兴趣和愿望，每一次的教育目标要结合具体内容而有不同能力发展的侧重点。例如“有趣的叶子”（见活动实践篇案例）侧重点在于观察与分析能力的培养，培养幼儿对大自然的兴趣；而“辨别生熟鸡蛋”侧重点在于操作探索的培养，培养幼儿日常生活中对事物现象的兴趣；“身边的工具”（见本案例）则重点培养幼儿的生活中对工具的认识与对多彩生活的热爱。

3. 体现教育的长远性

教育的总目标是开发幼儿的发展潜能，使幼儿能够主动建构知识，促进幼儿认知、情感、态度和价值观的养成。因此，每一个教育活动的目标都既要有认知操作技能的目标，又要体现教育在幼儿发展过程中的长远价值。

4. 体现灵活性

教育目标是为早期教育活动过程服务的，要结合教育活动的发展过程，结合幼儿的学习兴趣灵活调整，以适应幼儿发展水平与兴趣爱好，有时是局部调整，有时是完全推翻原有目标，重新设立新目标。

制定关键不在于用怎样的措辞去表述，而在于怎样认识教育活动的价值，将目标装在心里，站在促进幼儿身心全面发展的高度去设计、组织活动。

[四] 教育过程的实施

1. 好的开始等于成功的一半——不可小看活动准备

活动准备决定教育的效率和效果。

① **知识准备**　预成的教育活动要建立在幼儿的知识经验基础上，是群体幼儿共同探索的、高效率的、运用幼儿群体资源优势相互学习的活动。

可以在集体活动前就告诉幼儿将要进行的活动内容与主题，使幼儿在活动前主动做好自己的准备，在活动中发挥每个人的作用。

② **材料准备** 活动材料是幼儿探索活动的必要支持物。活动材料应在数量上保证操作需要，有一定的结构性、可变性，提供创造的可能。

材料的准备既有教师预测幼儿可能的需要而准备的，也可以和幼儿一起商议可能需要的材料，共同准备。在活动中，还要引导幼儿根据探索需要自己寻找材料。

2. 活动设计的互动性

可以设计一个活动模板能够指导教师的活动设计过程。模板可以用来自行设计活动，也可以组合拼装活动。它使活动设计变得简单可行。模板的提供使教师能够自己轻松地设计主题活动，只要按照模板的项目，参照范例即可以设计比较完美的活动。利用模板还可以将活动单元灵活组合，形成新的主题，避免了过多地花费时间和精力去冥思苦想，从而可以把更多的时间和精力放到观察儿童、指导儿童上来。

模板说明

模板项目	项目内涵	项目说明
目 标	1.知识技能的目标 2.情感态度的目标 3.价值观的目标	要考虑儿童兴趣点，从众多问题中筛选出大多数儿童最感兴趣的。 有时儿童兴趣点不在同一个点上时，教育者要选择对儿童发展最有价值的、儿童最想知道的和可能理解的问题。 可能的困难：哪些需要教师帮助，哪些可以引导儿童自己解决。 本活动能促进哪些社会性发展？例如，体验成功的快乐，建立自信，能够向别人学习，有克服困难的勇气。
知识的网络	从知识的系统性出发，反映知识本身的脉络。	是教育者理清思路、明确知识点、找出适合儿童探究水平的内容的依据。教师要把握哪些内容适合儿童来学习，为设计活动网络做准备，但决不能以此作为儿童教育主题与单元的安排。

儿童学习的主题网络	儿童认识事物的特点和规律的网络设计。	要考虑儿童学习的特点和顺序，网络设计不再是知识的系统学习与展示，而是为儿童学习服务的，这是一个最为关键的转变，如果做不好，会使活动重新回到教师教、儿童听的灌输教育的老路上去。
环境材料相关内容	教师与儿童、家长共同布置，强调儿童的参与。主要包括活动区与墙饰。	选择能引起儿童思考与探究的内容，给儿童提出挑战性任务，利用活动区与墙面布置吸引幼儿参与活动，丰富儿童的相关经验。
活动的形式	集体学习、小组学习、个别学习并重，早教机构学习、幼儿与家长共同学习，同步能促进幼儿的主动学习。	怎样的形式使儿童更加投入，能使儿童相互合作，能满足儿童个性化学习需要？
可利用资源	早教机构家庭 社区信息媒体	要考虑早教机构资源的利用：人力的、材料的、活动的资源。吸引家长的参与又不能给家长增加过多负担。信息媒体尤其是网络媒体的利用尤为重要。引导儿童一起收集材料，这个过程同样是教育的过程。
思维拓展	介绍一些与主题有关的趣闻、科学小知识、趣味小实验，强化儿童的兴趣，吸引儿童继续探究。	每一个主题持续的时间都不宜过长，儿童的教育不是越学越深而是越学越有趣，儿童的兴趣是广泛的，在转向一个更有趣味的主题时，思维拓展能延伸儿童的兴趣，使感兴趣的儿童可以继续探讨，满足儿童不同的个性学习需要。

模板应用举例：自行设计活动举例——汽车

目标	1. 熟知常见的汽车的用途、特征和类别——知识与能力； 2. 对汽车的优缺点进行议论与思考——知识与能力； 3. 合作学习，大胆设计制作未来的汽车——知识与能力； 4. 对生活中的事物敢于探究，大胆思考，尝试创造——兴趣与习惯； 5. 培养初步的环保意识——态度与价值观。
知识的网络	汽车——名称——构造——用途——优缺点——发展
儿童学习的主题网络	汽车——我知道的汽车——汽车和我们的生活——汽车的里面和外面——汽车的好处和坏处——未来的汽车——我们会造车——汽车展览

环境材料	1. 墙面布置：成人和儿童一起找来各式各样的汽车图片、汽车发明人的照片、汽车发明以前人们的交通工具图片、概念车的照片、儿童自己画的汽车图片； 2. 游戏区：儿童自带汽车玩耍、为汽车图片分类、在图书区观看汽车书籍。
活动的形式	1. 我知道的汽车——自由谈话； 2. 汽车和我们的生活——集体教学活动； 3. 汽车的里面和外面——个别回家观察自家车，在早教机构小组汽车观摩，与早教机构司机交流； 4. 汽车的好处和坏处——小组谈话； 5. 未来的汽车——集体教学活动； 6. 我们会造车——集体教学活动； 7. 汽车展览——全园参观，本班儿童讲解。
可利用资源	鼓励幼儿和家长一起收集与汽车有关的信息，举行“汽车小博士问不倒”活动，鼓励幼儿理解与交流有关汽车的个人信息。
思维拓展	世界上第一辆汽车是谁发明的？ 火星探测车是怎样活动的？ 不用燃料无污染的汽车 未来概念车

自行组合活动举例—— 一切都在变

目标	1. 通过观察、种植、实验等活动，感受事物变化的现象——知识与能力； 2. 培养儿童对日常现象的观察与探究的兴趣，培养儿童对隐性变化的关注——情感与兴趣； 3. 在交流中培养幼儿的归纳总结能力——知识与能力； 4. 渗透“一切都在变”的辩证观点——价值观； 5. 引发儿童对大自然的热爱和保护之心——情感与态度。
知识的网络	花的样子—花的结构——花的种类——花的寿命——花的用途
儿童学习的主题网络	花儿的开放——叶子在变黄又变绿——奇妙的蛋壳——恐龙——神秘的昆虫——我长大了——我要上学——天气在变—— 一天中的温度——最冷和最热的地方——白天和夜晚——四季的变化
环境材料	在“自然角”中儿童一起种植绿豆、土豆、大蒜等植物，饲养金鱼、蜗牛等动物，做好观察记录。 小水滴的旅行的图片（从水变成冰、冰再变成水，水经过阳光照耀变成水蒸气，遇冷凝结成小水滴落回地面）。 布置温度计便于儿童随时测量室内、户外，每天不同时间的温度情况。

活动的形式	植物在变——小组观察讨论 1. 叶子的变化 2. 花朵在开放 3. 小草在长高 动物在变——游戏区观察 4. 小鱼慢慢长大 5. 小鸡出壳
可利用资源	让儿童在生活中收集事物变化的照片、光盘、图书等资料。 观察早教机构内外动植物的变化。 将隐性的变化显性化。例如，在“种植角”中插上尺子，使儿童清晰地看到成长的痕迹。
思维拓展	人的进化 濒危动物的灭绝

自行组合活动举例——妈妈和孩子

目标	1. 通过常见动物的妈妈和孩子的事例，使儿童感知理解妈妈和孩子的关系，初步理解动物繁殖的方式——知识与能力； 2. 收集动物的繁殖方式，培养儿童对日常现象的纵向思考，产生对动物界的认知兴趣，培养儿童热爱动物的情感——情感与兴趣； 3. 在交流中培养幼儿的归纳总结能力——知识与能力； 4. 渗透“人与动物和平共处的观念”——价值观； 5. 引发儿童对人与动物关系的正确的认识态度——情感与态度。
知识的网络	妈妈的样子——妈妈的工作——妈妈在家干什么——怎样帮助妈妈做事
儿童学习的主题网络	小蝌蚪找妈妈——鸡妈妈和鸡宝宝——鱼妈妈和鱼宝宝——妈妈生宝宝——恐龙妈妈和小恐龙——动物妈妈的神奇本领——动物的妈妈们怎样保护孩子——我们和动物都有好妈妈
环境材料	带领儿童观察早教机构放养小鸡或小鸭。墙饰布置有儿童从出生到现在的照片，每个孩子都有介绍妈妈和自己的图画。
活动的形式	小蝌蚪找妈妈——集体教学活动； 鸡妈妈和鸡宝宝——户外活动自由观察议论； 鱼妈妈和鱼宝宝——“自然角”连续观察与记录； 妈妈生宝宝——集体教学活动； 恐龙妈妈和小恐龙——集体教学活动； 动物妈妈的神奇本领——个体收集材料，集体教学活动； 我们和动物都有好妈妈——小组谈话，角色扮演。

可利用资源	让儿童在生活中收集动物成长的图片，从图书、光盘中找动物成长的故事（如：小马过河）。带来自己小时候和妈妈的照片，听他们讲述小时候妈妈疼爱自己的故事。
思维拓展	袋鼠妈妈和小袋鼠，树袋熊的故事 企鹅爸爸代替妈妈孵小企鹅 小鹿的妈妈遇到危险时舍弃自己保护小象逃跑

自行组合活动举例——不同的我

目标	1. 通过活动加深儿童对自己的外貌、家人、朋友、自身优点的认识，知道自己是和别人不同的，从而更加了解自己——知识与能力； 2. 在生活中观察总结他人的相关信息，了解自己的朋友，明确每一个人都是不同的，都有自己喜爱的颜色、自己喜欢的朋友、自己最拿手的本领。初步形成尊重他人、学习他人的观念。培养儿童热爱身边的人和对朋友的情感——情感与兴趣； 3. 在交流中培养幼儿的归纳总结能力——知识与能力； 4. 渗透“每一个人都是不同的，都有自己的生活方式”——价值观； 5. 引发儿童对自己与他人的正确评价态度——情感与态度。
知识的网络	我的名字——我的号码（学号）——我的画
儿童学习的主题网络	我是谁——我的家——我自己的书——我最喜欢——我的好朋友——不同的人——世界各地的人
环境材料	儿童带来自己小时候的照片 将儿童的自画书放在“图书角”大家互相阅读 各民族玩偶、世界各地不同人们生活情况的照片 家长的才艺展示
活动的形式	1. 我是谁（生在哪里，名字谁取的，名字的意思，出生前后的故事）——自由谈话； 2. 我的家（最亲的人、他们的爱好、他们的本领）——集体活动； 3. 我自己的书（用图画表现自己，让别人认识自己）——家长与孩子共同制作活动； 4. 我最喜欢（最喜欢的颜色、朋友、家人、玩具……）——自由谈话活动； 5. 我的好朋友（他的名字，他的爱好与我有什么不同）——游戏活动；

可利用资源	表现世界各地人们生活的光盘、图书资料 儿童家庭外出旅游的照片 儿童家庭的生活照 儿童自画书 家长的本领
思维拓展	爱斯基摩人住在冰洞里，他们能用鱼插准确地插到鱼。 蒙古人是马背上的民族，他们带着家在草原上游牧。

大家可以发挥想象力，自由组合出无数有趣的活动。

例如：

聪明的动物——可以从觅食方式、繁殖方法、生存能力、特殊本领等方面思考。

我是科学家——会作植物大力士、水做黏合剂、跳舞的小人、水中取物等。

我们的环境——植物之最、动物之最、垃圾变宝贝、环保小卫士等。

幽默幻想——我要上学啦、假如太阳永远不落、30年以后再相见、未来的家在火星等。

三、教育环境创设与布置

环境对人的发展有着重要的推进作用。对于处于身心快速发展的幼儿来说，环境的影响作用更大、更强，效果更明显。早期教育是终身教育的基础阶段，创设与教育相适应的良好环境，为幼儿提供活动和表现能力的机会与条件，促进每个幼儿在不同水平上得到发展。因此，创设良好的教育环境是早期教育的基本任务。

早教机构主要采用功能区划分来进行区域布置与环境创设。区域设置要满足幼儿发展需要，区域设置要功能全面，有利于幼儿积极主动地选择游戏。早教机构可将功能区划为：

早期阅读中心，即从幼儿学习语言的本质特点出发，从物质环境、精神环境的角度为幼儿创设积极应答的环境，让幼儿在生活中学习、运用、再学习，形成良性循环，从而发展语言能力。

社交中心，即通过有趣的社交游戏，引导婴幼儿认识自己、他人和社会，体验社会规范，学习社交技能，从而促进婴幼儿个性和社会性发展的活动中心。

艺术制作创意中心

音体中心

大运动发展中心

精细动作中心

野外活动场所

[一] 功能区域设置原则

心理学家皮亚杰说："儿童是在周围环境的影响下，通过主客观的交互作用而获得心理上的发展的。"可见，环境是婴儿生理发展和心理发展的条件，婴儿的一切活动都离不开这些条件。而良好的教育环境直接反映出教育者的幼儿观和教育观，以及教育者本人的素质。

最优的早教机构功能区域设置原则包括以下几个方面：

教育性。即不仅要美化室内环境，而且要充分体现出教育性，把对婴幼儿教育内容直观、形象地展示在墙上，做到寓教于环境中。

适宜性。既要适合幼儿年龄特点，也要适合幼儿的兴趣爱好，以及幼儿已有经验和能力发展水平。

活动性。机构设置的环境要为婴幼儿自选游戏创设条件，布置"游戏角"，要保证婴幼儿有自由取放、动手操作、自由选择游戏道具的条件。

趣味性。环境的布置不管是从外观还是内在都应该是婴幼儿感兴趣的、新颖的、有吸引力的，并能激发婴幼儿的活动积极性、想象力和创造能力。

互动性。婴幼儿室内外环境的布置应以幼儿可以进行操作为目的，应考虑到适龄儿童的特点和接受能力，不能被适龄儿童接受或不能学会使用的玩具不应摆放在室内。

自主性。不应把早教机构内环境的设计和布置工作单纯地看成是教师为婴幼儿做的事情，应当把布置环境作为培养婴幼儿自主意识和创造性的一种手段，让婴幼儿做环境的主人。让婴幼儿参与到环境的布置和设计中来，充分发挥他们的创造性。

艺术性。即能体现美的特点，赏心悦目，温馨而富有童趣，能潜移默化地培养幼儿审美的情趣。

动态性。互动环境要体现预期计划与随机调整的统一，现实兴趣与长远发展的统一，群体教育于与个体需要的统一。随着幼儿的能力发展、兴趣爱好、探究需要调整环境，满足幼儿的即时需求，使幼儿的短暂兴奋点转化为长久的兴趣，为儿童的认识与探索提供及时的支持和帮助，发挥同龄群体的优势，促进幼儿的相互学习、相互影响。

[二] 材料投放策略

心理学家皮亚杰指出，一个被动的观察者无法得到知识，必须通过在分析种种活动中自行挖掘或建构知识。区域材料是幼儿主动建构知识的支持物，在投放材料时既要考虑幼儿年龄特点又要兼顾不同幼儿的个体差异，做到适时、适量、适度，满足幼儿活动需要。

1. 不同层次游戏材料的融合

早教机构中同一个班内有的相差两岁，即使是同一个班也因为以8月31日为临界点来划分大中小班，今年8月31日出生的与去年9月1日出生的同在一个班，但年龄却相差一岁。更何况同样年龄的幼儿也存在着能力差异，因此玩具投放要根据本班幼儿的实际特点来配备，有时并不严格按照年龄来分配玩具。

2. 投放材料要适时、适量、适度

适时：纵向要符合幼儿年龄特点，对1～3岁要靠近区域玩，因为幼儿还不太会选择，主要靠玩具形象刺激游戏动机；4～6岁可以远离区域，因为幼儿已经有了一定计划性、坚持性，需要更大的操作台面。横向是指投放材料要有层次性、可选性。

适量：玩具太少，幼儿无法游戏，玩具太多占去了幼儿的游戏空间使幼儿刺激过度，过于兴奋，忙于频繁更换材料无所适从。要多次观察，随时调整。

适度：是指难易度。首先是幼儿选择的难易度。玩具材料摆放要便于幼儿取放，小班的玩具柜最下面一层隔板可以拉出，使幼儿清楚地看到最下面的玩具，方便选择。上下层玩具定期调换，使幼儿有新鲜感，加强与玩具材料的相互作用。其次是指玩具本身的难易度。此类方法很多，教师可观察本班幼儿水平自行摸索。

3. 区域的预定内容服从游戏的现实需要

玩具材料要视幼儿游戏的需要不断调整，引导幼儿参与环境材料的准备过程，允许幼儿在游戏过程中调整材料。

4. 充分挖掘利用资源

早教机构应充分利用场地资源、玩具材料资源、教师群体资源、幼儿群体资源。在不同的游戏阶段教师观察指导、创设环境、投放材料的关注因素也不同，不同早教机构定期制造混龄儿童的共同游戏机会，可以使大年龄与小年龄儿童的游戏水平都得到提高。

区域游戏是幼儿形成观察兴趣、激发探索欲望、提高能力技能、积累认知经验、学习交往合作的教育方式，是教育目标的具体体现，早教机构必须重视区域游戏环境的创设，结合本园地域特点与活动室差异，创设利于幼儿主动游戏的环境，注重自发性、相容性、可变性、多样性、渐进性、互动性；结合幼儿游戏特点有目的地投放材料并结合幼儿需要不断更新材料，体现玩具材料投放的全面性、合理性、动态性、效益性，提高玩具的使用效率，促进幼儿积极、主动、自主发展。

四、玩教具的选择与制作

活动区是早教机构物质环境的重要组成部分。为了更好地发挥其对幼儿学习的有效激发与促进作用，应最大限度地挖掘游戏材料的价值，为幼儿提供安全、轻松、富于创新的探究性学习环境。材料的适宜投放只是仅仅给幼儿提供了选择的机会，但选择之后，更重要的是要关注孩子的游戏过程，发现孩子在操作过程中的表现，挖掘其闪光的想法，帮助孩子解决遇到的困难。

观察幼儿游戏过程，关注幼儿的学习、游戏情况，进行适宜、巧妙的调整。杜绝盲目指导、杜绝“教会”的观念。下面通过教学实践中的问题解决进行有效的说明。

[一] 材料摆放有“方法”

小班幼儿由于经验及能力的限制，还不能有目的地选择材料进行游戏。在选择的过程中比较盲目，经常是看到什么就玩什么或是相互模仿，和其他幼儿玩同样的玩具。由于成人经常帮助幼儿选择，很多孩子不会主动选择，而是选择等待。遇到这样的情况可采取以下调整策略：

1.“克隆”多份，摆小筐

将量多的玩具分成若干同样的小份，满足幼儿模仿、相互学习的同时减少操作难度。

2.“半成品”引发关注

将重点投放的玩具放在柜子上面，并有目的地“玩上一半”，例如，拼了一半的拼图、穿了几个的珠串等，引发幼儿选择继续完成。

3.“套餐”式摆放

美工区材料太多了，很小的孩子不知道到这里做什么。怎么帮助他们呢？来个快餐式的服务，展示区一张张“成品”为幼儿提供了欣赏与借鉴，玩具柜里的每个托盘上就是对应的“作品辅助材料”。幼儿只需要按标记全盘取出就可以开始创作了。

4.“一举两得”巧摆放

堆放在一起不好选择，换一种摆放的方式，不仅便于选择更是发展了幼儿小肌肉的动作。

[二] 巧施妙计，帮孩子们攻破“新玩具”

新玩具的投放为孩子提供了新奇的刺激，但是由于不熟悉、有难度，有时会使孩子们泄气，放弃不玩可是常事。

1.“小圆点”帮你攻克“六面拼图”

新投放的六面拼图，图案颜色相近，难度较大，孩子们一一放弃。使用妙招：在同一面上的每一块拼图上贴上小圆点标记，便于幼儿分辨，降低难度提供有效指导。

2. 玩棋不认识字怎么办？

新投放的游戏棋，文字不认识，孩子们不知道是进还是退。巧妙地贴上标记“红 ◀—— (退) 绿 ——▶ (进)”，形象的标记帮助幼儿理解了棋的规则，解决了遇到的困难。

[三] 为旧玩具增添“新情趣”

案例分析：“为小汽车安装轱辘”

本已废旧的旋拧玩具增加了“为小汽车安装轱辘”的情境，更加激发了幼儿操作的兴趣，尤其是男孩子，他们边玩边进行有情景的讲述，不仅练习了手的灵活性，更锻炼了语言的表达能力。

提供多种操作工具和材料，如：笔盖、大豆、多彩铃铛等可以操作的；将玩具材料制作成小动物的形象吸引幼儿，给小动物喂食物，吸引了孩子的兴趣。并且，小动物的肚皮是用按扣制作的，从多种角度练习了幼儿小肌肉的发展。

在游戏中观察幼儿的需要，有效地调整材料投放的策略，让材料与幼儿产生互动，真正促进了幼儿的主动发展。

五、多媒体教学与课件制作（中、高级）

自20世纪90年代起，多媒体计算机已成为计算机世界的最新技术。多媒体计算机将各种媒体信息集合起来，交互式地处理文本、声音、图形、图像、视频等各种媒体信息，集图、文、声、像于一身，实现了信息传播的一体化，使人和计算机之间的关系更亲近，因而，一面世就带来了信息传播技术的一场革命，并取得了飞速发展。信息科技的发展，不只是科学技术的发展，还意味着人类社会向知识社会的跨越。 世界各国教育学家们热衷于研究如何利用先进技术提高教育水平，这种先进技术正是以多媒体教学为核心而展开的。微型计算机的快速发展，以及多媒体技术和网络技术的迅速实用化，为教育改革和教育现代化提供了良好的机遇。

我国的教育法律法规都对现代科技在教育中的应用有明确要求，历代党和国家领导人也曾有过重要指示。邓小平同志指出：“教育要面向现代化、面向世界、面向未来”；江泽民总书记指出：“四个现代化哪一个也离不开信息化”；我国教育部最新颁布的《幼儿园教育指导纲要》要求我们“引导幼儿感受科学技术对生活的影响”。信息技术在教育中的应用是当前世界的热点，无论发达国家还是发展中国家都在积极探索利用信息技术革新教育，以适应未来社会发展的需要。

21世纪是信息化的社会，21世纪的人才应具备适应信息社会的能力。3～6岁儿童正是由直觉行动思维向抽象逻辑思维过渡的阶段，计算机技术是文字、图形、图像、动画、音频、视频的结合体，具有使静止的图文视听化、复杂的内容简明化、抽象的思维过程可视化、知识的发生过程动态化、时空发展的可逆化的特点，正适合幼儿的心理发展特点。

[一] 硬件配置的原则

1. 安全的原则

对于儿童来说，安全是第一位的。既要做到配备儿童软硬件又要做到无噪音、无污染，保证用眼卫生（上机20分钟后就要休息），还要保证儿童的心理安全，如，不必担心自己会弄坏，不必担心会出错等。

2. 自然的原则

计算机就像积木一样首先是儿童的玩具。儿童在第一次接触计算机时，表现出的是兴奋、新奇，敢于大胆尝试。因此教师在第一次接触计算机时并没有讲很多的清规戒律，而是鼓励儿童可以随意操作探索。因此计算机放置的最佳地点是儿童的活动室。如果有计算机教室也应该向儿童游戏室一样允许幼儿游戏时间随时光顾。

硬件配置方法举例：

计算机教育网络（国际互联网、局域网）。

计算机多功能教室：具有电子投影与实物投影设备。

计算机教室：群体学习场所，提高使用效率。

计算机活动区：最好2台以上，便于幼儿交流与选择，随时发挥作用。

计算机外设：

圆鼓形耳麦（不用耳塞，避免噪音伤害幼儿的听力）

摄像头（随时记录幼儿的活动，幼儿自行操作）

数码相机（移动拍摄，随时交流存储）

手写板（用于幼儿画图画）

[二] 软件配置原则

计算机效能的发挥关键在软件，应根据不同年龄配置不同级别的软件。早教机构的教育软件除了色彩鲜艳，主题鲜明，游戏性强以外，还要适合幼儿的活动特点。课题组下大力量收集网络上、市场上、幼儿家中的各类型软件，在实践中反复使用，观察对幼儿的适宜度，将软件分为以下五种类型。

个别指导型：幼儿个别操作的软件。

操作练习型：某方面技能的强化，例如：绘画、诗歌、计算等。

模拟探究型：常见用角色扮演完成简单或者相对复杂的任务。

学习资源型：供幼儿学习探究，拓展经验。

综合型：以上几种类型的融合。

早教机构应准备多种类别的软件便于幼儿在不同类型的活动中使用。还要鼓励幼儿自己带软件，交流有关信息。

[三] 引领教师开发制作课件，促进教育过程的有效性

在计算机教育中，教师的角色发生了转变，他们由知识的讲解者、传递者变成了儿童的意义建构的支持者、帮助者、指导者、促进者；从幕前转到幕后，成为教育软件的编制者、管理者、服务者。

教师要使儿童能够在学习过程中发挥主动性，体现创造性。多媒体教学软件的操作者可以是幼儿，也可以是教师，但教师的指导作用是必不可少的，必须研究多媒体教学中，幼儿、教师和多媒体教学软件这三者之间的交互作用问题，这正是多媒体教学取得成功的难点和关键。

教师要使儿童能够在不同的情况下应用他们所学的知识（将知识外化），使儿童能根据自身行动的反馈信息来形成对客观事物的认识和解决实际问题。

[四] 课件制作的标准

1. 科学性

描述概念的科学性：课件的取材适宜，内容科学、正确、规范。

问题表述的准确性：课件中所有表述的内容要准确无误。

引用资料的正确性：课件中引用的资料正确。

认知逻辑的合理性：课件的演示符合现代教育理念。

2. 教育性

直观性：课件的制作直观、形象，利于幼儿理解知识。

趣味性：有利于调动幼儿学习的积极性和主动性。

新颖性：课件的设计新颖，进一步调动幼儿的学习热情。

启发性：课件在课堂教学中具有较大的启发性。

针对性：课件的针对性强，内容完整。

创新性：能否支持合作学习、自主学习或探究式学习模式。

3. 技术性

多媒体效果：课件的制作和使用上是否恰当运用了多媒体效果。

交互性：课件的交互性较高。

稳定性：课件在调试、运行过程中不应出现故障。

易操作性：操作简便、快捷。

可移植性：移植是否方便，能否在不同配置的机器上正常运行。

易维护性：课件可以被方便地更新，利于交流、提高。

合理性：课件是否恰当地选择了软件的类型。

实用性：课件是否适用于教师日常教学。

4. 艺术性

画面艺术：画面制作应具有较高艺术性，整体标准相对统一。

语言文字：课件所展示的语言文字应规范、简洁、明了。

声音效果：声音清晰，无杂音。

5. 必要性

教育内容必须用多媒体课件才能有更好的效果

隐性的变化或者细节的放大

文字故事的多媒体解读

视频的集成效果

知识经验的系统演示与拓展

教育过程必须应用课件引起兴趣

幼儿经验必须用多媒体记录或者放大

标准参考：富阳市职业高级中学 “教师多媒体课件创新大赛评分标准”

收集整理课程辅助视频与图片，为教师教育过程提供支撑。教育过程需要开放性的资源，教师也可以自己收集整理，但是极为费时费力，我们课题组结合课程设计，开展了广泛的收集，分类整理，形成了音频、视频、图片等类别的资料。

六、家长服务与沟通艺术（初、中级）

家园合作是指早教机构和家庭都把自己当做促进儿童发展地主体，双方积极主动地相互了解、相互配合、相互支持，通过友人欲与家庭的双向互动共同促进儿童的身心发展。在家园共育合作中，早教机构应该处于主导地位。正如前苏联教育家马卡连科在论述学校教育和家庭教育的关系时所说：“学校应当领导家庭。”这是因为早教机构是专业的教育机构，幼儿教师是专职的教育工作者，懂得儿童身心发展的特点和规律，掌握科学的早期教育方法，早教机构理应比家庭更能认识到家园合作的重要性和目的性。

早教机构的家园共育是指为了提高家长素质和家教质量，对家长的家庭教育提供帮助和进行指导的过程，是一种以家长为主要对象的、以促进儿童身心健康发展为最终目的的成人教育。在家园共育中，家长既是受教育者又是教育者。一方面，它需要向家园共育的指导者学习科学的家庭教育方法；另一方面，他们又要把学到的东西运用到自己的家庭教育实践中。

家园共育是幼儿一日生活的重要组成部分，是幼儿健康成长的重要保证。

早教机构应开展丰富多彩、科学系统的家园共育活动，提高家长对早期教育过程的认识、了解早期教育过程的特点、掌握教育内容、丰富家长对早期教育过程的指导策略，使家长成为幼儿成长的指导者，促进幼儿体质、提高幼儿对环境的适应能力。

[一] 家长工作思路

加强宣传——明确早期教育教学组织实施的重要性

组织活动——调动家长参与早期教育过程的积极性

学习讲座——丰富家长指导早期教育过程的策略

交流展示——鼓励家长成为早期教育过程的指导者

[二] 家长工作任务

- 早教机构开展丰富多彩、科学系统的家园共育活动，提高家长对早期教育的认识、了解幼儿发展的特点、掌握早期教育的内容、丰富家长的教育指导策略。
- 通过家园合作使早教机构和家庭都把自己当做促进儿童发展地主体，双方积极主动地相互了解、相互配合、相互支持，通过早教机构与家庭的双向互动共同提高早期教育的实效性。

[三] 家长工作过程

1. 加强宣传——明确早期教育的重要性

培训：召开家长会，介绍早期教育的新理念，宣传科学育儿的方法，对家长提出教育的要求。

宣传：充分利用橱窗、网站、家长专栏等途径介绍早期教育过程的特点、内容、方法、家长在早期教育过程中举足轻重的指导作用。

实操：引导家长观摩早教机构活动，指导家长合理安排幼儿一日作息时间、活动内容，丰富对早期教育过程的指导等，使家长进一步明确自身的责任与参与意识。

2. 组织活动——调动家长参与教育过程的积极性

结合家长参与早教机构活动的时间及参与形式，分析家长参与活动的顾虑及家长的年龄知识结构等，充分利用各种形式组织活动，调动家长参与幼儿户外教育过程的积极性，并对此产生兴趣，从而真正加入幼儿阳光教育过程中来。

【案例】互动音乐课程方案

活动目的：邀请家长亲身感受互动音乐的课程特色，解决家长对课程的各种疑惑，并指导家长学习如何帮助宝宝建立良好的学习习惯，促进家长对音乐教育活动和幸福泉互动音乐课程的认识。

活动对象：0～6岁宝宝的家长（20～50人）

活动时间：70分钟为宜

活动准备：·材料：课程音乐CD、家长须知30份、姓名卡30份、签到表、大水笔、课程介绍资料、功能目录字卡、四要素图谱、节奏图卡、沙铃30份、纱巾1条

·场地布置：黑板、录音机、夹MIC、椅子32张、教鞭

·通知：黑板通知、发集团短信、网站信息发布。

活动流程：

一、等待时间，播放课程音乐CD为背景音乐（10分钟）

家长陆续签到、前台老师发参加音乐课程的“家长须知”给家长阅读，并请每一位家长把自己的名字写在姓名卡上，挂在胸前，帮助彼此更快认识。

老师到场内和先到的家长进行个别对话，了解家长对早期音乐教育的认识和家庭音乐教育活动的情况：

·了解家长对音乐课程的了解程度；

·家长为什么想让孩子学音乐；

·孩子在家中、在外面对音乐的反应情况，家长和孩子参加音乐活动后各有什么感受；

·家长平时是否和宝宝一起唱歌、跳舞；

·认为孩子学音乐应该学什么、怎么学。

二、带领家长进行音乐体验活动，让家长亲身感受课程的特点和活动形式（25分钟）

·播放《以色列舞曲》带领大家进行简单的圆圈舞蹈，营造轻松欢乐的

气氛，帮助家长尽快进入活动。

- 组织问候歌《唱HELLO》，通过启发，老师用不同的方式问候每个人，让大家认识每个人的名字，感受团队的氛围和被尊重的感觉。
- 乐器玩法《公鸡》，老师通过出示乐器，引导正确拿法和冲动性控制等环节的训练，让家长明白孩子节奏学习的特点，懂得如何引导孩子正确地玩乐器。
- 通过发声练习（这是我的说话声、这是我的低沉声、这是我的大叫声、这是我的唱歌声、这是我的悄悄声）及大三和弦的调性练习，感受如何教给孩子自然正确的发音，刺激孩子发音器官的发育。
- 听力训练《婴幼儿的咿呀声、笑声》，让家长理解专注聆听对孩子的重要性。
- 四二拍的节奏练习，让家长学习如何用生动简单的方法有效地进行枯燥的节奏训练。
- 通过舞蹈《围圈圈》《阿拉巴斯特马祖卡舞曲》，感受欢乐的歌唱游戏，让大家在欢乐的音乐声中自由舞动、听辨停顿、造型变化，颠覆传统音乐教育的模式。
- 《唱GOODBYE》，以每个人喜欢的方式进行歌唱道别，给大家留下愉快的记忆。

三、引导家长分享活动的感受，提出自己的疑惑（10分钟）

四、介绍本课程的特色、内容、效果：学什么、怎么学、学了有什么好处（15分钟）

[一]给家长介绍课程的理论依据和体系特点

[二]介绍课程的分班和班级目标、教学内容

课程按孩子的音乐年龄分为4个级别：欢游班（1岁半以上）、欢唱班（2岁以上）、欢舞班（3岁以上）、欢奏班（4岁以上）

- 介绍欢游班、欢唱班的课程目标：针对孩子语言、肢体协调较弱、情感依恋较强、兴趣和注意力持续时间较短、喜欢熟悉的事物等特点，采用了螺旋式上升的教学方法，每节课十几个环节不断地延伸、巩

固，让宝宝在以婴幼儿、家庭、小动物、游乐场等熟悉的事物为题材的歌唱、弹跃、摇摆、舞曲、模式练习等活动中感受到音乐的节奏、乐句与美感，更感受到快乐和爱。

- 介绍欢舞班、欢奏班的课程目标：在欢游班、欢唱班的基础上采用了主题教学法，在一节课中围绕一个主题（如孩子熟悉的生活经验、四季变化、时令节气等），引导孩子从旋律的熟悉、内容的理解、乐器的探索、节奏的创作循序渐进地去感受，让孩子活泼、自由、生动、无畏的天性得到充分的释放，在获得音乐能力的同时也培养了稳定专注和探索的精神。
- 介绍课程和内容结构及各活动环节的功能，让家长从理论上进一步认识课程。

问候歌再见歌：名字代表身份，称呼名字的问候，让孩子感受到亲切和尊重，训练孩子的个体独立性和人际礼仪教育。

乐器玩法：满足孩子天生喜欢触摸、摆弄他们碰触到的任何一件东西，在学习何时玩、如何玩时，感受音调的高低、音质、强度、旋律，逐渐练习节奏和编造自己的音乐游戏。

调性音程练习：培养孩子音高、调性、和弦的能力，用中性词培养对音程的概念，理解后逐渐加唱名，是音乐的两大要素之一。

节奏训练：培养孩子节奏的能力，用中性词培养节奏的概念，逐渐加有意义的节奏是音乐的两大要素之一。

听力训练：聆听是最重要的感官通道，是控制身体平衡、协调的主要器官，是孩子未来学习的重要基础。但却是当今父母教育中最容易被忽视的。专心倾听对于任何一种学习，不管是知识上、情绪上、人际关系上还是情感上都非常重要。在孩子听觉发育最敏感的时期，让孩子辨听各种自然界、自然物制成的乐器发出的各种原音，而不用人工电脑合成音，使孩子的听觉更加敏锐、细致，并养成良好的倾听习惯。

歌唱游戏与舞曲：小朋友被邀请或被吸引，成为团体中的一部分，感受团体活动的快乐。

弹跃歌曲：全身体验一种稳定的节拍感，上下弹跃给孩子的震撼可强化内耳感应身体位置、动作、平衡与速度的功能。弹跃后孩子的表情会变得生动活泼。

手指游戏：辨识自己的10个手指和双手，体验手指和双手的各种动作，帮助孩子发现自我，丰富词汇。

摇摆歌曲：摇摆刺激内耳前庭平衡系统，将正在动的身体、听的耳朵、思考的大脑连接，带给孩子慰抚和安全感。

原地动作：通过稳定的姿势，探索上半身的动作，探索自己所处的空间，发展孩子的肢体动作语言。

游走动作：重在下半身动作的训练（爬、跑、跳等）。培养孩子适应空间的方向感，促进同时取得平衡和控制身体能力及空间的适应力，促进身体的侧边机能，能够有意识地控制自己的身体，意识和协调自己和他人所占据的和未被占据的空间。这是让孩子振奋好玩的活动项目。

问答与呼应歌曲：由简单的、重复的旋律中模仿发音、歌唱，感受自己切入音乐的时间点，增加对唱的兴趣。

纱巾和呼啦圈：帮助孩子建立和感觉三度空间，理解进、出、围绕、穿过、朝上、朝下等概念，让孩子有机会发现自己的声音特质。

五、帮助家长建立全新的音乐教育观念（10分钟）

[一]充分开发孩子的音乐天性，培养孩子广义的音乐能力。

孩子早期音乐教育的目标是为了开发孩子的音乐天性、培养音乐智能，带领孩子进入音乐的听、说、唱、跳、演奏的欢乐世界，通过多元、快乐、精致的各种感官艺术体验及想象力的发挥来享受由此带来的美感，让孩子由内到外活出自己，是一种全人的教育。而不是为了培养音乐家，也不能像训练猴子一样训练孩子的音乐技能。家长应该正确地理解音乐能力的概念。

培养孩子广义的音乐能力，即孩子喜欢音乐、欣赏音乐、能够反应音乐。例如能歌唱、舞动、创编、哼鸣；能对音乐产生情绪情感共鸣；对音乐风格有感觉；认识并喜欢摆弄乐器等等表现均属于音乐能力。

根据正态分布曲线规律，84%的人都拥有与生俱来的音乐天性，其中16%

的人还是极具音乐天分的，所以音乐教育关键要靠后天的训练，将人的音乐天性和音乐职能进行开发，发展成音乐能力。

[二]音乐启蒙教育越早开始，效果越好。

有的家长总是认为孩子的音乐启蒙教育应该等孩子3、4岁以后，交给专业的老师或到专业的机构进行。其实音乐启蒙教育在孩子出生时甚至在妈妈怀孕的时候就可以开始了。因为年幼时的亲子吟唱带给孩子的愉悦感将深印在孩子脑中，影响其一生的聆赏习惯。当孩子依偎在父母怀里歌唱、游戏时，他所感受到的不只是歌词、旋律所带来的想象空间，最重要的是父母带给他的安全感。

美国教育家琳达·佛里·威廉姆斯《左右脑教学法》写道："孩子是个完整的个体，有思考、有感觉、有词汇、有图像、有想法、有想象，音乐艺术可以启发左右脑，融入课程中将可帮助孩子应付学习上的挑战。"

[三]音乐教育要做到适龄适发展。

- 家长和老师要顺应孩子心理、生理发展的节奏，尊重孩子学习的模式。让孩子通过自己的观察和感受不断地内化，最后进行模仿、表现、创作。
- 不要给孩子压力、不要抓孩子的手去模仿，强迫式的操纵学习对孩子有害而无利，要给孩子自己学习的过程，让孩子在自我的尝试中逐渐进行自我修正。

六、结束活动，个别咨询。

思考与练习

1. 区域游戏的设计与组织应遵循哪些基本原则和方法？

2. 教师在游戏活动中应采取哪些指导策略？

3. 设计教育活动时应处理好哪几种关系？

4. 怎样制定教育活动的目标？

5. 教育活动实施过程中应注意的问题有哪些？

6. 早教机构教育环境创设的原则有哪些？

7. 玩教具的选择与制作方法有哪些？

8. 早教课件制作的标准是什么？

9. 早教教师应如何与家长进行沟通？

附录三
社区活动组织与招生工作

与主题讲座的“请进来”方式截然相反，流动亲子俱乐部是一种主动性、“走出去”的服务方式。早教师走出大门，深入社区，带领本园小朋友和社区小朋友开展亲子活动，让家长直接见到或孩子直接参与到我们的教育过程中，增强家长对于早教品牌的感知度。

一、社区活动的组织与管理

[一] 早教专题讲座

早教专题讲座是一种目前流行的活动形式，通过把家长“请进来”的方式，让家长在学习育儿知识的同时，增强对于早教品牌的认知度。

1. 活动对象

社区0～3岁新生婴幼儿家长。

2. 活动地点

公/民办早教机构（社区早期教育基地）。

3. 活动时间

为了保障讲座的出席率，让更多的年轻父母参与，同时考虑孩子的作息时间，讲座的时间通常设计在周六/日的上午9：30～11：00之间。

4. 活动形式

为了彰显活动的互动参与性，讲座形式可设计为主题讲座+互动答疑，即

1小时讲座+30分钟答疑等。

5. 组织流程

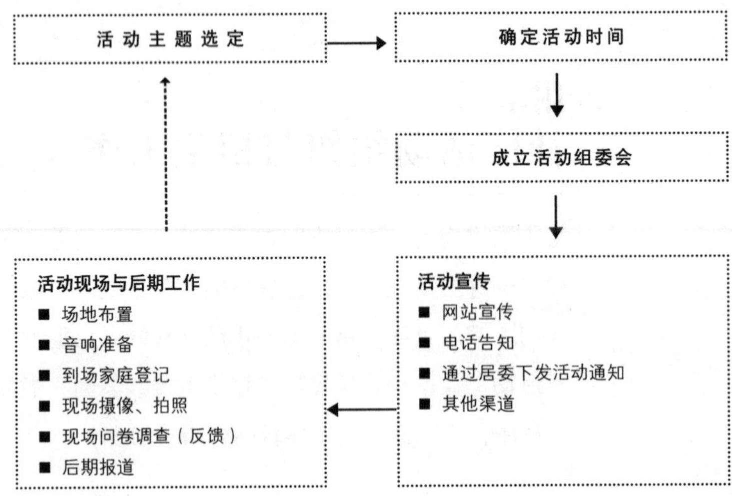

图1　专题讲座组织流程图

6. 成立活动组委会

成立活动组委会是为了保证每一次活动的顺利进行，组委会可长期固定，也可临时组织，做到分工具体、落实到人。

7. 前期宣传

为了让更多的家庭了解讲座内容并积极参与，应在举办前一周通过网站或社区/机构宣传栏进行宣传；也可以根据掌握的家庭信息资源主动与适龄家庭电话通知。此外，也可自行印制活动宣传单通过流动亲子俱乐部等活动发给适龄家庭。

8. 讲座现场与后期工作

① **活动现场工作规范**

衣着：所有工作人员应身着统一服装，如早教机构教师服，特殊岗位如接待人员，应佩带“绶带”。严禁工作人员衣着不整和身着奇装异服。

服务用语：现场工作人员应按照标准语句介绍活动的有关情况或回答家长提出的问题，注意自身的语速和语气。

现场工作管理：活动当天，所有工作人员应提前1个小时到岗。活动总指挥首先视察各岗位的准备情况，并对人员出勤情况和各岗位情况逐一进行登记。以下为活动现场工作时间表，仅供参考：

② **活动后期工作**

在活动结束后的第一个工作日，活动总指挥负责组织召开工作总结会；活动宣传专员负责将活动现场拍摄的照片进行整理和筛选，编写新闻；信息登记人员负责将家长签到信息录入电脑，保存建档。

[二] 流动亲子俱乐部

与主题讲座的“请近来”方式截然相反，流动亲子俱乐部是一种主动性、“走出去”的服务方式。早教师走出大门，深入社区，带领本园小朋友和社区小朋友开展亲子活动，让家长直接见到或孩子直接参与到我们的教育过程中，增强家长对于早教品牌的感知度。

1. 活动对象

社区0～3岁新生儿和婴幼儿。

2. 活动地点

小区广场、公园大等具备一定活动区域的公共场地。

3. 活动时间

为了吸引更多的孩子参与游戏，在考虑孩子作息时间的基础上，流动亲子俱乐部活动的时间通常设计在每天上午9：30～10：30之间开展。

4. 活动形式

亲子活动主要以“带、动、跳”形式为主，强调知识性与参与性，例如互动音乐课程体验等等。

5. 组织流程

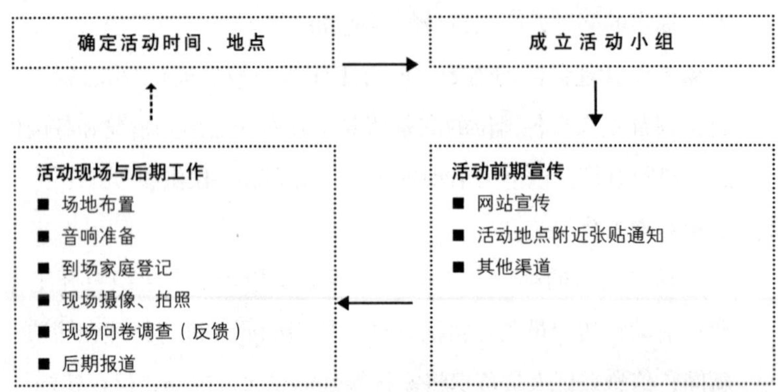

图2 流动亲子俱乐部组织流程图

6. 成立活动小组

成立活动小组是为了保证每一次活动的顺利进行，活动小组可长期固定，也可临时组织，做到分工具体、落实到人。

7. 前期宣传

为了让更多的家庭参与亲子活动，可在举办前一周通过网站或社区/机构宣传栏进行宣传。

8. 活动现场与后期工作

① **活动现场工作规范**

衣着：所有人员应身着统一服装，如早教机构教师服。

现场工作管理：活动当天，所有工作人员应提前0.5小时到岗。活动总负责检查人员衣着、活动道具、宣传资料等等。

② **活动后期工作**

在活动结束后的第一个工作日，活动总指挥负责组织召开工作总结会；活动宣传专员负责将活动现场拍摄的照片进行整理和筛选，编写新闻；信息登记人负责将家长签到信息录入电脑，保存建档。

二、招生工作指导

[一] 制定招生计划（Plan）

在制定招生计划的前期准备阶段需要做到关注市场，发现需求，研究分析需求，创造需求，抓住需求。

1. 了解自身优势

主要是指早教机构在当地的知名度、所获殊荣、教师团队质量等。

2. 环境与家庭分析

- 掌握区域性特点：①地理位置、交通、环境：可通过网络地图查询。②住宅与企事业单位分布：实地考察，或通过企业大黄页或网络地图查询配套设施（如小学、早教机构等）。建议实地考察。③文化教育水平、教育观念和价格敏感度等：建议开展问卷调查。
- 划分有效区：以机构所在地点为中心，以3～5公里为半径，划分招生有效区，同时对在招生有效区域内的居住区或单位，可以根据现有在园生源进行分析，深耕细作、重点出击。
- 锁定目标：根据自身定位以及区域特点，锁定目标家庭群体特点。此外，在我们制定招生策略前，应首先分析目标家庭的决策行为，充分理解客户需求。

[二] 开展招生行动

1. 选择招生方法

招生的方法万变不离其宗，即挖掘买点、有效传播。总体来讲，招生分为内部招生和外部招生两方面。

- 内部招生：内部招生通常被很多人忽略。所谓内部招生是指通过练好内功即提高园所自身管理、保教水平，做到标准化、精细化服务，用园所文化招生、用教育理念招生、用家长服务招生，最终实现口碑招生——金杯银杯不如口碑！
- 外部招生：外部招生是最为普遍的招生办法，通常每一个都采用多种招生手段完成既定目标，如媒体传播、聚集点传播、数据库传播等等。

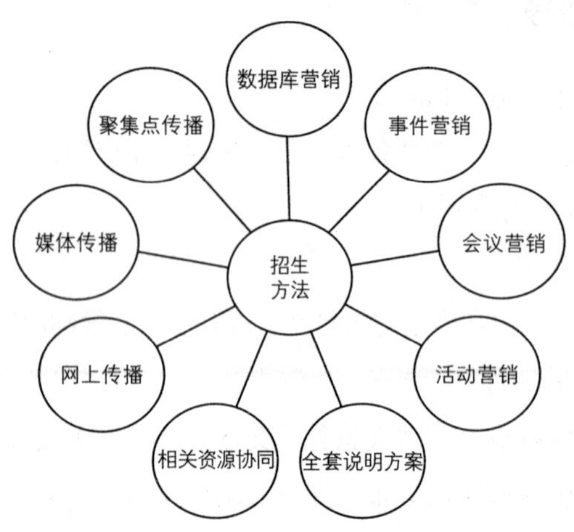

图3 外部招生办法

[三] 检查、评估招生效果

根据制定的招生计划并加以执行后，应及时对招生效果进行评估，发现已经发生或有可能即将发生的问题。

[四] 改进、完善再行动

在检查、评估招生效果，并找到招生工作成功/失败的原因后，应果断地对计划和所采用的招生方法进行改进和完善，将园所自身短期内无法达到或执行的计划和方法暂缓执行，将工作的重点迅速转移至那些实践证明行之有效的招生活动中去。

案例评析

“把握成长关键期、培养心灵嘴巧、富有创造的孩子”
主题专家讲座策划方案

一、讲座目的

宣传个性化潜能开发教育理念和教育特色，促进园所招生。

二、指导思想

通过专家讲座，使家长认可幸福泉教育理念；通过进园参会，使家长看

到园所环境；通过会场服务，使家长感受幼儿园的服务水平，让家长从了解幼儿园到走近幼儿园，直至最后的进入幼儿园。

三、讲座对象

社区0～3岁婴幼儿家长

四、讲座时间

上午09：30～11：00

五、主讲专家

特聘专家

六、讲座流程安排

09：00～09：30　家长入场、签到、发放宣传材料、调查问卷等。播放暖场音乐、照片PPT等。

09：20～09：30　播放专题录像

09：30～09：35　主持人宣布讲座开始

09：35～10：35　专题讲座

10：35～11：00　互动答疑

11：00　主持人宣布讲座结束

七、讲座所需物品、道具以及人员清单

1．场地部分

会场横幅

专家介绍、早教机构介绍X展架各1个

2．招生部分

早教机构宣传册、招生简章、纪念品等

参会家庭登记表

意向入园登记表

家庭早教需求调查问卷

3．音响设备

有线话筒2个，无线话筒1个（家长答疑时使用）

调音台（包括功放、DVD等）

笔记本电脑1台

投影机1台

照相机、摄像机各1台

4. 人员分工

园长：负责整个活动的组织管理，讲座主持，家长咨询等

保教主任：负责各岗位工作的监管和家长签到、咨询等

后勤主任：负责场地布置、相关物品道具准备、现场音响及拍照/摄像

骨干教师3人：负责迎宾、签到和会场服务等工作

评析：本案例是早教机构举办社区早教系列讲座的一个真实讲座的策划方案，从活动的目的和意义、时间和地点，以至于讲座的流程和人员分工，无论是从管理人员还是从教师角度来看，都具有很强的实用性。

思考与练习

1. 简述早教专题讲座的组织流程。

2. 简述流动亲子俱乐部的组织流程。

3. 如何开展招生活动？

附录四
大型活动策划与组织

策划和组织大型活动在很多领域都是非常重要的工作，大型活动对于促进本领域的发展其作用不可小觑。儿童早教作为近年来我国快速发展的新兴领域之一，与之相关的大型活动逐渐增多。因此早教人才应该掌握一些大型活动组织与策划的基本技能和方法。

一、大型活动的定义

在我们探讨大型活动的策划与组织之前，先来界定一下大型活动的标准，也就是什么是大型活动。通常意义上讲，大型活动的评价标准主要有3个方面，即：活动的组织机构、水平及社会地位活动规模和活动的影响力。

[一] 活动的组织机构

大型活动与普通活动最直观的区别在于大型活动需要设立比较完善的组织机构在国内外有较高的学术地位，一般为全国性的组织结构，如活动的主办、承办和协办等，从而有效地利用各方资源优势，保证活动的顺利进行。

[二] 活动的规模

活动的规模是指参与活动的人员和机构的数量，其中人员数量包括活动的对象以及前期策划、现场工作人员等，而机构数量则包括活动主办、承办、协办等机构以及媒体支持机构等。

[三] 活动的影响力

活动的影响力是指活动在一定区域内，如区县或省市范围内，以其策划内容的独创、组织机构的规格较高或参与人员数量庞大，所产生的社会效果。

[四] 活动的质量与水平

其学术水平在国内外处于领先水平。

二、大型活动的策划

[一] 活动主题

主题是活动的灵魂，一个好的主题可以辅助提高活动的影响力。通常情况下，一个主题由两部分组成，即活动口号和活动名称。活动口号虽然不是必须的，但能起到画龙点睛的作用，而在确定活动口号时，可参照以下几个要素：

A. 重要社会事件：包括重大纪念日、大赛事活动（如奥运会、世博会）等；

B. 政府决策、法规颁布等；

C. 重要节假日，如六一、国庆等。

如：活动名称为“2007健康宝宝大赛”，活动口号为“迎北京奥运 建和谐社区 育健康宝宝”等。

[二] 活动时间、地点选择

大型活动的时间与活动内容有着密切关系。行业展览、论坛通常会在周中或周末举行，需要家庭参与的活动，如宝宝大赛则安排在父母休息的周末举行，其中尤以周六最为合适。而在地点的选择方面室内活动无疑是最佳方案，不但适合展览、论坛，也同样适合宝宝大赛，不会受到季节、气候等自然条件影响。无论室内外场地都需要至少3个月前进行预定，如果是知名场馆需更早。

注：室内场地需做好通风和保洁工作。

[三] 活动内容设计

活动的内容需要紧密围绕活动的主题设计，即有常规的活动内容，主题明确，形式丰富、多彩、严肃，又不乏创新和亮点。在设计活动内容时，首先应进行广泛的市场调研，了解行业信息，把握活动参与对象的需求。此外，作为早教机构，举办一次成功的大型活动，“无时不教育、无刻不教育”的理念应贯穿活动始终。例如在设计宝宝大赛的比赛项目时，需要建立在充分了解婴幼儿早期发展的角度，从促进宝宝大运动、言语、认知、精细动作和社会行为等方面来设计比赛项目，让每一个项目即是比赛内容，又是宝宝的教育方案。

[四] 活动预算

在确定了活动主题、时间、地点以及内容后，就不得不认真考虑一下预算的问题。正所谓“先算而后花”。一般来说，活动预算包括以下几个内容：

1. 收入部分

包括：门票、场地广告收入、企业冠名、产品销售等等。

2. 支出部分

包括场地租金、物品/道具购买、人员成本、广告宣传等。而在制定了详细的活动预算后，就要解决资金的来源问题，通常情况，大型活动的资金来源主要要以下3个方向：

- 机构自身承担所有费用支出；
- 与其他机构（政府部门或企事业单位）分担；
- 全部由其他机构承担。

  在上述三个方向中，尤以第二项即与其他机构（政府或企业）分担的方式被更多机构所采纳。特别是利用各方资源进行交换、易货，往往可以把很多不可能转变为可能。

- 不可预计经费占总预算的5～10%。

三、大型活动的组织

[一] 活动审批

大型活动与普通活动一个重要的区别之一就是需要得到公安部门的审批实行分级管理，既全国性活动应由中央有关部门审批。根据公安部《群众性文化体育活动治安管理办法》和各地方《大型社会活动治安管理规定》要求。人数超过200人的大型活动应当向所在地县级以上公安机关或治安部门提出书面申请，并申请时提供以下文件：

- 活动方案和说明；
- 活动安全保卫工作方案；
- 场地管理者出具的同意使用证明；
- 申请人身份证明及无违法犯罪记录等。

[二] 媒体宣传

对于一场大型活动而言，提高活动对象的参与热情，扩大活动的影响力尤为重要。而制定详细的宣传计划和方案将直接影响到宣传效果的达成。从时间上来看，大型活动的宣传工作主要分为以下几个阶段：

- 前期预热阶段：活动开幕前的3～6个月内，主要宣传平台为报纸、杂志等；
- 重点投放阶段：活动开幕前的1～3个月内，主要宣传平台为活动官网、招贴海报、网络宣传、手机短信等；
- 后期辐射阶段：活动闭幕后的1个月内，主要活动报道平台为电视、广播、报纸、网络等。

[三] 组织机构

活动的性质、规格以及活动的影响力均取决于活动组织机构的建立与明确。主办方的资质决定了活动的性质，如主办方为政府机构，通常活动的性质即为公益；如为企业单位，则多为商业。以下是活动组织机构中各成员角色的定义：

· 主办方：活动的发起者或在行业内有一定影响力的机构或政府部门，负责把控和监督活动的方向；
· 承办方：实施和操作活动具体过程的机构；
· 协办方：指活动实施过程中提供协助或赞助的机构；
· 媒体：全面负责活动前期宣传和后期报道工作。

[四] 活动实施

1. 前期培训

俗话说“细节决定成败”。在活动实施过程中，每一个岗位的职责代表着活动的一个细节。为了保证活动顺利且高效地完成，需要在活动前期成立活动组委会（或筹备办公室），并在活动开幕前对各岗位进行系统的培训。包括印制岗位职责说明，工作标准等等，让每一个岗位的工作者都要了解活动全局，并且清楚自己做什么和怎么做。以文学形式告知每个人。对于活动中重要的岗位，如宝宝大赛中的项目裁判，除了培训外，还要进行多次的考核演练，保证万无一失。

2. 现场管理

分工明确、责权清晰，才能保证大型活动现场管理的有效性。活动组委会在完成活动前期筹备工作后，在活动现场即转变为活动指挥部。其主要人员及分工如下：

· 总指挥：全面监督活动现场各岗位工作的有效执行，有最高决定权，通常由主办方领导担任；
· 副总指挥：由承办机构和医疗、安保等职能部门的负责人担任，各自负责其机构或部门所承担的工作，处理临时问题并向总指挥汇报；
· 岗位主管：负责各岗位工作的管理，保证活动各环节的顺利进行，出现临时问题及时向副总指挥请示。

3. 应急预案

为了在突发事件来临时，果断采取措施，避免活动遭受重大影响，在活动开幕前应针对有可能发生的诸如天气、疫情、安全等情况分别制订详细且实操性强的应急预案，在预案中明确各项负责人，处理方案、实施步骤，注意事项等等。

4. 后期评估

在活动结束后，由活动总指挥负责组织召开总结会，指出活动过程中暴露出的问题，对表现突出的个人和机构予以表彰。同时根据各级领导、活动参与者以及媒体的反馈意见，对本次活动有关工作进行整体评估。

案例评析

2010年西城区第二届“健康宝宝大赛”活动方案

一、活动宗旨

宝宝大赛旨在引导家长了解儿童早期智力开发的重要性、必要性，并掌握科学教育方法。活动遵循广泛参与的原则，为家长与专家、家长与孩子、家长之间、孩子之间搭建一个交流、游戏的平台。为缺少同伴的独生子女提供一个培养个性发展、锻炼交往能力的机会，使孩子更早的进入社会通过这种交流与合作方式促进儿童健康成长。

二、主办单位

西城区人口和计划生育委员会

西城区新街口街道办事处

三、协办单位

中国儿童中心

北京幸福泉儿童发展研究中心

四、活动主题口号

培育健康宝宝　构建和谐家庭

五、参赛范围

0～3岁婴幼儿，以参加“社区健康生育全程服务工程”的家庭优先，报名人数1000人，街道名额按各街道分配如下：

（略）

六、活动时间

报名时间：2010年4月20日前将报名表、汇总表报区人口计生委宣传科。

比赛时间：2010年5月15～16日

2010年5月22～23日

七、活动地点

中国儿童中心（北京市西城区平安里西大街43号）

活动分区：

- 比赛区：举办各年龄段分组的宝宝大赛；
- 专家咨询区：邀请专家解答相关育儿知识；
- 亲子乐园区：家长、儿童之间开展交流、娱乐活动；
- 领奖区：领取奖品、纪念品。

八、职责分工

- 西城区人口计生委：负责方案制订下发、活动整体协调、经费保证、宣传报道，“十佳宝宝”的奖品、奖杯；
- 各街道计生办负责提供0～3岁婴幼儿名单，统一将报名表及汇总表报区人口计生委宣传科，并组织人员参赛、负责现场检录；
- 新街口街道计生办：负责活动的现场安排、现场组织协调，宣传环境布置，报名、检录工作，场外的安全、协调、保障工作，奖品、获奖证书、纪念品；
- 中国儿童中心：负责提供场地及相关设施，组织评委、专家，对优胜的宝宝进行评估，选出“十佳宝宝”；
- 北京某儿童发展研究中心：负责宝宝大赛规则的制订、裁判；负责各参赛项目的组织工作；提供专家现场咨询；负责比赛场地内的安全保障工作。

九、奖励办法

比赛分10个年龄组，产生10名冠军，即“十佳宝宝”，参赛宝宝均发放纪念品；活动设组织奖两名。

案例节选自：北京市西城区政府网站

评析：本案例是2010年北京市西城区人口和计划生育委员会主办的第二届健康宝宝大赛的活动方案。作为一次参与人数超过千人的大型活动方案，该方案明确了组织机构、比赛时间、名额分配、活动分区以及职责分工，具有很强的实操性。实践证明，此次大赛取得了圆满的。

思考与练习

1. 如何进行大型活动的策划？

2. 大型活动的组织包括哪些环节？

3. 大型活动的实施过程是怎样的？

附录五
家庭教育咨询与指导（高级）

早期儿童发展家庭指导计划，必须由家长在家庭中实施。因此对家庭环境尤其是教育环境、家长或主要抚养人的育儿行为进行评估，就显得十分重要。它不仅能对儿童发展的测试结果进行恰当的解释，从而做出客观的归因，而且可以根据评估的结果，有针对性地调整家长的育儿行为，优化家庭环境，达到促进儿童发展的目的。

一、家庭教育咨询指导的服务类型

- 中心式：由家长携孩子到早教中心来接受指导。
- 家庭式：由专业人员到儿童家庭上门服务。
- 中心与家庭结合式：按照事先规定的形式或要求，既可让家长携孩子到中心来，也有专业人员的上门指导。

二、家庭教育咨询指导的内容

[一] 儿童发展测评与个别指导

参见第十节《发展测评与个性化指导》

[二] 家长育儿行为与家庭教育微环境评估

1. 目的

再好的早期儿童发展家庭指导计划，也必须由家长在家庭中实施。因此对家庭环境尤其是教育环境、家长或主要抚养人的育儿行为进行评估，就显得十分重要。它不仅能对儿童发展的测试结果进行恰当的解释，从而做出客观的归因，而且可以根据评估的结果，有针对性地调整家长的育儿行为，优化家庭环境，达到促进儿童发展的目的。

2. 评估内容

- 儿童居住条件；
- 家庭同住人口或家庭类型（如复合型或大家庭、核心家庭、单亲家庭等）；
- 玩教具与用品的数量与适用性；
- 婴幼儿生活规律：包括睡眠、进食、室内外活动时间以及大小便的规律等；
- 家长育儿情况：这是直接对家长的育儿行为进行的评估；
- 家长及其他主要抚养人对儿童智力高低的归因所持有的观点及变化；
- 家长对孩子个性特点的评估；
- 了解家长的教育需求：要求家长说出最需要得到育儿帮助的前3位问题；

评估可以有两种方式：一是家长自评，二是由专业人员观察并询问家长再做记录，因此本表具有评估、检查、督促家长改变育儿行为，优化儿童发展环境的综合功能。

3. 问题咨询与讨论

这是指专业人员为家长咨询育儿中的问题，并就有关问题进行交流与讨论。

① **及时解决家长咨询的问题**

家长可将近期育儿中的各种问题，包括营养、保健、性格、智力、学习、安全及其他等，向咨询者询问，咨询者应将家长咨询的具体问题记录在有关记录表中，并向家长提出针对性的解决问题的方法与建议。对于回答不了的问题，应记录在案。该问题可提到每周一次的工作会议上会诊或通过查找专业资料等其他途径予以落实，解决问题的办法落实后应及时向家长联系，以做到咨询的有效性。

② **分析家长育儿行为和家庭育儿微环境对孩子成长的影响**

咨询者也可就《家庭教育环境评估》中存在的问题与家长交换意见，讨论如何优化儿童成长的微环境。因此问题咨询讨论是家长与专业人员之间的一种双向活动。

③ **需要注意的问题**

- 任何一个以家庭为基础的儿童成长指导计划，都必须在专业人员和家长之间建立一种信任与融洽的关系，这往往是该计划能否实施成功的关键所在。对于咨询者来说，应当尊重家长，尊重儿童。充分体谅家长育儿的酸甜苦辣。专业人员对家长来说应当始终是一个帮助者，是一个知心朋友，而不是一个教育者。摆正这个关系对确保咨询的有效性十分重要。同时专业人员要以对工作的高度负责、对孩子的真挚爱心和较丰富的知识与技能，去赢得家长的尊重与信任。
- 一个好的咨询者首先应是一个好的倾听者。他（她）不仅能耐心地倾听家长对其所困扰的问题的讲述，而且善于敏锐地在家长的讲述中捕捉一些有用的信息，帮助家长有效地利用这些未被他们发现或意识到的信息，来促进孩子的发展。例如，一个刚满周岁的孩子母亲抱怨自己的孩子老是扔东西，而且是见到什么东西都要扔。咨询者应告诉这位母亲：喜欢扔东西，这恰恰是这一年龄段的婴幼儿所偏爱的活动。他实际上不仅对各种不同质地的东西扔到地上后，可发出不同的声响感兴趣，而且对扔到地上以后东西的运动方式感兴趣，例如乒乓球、网球、小瓶盖、圆积木扔到地上以后可滚动，而手帕、方积木等就不会滚动，于是他就逐渐地建立起圆的东西可以滚动的概念。他简直是一个小小的物理学家！咨询者还应告诉家长，要抓住他的当前兴趣——扔东西，将下一步的大动作发展目标“过肩扔球1米远”悄悄地加到孩子扔东西的活动中去，让孩子在不知不觉中掌握这一运动技能。

· 要运用操作强化的心理学原理，强化家长正确的育儿行为。

孩子的良好行为要靠家长去强化，而家长良好的育儿行为，应由专业人员进行及时的强化。

对孩子取得的点滴进步都要由衷地赞赏。

对家长哪怕只有一点做得较好，也要充分肯定。不要吝啬你的赞扬话。当然也没有必要说过头的话，反而引起家长反感。

对家长富有创造性的做法要给予肯定。并鼓励家长将这些做法写成文字，在育儿博客或在亲子俱乐部活动中交流。

三、家庭教育咨询指导的流程

无论是中心式、家庭式还是中心与家庭结合式的家庭教育个别咨询指导，都可遵循“发展测评—个别指导—问题咨询”的工作流程。时间分配上，一般测评约20～40分钟，指导约30分钟，问题咨询20分钟左右，总共约1～1.5个小时。

四、入户指导注意事项

[一] 入户前准备工作

· 入户咨询指导人员必须获得中级早教师以上资格认证，并有健康证明，品行端正。

· 专业人员须与需要上门服务的家长提前预约确定时间和家庭详细住址。

· 事先“备课”，了解家长姓名、宝宝姓名、月龄、性别、家庭联系电话，准备好测评工具、鞋套等有关资料。

· 出发前专业人员应通知家长入户的具体时间，并请家长做好准备，如室温（尤其是新生儿，在26～28℃左右）。

· 上门服务的儿童数应根据服务家庭的地理位置确定，每天每名专业人员限定2～4名。

[二] 上门工作程序

咨询指导者入室后工作：

- 戴上自备鞋套；
- 到卫生间用肥皂或洗涤液洗手；
- 如果第一次上门需家长填写家庭问卷；
- 向家长交待宝宝测评时的注意事项。如不随便插话，保持环境安静等；
- 发育测评；
- 评估结果，并为儿童制订个别教育方案，征询家长育儿需求及问题；
- 咨询指导者记录工作内容，并请家长在工作记录表上评议本次工作的满意程度和需要解决的问题；
- 清理携带物品（防误带家庭物品以及遗失物品）。

[三] 每周电话回访已入户服务的家长

- 询问指导方案落实情况；
- 帮助解决存在的问题与困难；
- 了解家长还有哪方面的需求，做好解决的准备；
- 定期整理咨询指导档案，统计指导的人数；
- 统计分析指导对象的儿童发展水平与家庭微环境提高的指数。

思考与练习

1. 家庭教育咨询指导的服务类型有哪些？

2. 简述家庭教育咨询指导的内容。

3. 简述家庭教育咨询指导的流程。

参考文献

1. 方富熙，方格著，《儿童发展心理学》，北京: 人民教育出版社，2004.

2. 陈帼眉著，《幼儿心理学》，北京: 北京师范大学出版社，1998.

3. 库恩等著，郑钢等译，《心理学导论——思想与行为的认识之路》，北京: 中国轻工业出版社，2007.

4. 冯晓霞等著，《幼儿园教育指导纲要（施行）解读》，南京: 江苏教育出版社，2002.

5. 程淮、程跃编，《同步成长全书（0～3岁）》，天津: 天津教育出版社，1995.

6. 程淮编著，《婴幼儿潜能发展的理论探索与实践》，北京: 北京师范大学出版社，2009.

7. 程淮编，《幼儿综合发展课程（教师用书）》，广州: 新世纪出版社，2006.

8. 程淮编，《新手父母一日一教》，北京: 工人出版社，2004.

9. 程淮，万钫著，《生命头三年》. 北京: 中国少年儿童出版社，2000.

10. 万钫，学前卫生学[M]. 北京师范大学出版社，2004.

11. 万钫，儿童卫生保育教程[M]. 北京师范大学出版社，2004.

12. 程淮编著，《婴幼儿潜能发展的理论探索与实践》，北京: 北京师范大学出版社，2009.

13. 胡亚美等主编，《诸福棠实用儿科学（第7 版）（上、下册）》，北京:人民卫生出版社，2005.

14. [日]松原达哉著，戴宝云，冯春林译，《幼儿提问最佳回答法》.杭州: 浙江少年儿童出版社，1987.

15. 卢乐山等编，《中国学前教育百科全书（心理发展卷）》，沈阳: 沈阳出版社，1994.

16. 卢乐山等编,《中国学前教育百科全书(健康体育卷)》, 沈阳: 沈阳出版社, 1995.

17. 万钫编著，《学前卫生学》，北京: 北京师范大学出版社，2004.

18. 万钫编著，《幼儿卫生保育教程》，北京: 北京师范大学出版社，1999.

19. 鲍秀兰等著，《0～3岁儿童最佳的人生开端》 北京：中国发展出版社，2006.

图书在版编目（CIP）数据

儿童早期教育专业教程（上、下）/ 中国关心下一代工作委员会儿童发展研究中心专家组，中国国际人才开发中心编. —北京：新星出版社，2011.3（2017.4重印）

ISBN 978-7-5133-0203-6

I. ①儿… Ⅱ.①中… ②中… Ⅲ.①早期教育－技术培训－教材 Ⅳ.①G61

中国版本图书馆CIP数据核字（2011）第024662号

儿童早期教育专业教程（上、下）

中国关心下一代工作委员会儿童发展研究中心专家组
中国国际人才开发中心
组织编写

责任编辑：张 维
责任印制：韦 舰
装帧设计：视觉共振

出版发行：新星出版社
出 版 人：谢 刚
社　　址：北京市西城区车公庄大街丙3号楼　100044
网　　址：www.newstarpress.com
电　　话：010-88310888
传　　真：010-88310899
法律顾问：北京市大成律师事务所

读者服务：010-88310800 service@newstarpress.com
邮购地址：北京市西城区车公庄大街丙3号楼　100044

印　　刷：北京京都六环印刷厂
开　　本：700×1000mm　　1/16
印　　张：36
版　　次：2011年3月第一版　2017年4月第二次印刷
书　　号：ISBN 978-7-5133-0203-6
定　　价：89.00 元（全两册）

早教专业人才培训简介

早教专业人才培训项目是由人力资源和社会保障部认可的，由中国国际人才开发中心、中国关心下一代工作委员会儿童发展研究中心共同推出的全国早教专业人才教育培训项目，并授权八州水教育承办全国早教师专业人才培训班。

早教机构、幼儿园、大中专院校师生、重视早期教育的家长朋友、儿童活动中心、妇女儿童服务机构、婚姻家庭咨询指导中心、心理（教育）咨询中心、儿童教育培训机构、婴幼儿保健教育服务机构等相关工作人员及其他从事或有志于从事早期教育的各界人士。

初级早教师要求高中以上学历，有爱心，对早教事业有兴趣并致力于长期学习发展的人员。

中、高级早教师要求大专以上学历或同等学历，或从事心理咨询、教育工作满4年以上者。

考前培训80学时，不定期滚动开班。学员可交叉听课，直到学完取证为止。

邀请具有多年教学经验和丰富实践经验的专业讲师主讲。依据国内唯一由数十位早教顶级教育学、心理学、营养学、脑科学、医学等专家共同参与编撰的该教程为大纲，培训内容主要为：早期教育基本知识、儿童发展与早期教育、成长监测与评价早教师的基本素质、早期教育的先进理念及其运用、0～3岁亲子早教课程设计及组织指导、早教机构的课程设计及组织指导、早期教育管理应用等。授课内容注重实际操作能力的培养，方法更先进、知识更全面。在课程安排上，学员通过体验式学习，真正感受并掌握儿童早期教育技能。

学完规定课程参加统一考试合格者，颁发国家权威机构认定的“早教专业人才”证书。该证书可以作为从业人员专业能力的凭证，在国内外具有社会公信力。学员资料录入中国国际人才开发中心人才资料库，并可网上查询。

报名热线：400-699-0233

地址：北京市朝阳区曙光西里甲1号
第三置业大厦A1805室（100028）

八州水教育网站：www.zaojiaoshi.cc

中华早教网：www.zaojiao.org.cn

电子邮件：service@bzschina.com

八州水教育科技（北京）有限公司